税收学专业课程思政设计与实践

Design and Practice of Ideological
and Political Education in Taxation Courses

尹淑平　刘　倩 ◎ 主　编
宋雷娟　钱馨蕾　肖　叶 ◎ 副主编

前言 / preface

2018年教育部提出"新文科"的概念,自2019年5月起在全国范围内推行。相比国外,中国的新文科更强调中国特色,新文科项目要在坚持正确政治方向和价值导向的基础上将新技术融入传统文科,税收学专业作为传统的商科专业也要适应这一发展趋势。

上海商学院税收学专业作为上海市应用型本科试点专业,在转型建设过程中,既注重跨学科知识融合,又注重使专业课程与思政课同向同行,形成协同效应。专业教师们在转型建设过程中,通过自己编写教学案例融入思政元素来解决教学资源缺乏的困境,同时将这些案例用于教学实践中,取得了较好的效果。实践过程中我们也积极进行专业课程思政研究,发现学者们的研究往往是以税收学专业中某一门课程为研究对象,较少将所有专业课程作为一个整体与专业思政目标对接,明确每一门课程在整体专业思政目标中承担的具体功能。当前针对某一门具体专业课程的思政研究主要围绕思政元素挖掘、思政融入专业课程教学的路径以及课程思政建设中的问题展开,很少有针对性的课程思政教学案例开发的研究,使得专业教师面临体现思政的教学案例资源稀缺的挑战。

本书试图为专业基础课程和核心课程该如何通过顶层设计同向同行地实现人才培养的价值引领目标提供实践解决方案,为时间有限、苦于寻找课程思政教学案例的财经院校教师提供基于教学积累的可操作性强的案例资源,也可适用于对税收学专业课程有延伸学习和思考需求的应用型财经类院校学生。

本书分为理论探索篇和实践篇两个部分。理论探索篇首先梳理了税收学专业教育和课程思政的发展演变历程并对税收学专业课程思政研究的理论依据、路径和方法、研究现状进行了阐述,接着展示了编者对税收学专业课程思政的研究心得。实践篇则展示了税收学专业13门专业基础类和核心类课程的课程思政实践,每门课程展示了1—3个完整的思政教学案例,每个教学案例都展示了从教学目标、案例分析到思政教学切入点总结的教学全过程。本书在编写过程中展现出如下特色:

第一,理论与实践的深度融合。本书不仅提供了税收学专业思政教育的理论框架,还通过具体的课程设计和案例分析,将理论与实践紧密结合,为读者提供了清晰的理论指导和实践操作路径。

第二,专业特色与思政教育的有机结合。本书专注于税收学专业,将专业知识与思政教育内容有机融合,强调了税收学专业在国家治理体系和治理能力现代化中的重要地位,从学科属性、专业定位、培养目标出发,结合专业课程特点探索课程的思政目标。

第三,案例资源多样化。以往专业教师进行课程思政教学往往苦于没有现成的教学案例,本书为教师提供了丰富的案例教学资源,展示了13门课程的思政设计与案例,涵盖了税收学专业的所有核心专业课,且每门课程配备1—3个思政教学案例,每个教学案例均涵盖了案例简介、案例分析和案例总结全过程。这些案例均为编者根据教学实践编写,有较强的实践指导性,便于专业教师使用,确保了教学活动的实用性和有效性。

这些特色共同构成了本书的核心价值,旨在为财经类专业的教育工作者和学生提供一个全面、深入、实用的教学和学习资源。

本书为上海商学院进行应用型本科试点建设实践的重要成果。上海商学院税务系自2018年起进行应用型本科试点转型专业建设,在发展过程中,融入学校"以商立校、应用为本"的发展定位,在培养计划中体现"商"特色,重视实践育人和三全育人,注重从知识、能力、素养三个方面全面培养学生。应用型本科试点实施以来,经由如下改革实践,本书最终得以成形:

第一,从部分基础课程先展开课程思政教学实践开始,到校级课程思政教学改革项目立项和上海市课程思政教学设计展示活动获奖,再到所有专业课程实现课程思政知识点体系化设计,经历了从无到有、从点到面的发展历程。

第二,从单一门课程进行课程思政实践和教学研究到协同税收学专业所有专业课程形成专业课程思政体系,每门课程既互有区别,又同心同行实现专业人才培养目标中的价值引领目标。

第三,从单一课程思政到融入劳动教育的课程思政,使专业课程在人才培养过程中与德育、美育、体育和劳育有机融合,共同实现专业人才培养目标。

本书也是2022年度上海市教学科学研究项目"劳动教育融入应用型商科人才培养的内生逻辑及实践路径研究"(C2022336)、上海商学院校级一流本科课程建设项目《税收筹划》(SBS-2024-XJJK-11)、上海市高等教育学会课题《课程思政与劳动教育协同育人研究:基于不同类型高校的比较》(ZQYB24168)的阶段性成果。

本书编者尹淑平负责全书的框架搭建、理论探索篇第3章中3.1节和3.5节以及实践篇中第5章5.2节和5.9节的内容撰写;刘倩负责理论探索篇第3章中3.2节以及实践篇中第5章5.3节的内容撰写;宋雷娟负责理论探索篇中第1章和实践篇中第5章5.1节的内容撰写;钱馨蕾负责理论探索篇中第2章、第3章中3.4节和实践篇中第4章4.1节的内容撰写;肖叶负责理论探索篇第3章中3.3节以及实践篇中第4章4.2节和第5章5.11节的内容撰写;潘雅红负责实践篇中第5章5.4节和5.7节的内容撰写;缑长艳负责实践篇中第5章5.5节和5.10节的内容撰写;高涓负责实践篇中第5章5.5节的内容撰写;万嘉伟负责实践篇中第5章5.8节的内容撰写。

本书编写过程中得到院校领导和教务处的大力支持,在此一并表示感谢。感谢本书编辑、审校人员以及所有支持本书出版的个人和机构。

由于编者水平有限,书中难免有不当之处,敬请读者提出宝贵意见。

目录

理论探索篇

第1章 税收学专业教育发展沿革 ······· 003
  1.1 税收学专业教育学历层次的演变 ······· 003
  1.2 税收学专业教育课程思政的缘起与总体目标 ······· 006

第2章 税收学专业课程思政研究综述 ······· 011
  2.1 开展课程思政的理论依据 ······· 011
  2.2 开展课程思政的路径和方法 ······· 021
  2.3 税收学专业教育课程思政的研究现状 ······· 024

第3章 税收学专业课程思政研究实践 ······· 031
  3.1 税收学专业学生应用能力评价体系构建 ······· 031
  3.2 财政学课程思政路径研究 ······· 040
  3.3 劳动教育融入课程思政的路径研究——以《税收经济学》为例 ······· 047
  3.4 新文科建设背景下《财政学》课程思政融入教学的路径研究 ······· 055
  3.5 应用型本科院校《国际税收》课程改革思考——基于上海商学院税收学专业应用型本科试点建设 ······· 060

实 践 篇

第4章 专业基础类课程思政实践 …………………………… 069
4.1 《财政学》课程思政案例 ………………………………… 069
4.2 《税收经济学》课程思政案例 …………………………… 088

第5章 专业核心类课程思政实践 …………………………… 102
5.1 《税法》课程思政案例 …………………………………… 102
5.2 《国际税收》课程思政案例 ……………………………… 124
5.3 《涉税服务相关法律》课程思政案例 …………………… 154
5.4 《税务管理实务》课程思政案例 ………………………… 164
5.5 《涉税服务实务》课程思政案例 ………………………… 188
5.6 《纳税评估》课程思政案例 ……………………………… 211
5.7 《中国财政思想史和赋税史》课程思政案例 …………… 227
5.8 《纳税申报》课程思政案例 ……………………………… 246
5.9 《税收筹划》课程思政案例 ……………………………… 262
5.10 《税收学专业英语》课程思政案例 …………………… 270
5.11 《财税前沿知识趣谈》课程思政案例 ………………… 281

理论探索篇
LILUN TANSUO PIAN

第1章 税收学专业教育发展沿革

1.1 税收学专业教育学历层次的演变

税收学专业的前身是税务专业,目前在非正式场合该专业经常被称为税务专业,于是出现税务专业和税收学专业的混用。本专业教育按照学历层次可以分为中专教育、专科教育、本科教育和研究生教育。本书的专业思政建设特指税收学专业本科层次的思政建设。马海涛教授主编的《中国税务教育发展报告(2019—2020)》把我国税务教育发展历史自1949年以来分成四个阶段:1949—1977年、1978—1999年、2000—2009年以及2010年以来。税收学专业教育学历层次的演变以此为借鉴。

一、税收学专业教育的初创期(1949—1977年)

一般而言,税收随着国家的产生而产生,随着国家的发展而发展。1949年10月,中华人民共和国成立之时,国家不仅需要建立与新的社会制度相适应的税收制度,而且更需要能够适应新的税收制度建设与实践的专业人才。于是,培养税务人才的工作就提到了国家的议事日程上来。1949年11月6日,中央人民政府财政部正式批复华北税务总局,同意成立华北税务学校,这标志着中国税务教育的正式开始。

1950年2月,经财政部批准,华北税务学校正式更名为中央税务学校,并在更名前后分别在湖北、重庆、西安、上海等地成立分校。1951年9月,财政部决定成立中央财政学院。1952年夏,中央税务学校被正式并入中央财政学院后,政务院决定将中央财政学院更名为中央财经学院。1952年10月,北京大学、清华大学、辅仁大学、燕京大学的经济系被合并进入中央财经学院后,在财政系设立了税务专业,招收全日制本科学生。同一时期,东北财政专科学校(东北财经大学前身)、武汉大学法学院经济系等也相继开设了税政专业或税务专业。另外,1953年4月,国家成立了中央财政干部学校,设有税务班,对在职税务干部进行培训。

经过上述一系列的发展与调整,初步形成了税务学历教育与职业教育并举的税务教育体系。此后,虽然1960年1月在中央财政金融干部学校的基础上成立了中央财政金融学院,并于1962年9月正式招生,但总体而言,从1956年之后,我国税务教育的格局变化不大。1966年"文化大革命"开始之后,中国的税务教育陷入了停滞。包括中央财政金融学院在内的许多税务专业都处于停办阶段,税务干部的培训工作也处于停歇状态。尽管如此,这一时期的中国税务教育不仅为国家培养了大批的税务专业人才,而且也为以后40多年我国税务教育事业的发展奠定了基础。

二、税收学专业教育的发展期(1978—1999年)

1978年随着中央财政金融学院恢复招生、中国人民大学复校和黑龙江商学院开始招收税务专业学生等,中国的税务教育在经过短暂的恢复期之后,就很快进入了发展期。在这20多年里,中国的税务教育发展迅速,成果显著。第一,在税务高等教育方面,先后形成了税收专科、本科、硕士和博士等健全的学历教育体系,从而为中国的税收事业培育了大批高级专业人才。我国税务系统中大专以上的人员占比由1985年的2.1%上升到了1999年的43%。第二,在中等教育方面,仅国家税务总局系统就在全国先后成立了税务中等专科学校 24 所,一些地方政府也先后成立了财政、经济类的专科学校,从事税务中等专业教育,从而使我国的税收中等专业教育达到了高峰,为税收工作提供了大量的实用型人才。据统计,1985 年我国税务系统中专与高中学历者只占 9.1%,到 1999 年时已达到了 42%。

三、税收学专业教育的转型期(2000—2009 年)

进入 21 世纪以来,中国市场经济发生了深刻的变化。相应地,中国的税务教育也随着市场经济的发展而发生了转型。这主要表现为:其一,税务高等教育实现转型。随着 2000 年扬州大学税务学院更名为国家税务总局干部进修学院、长春税务学院划转地方管理,同时国家税务总局将其他两所税务高等专科院校都转为税务干部培训基地,国家税务总局不再举办高等学历教育之后,税务高等教育主要由普通高等学校的财政、税务院系承担。其二,税收中等教育逐步萎缩。随着国家税务总局将所属的中等税务学校转为税务干部培训基地,不再举办税务中等学历教育之后,只有一些不属于税务系统的财政、经济类中等专业学校还举办税务中等专业教育,从而使税务中等专业教育逐步萎缩。

四、税收学专业教育的完善期(2010 年以来)

2010 年以来,随着中国社会主义市场经济体制的发展完善和中国法治国家建设的进一步推进,我国的税务专业教育事业进入了完善期。在税务学历教育方面,2010 年国务院学位委员会审议决定设立税务硕士专业学位,北京大学、中央财经大学和西安交通大学等单位成为首批获得税务专业硕士授权点的单位。教育部成立了税务专业硕士研究生教学指导委员会。全国第四次本科专业目录调整时第一次设立了税收学本科专业。另外,先后有河南财经学院和河南政法管理干部学院合并组建河南财经政法大学、长春税务学院更名为吉林财经大学、广东商学院更名为广东财经大学、兰州商学院更名为兰州财经大学、中央财经大学成立税收教育研究所等,税收学专业学历教育都得到了进一步的加强。许多学校的税务专业成为国家或省级重点专业,一些税务方面的专业课程成为国家级、省级重点或特色课程。

1.2 税收学专业教育课程思政的缘起与总体目标

一、税收学专业教育课程思政的缘起

税收学专业教育课程思政的缘起离不开党和国家领导人对大学生思想政治工作的重视。2004年,党和国家领导人多次对加强学校德育工作作出重要批示,中共中央及相关政府部门先后出台了关于进一步加强与改进未成年人思想道德建设与大学生思想政治教育工作的系列文件,学校德育改革逐步深入,逐渐形成大中小学统一规划、组织和督导的全员、全程、全方位育人格局,建构各类课程与德育融合并同向同行的"课程思政"学校德育话语体系[1]。

为贯彻落实中共中央、国务院2004年出台的《关于进一步加强和改进大学生思想政治教育的意见》,上海市2005年实施了以"学科德育"为核心理念的"两纲教育"。2014年上海市颁布了《上海市教育综合改革方案(2014—2020年)》,将德育纳入教育综合改革之中,出台《上海高校课程思政教育教学体系建设专项计划》,提出了"课程思政"的概念并选择一批试点学校进行推广[2]。2016年全国高校思想政治工作会议召开,会议强调,"要用好课堂教学这个主渠道,思想政治理论课要坚持在改进中加强,提升思想政治教育亲和力和针对性,满足学生成长发展需求和期待,其他各门课都要守好一段渠、种好责任田,使各类课程与思想政治理论课同向同行,形成协同效应"。此后,这一重要论述便成为高校探索以立德树人为中心环节做好思想政治工作,落实立德树人根本任务的重要实践方向[3]。

2017年12月,教育部党组印发的《高校思想政治工作质量提升

工程实施纲要》指出,"大力推动以'课程思政'为目标的课堂教学改革",这是"课程思政"第一次以德育专业术语的形式出现在教育部文件中。2019年8月,中共中央办公厅、国务院办公厅印发《关于深化新时代学校思想政治理论课改革创新的若干意见》;2019年9月,教育部印发《"新时代高校思想政治理论课创优行动"工作方案》;2020年5月,教育部印发《高等学校课程思政建设指导纲要》。这些文件均指出,要深度挖掘各学科课程中蕴含的思想政治教育资源,使各类课程与思政课同向同行,形成协同效应,构建"三全育人"新格局,落实新时代立德树人根本任务[4]。

课程思政作为思想政治教育的新理念、新模式,对加强和改进大学生思想政治教育,提高他们的思想政治素质,把他们培养成中国特色社会主义事业的建设者和接班人,具有重大意义,需要在各专业的日常教学之中得以贯彻和落实。为此,税收学专业教育根据本专业培养人才的要求,深度挖掘该学科课程中蕴含的思想政治教育资源,使该专业课程与思政课同向同行,形成协同效应,以便构建全员、全程、全方位育人格局,落实本专业立德树人的根本任务。

二、税收学专业教育课程思政的总体目标

樊丽明(2020)指出专业课程思政建设要遵循中央对课程思政建设的总体要求,从学科属性、专业定位、培养目标出发,结合专业课程特点进行探索。财政学类专业课程思政建设应重点关注四个重点问题:加强国情教育;强化法治意识;培养公共意识;培育人类命运共同体理念,为税收学专业教育的课程思政指明了方向。

税收学专业作为财政学类的一个分支,结合应用型本科院校税收学专业培养的目标,思政重点以此为基础,结合本专业特色和学生情况,提炼出以下五个主要的思政方向。

其一,强调政治认同。

税收是国家为了向社会提供公共产品,满足社会共同需要,参与社会产品的分配,按照法律的规定,强制、无偿取得财政收入的一种

规范形式。它是国家公共财政最主要的收入形式和来源,目的是满足社会公共需要,促使社会效益最大化。我国政府的税收可谓是取之于民,用之于民。应用型本科院校税收学专业的目标是培养拥护中国共产党的领导和中国特色社会主义制度,坚持社会主义核心价值观,有较强的社会责任和法治意识、较高职业道德的高素质应用型税务人才。这就要求教育引导学生不仅要关注现实,深入社会,了解国情,理解中国税收,而且要特别注重教育引导学生善于发现现实问题,研究社会问题,讲好中国故事。

其二,强化法制意识。

强化法治意识是税收学专业思政的重点内容之一。法治意识是人们对法律发自内心的认可、崇尚、遵守和服从。党的十八届四中全会通过的《中共中央关于全面推进依法治国若干重大问题的决定》,从党和国家事业发展全局的战略高度,对全面推进依法治国做出一系列新的重大部署,提出了推动全社会树立法治意识的重大任务,作出了把法治教育纳入国民教育体系的重大决定。树立法治意识,就是要培育法治理念,建立法律信仰,维护法律尊严,严格法律遵从,让法治内化于心外化于行,为全面推进依法治国,实现科学立法、严格执法、公正司法、全民守法奠定坚实的思想基础。

税收学专业培养的学生,首先是一名普通劳动者和纳税人,在这个层面需要培养学生树立起依法纳税、当好税收遵从者的意识;其次,是未来的税务从业人员,不管是作为行业中介人员为各类纳税人提供税务申报、咨询和筹划等服务,还是作为国家税务机关的工作人员服务纳税人,都需要培养学生成为有法制意识的税务工作者。各种类型的偷逃税收事件和因失职渎职、玩忽职守,会造成国家税收损失,给社会造成恶劣影响,当事人的前途也毁于一旦。应当教育学生走上工作岗位后不管身在何处,必须有强烈的法治意识和社会责任感,只有这样,专业人才在事业之路上才能稳健前行。

其三,培养公共意识。

公共意识即集体意识,是相对于个体意识而言的,是以维护公共利益为取向,对于公共事务的看法、态度、价值观念的总和。就其范围而言,狭义的公共意识包括社区意识、集体意识、部门意识和团队意识等局部、特殊的公共意识;广义的公共意识包括政府意识、国家意识、全球意识等全局、一般的公共意识。就其内容而言,公共意识包括公共利益意识、公共道德意识、公共责任意识、公共规范意识、公共参与意识、公共关怀意识和公共服务意识等。税收本质上是国家为了履行公共职能需要和纳税人之间形成的利益上的一种特殊分配关系,故税收与公共利益和个人利益密切相关。随着社会的不断进步,基于个体和公共的利益与责任有机结合的理性公共意识成为主流。"公共性"在每个人身上折射出的现代素养,体现着一个民族迈向现代化的文明高度。

就上海商学院来说,作为一所位于国际大都市的应用型本科院校,着力打造应用型、行业化和国际化的特色。因此,要培养高水平的应用型人才,除了强调提升学生的实践应用能力,还要让学生有国际视野。因为税收学专业的学生走上社会后,服务的可能是跨国公司,从事的是与国家税收有关的工作,会涉及国际税收业务,这就需要他们具有较强的公共意识。结合税收学专业和课程特点,应着力引导学生树立公共意识,关心公共问题,关注公共风险,研究公共决策,并将视野从国内公共视角延伸至全球,站在人类命运共同体的角度分析和解决问题。

其四,培育公平意识。

公平是现代社会创造的价值准则之一,公平和公平意识覆盖社会生活的方方面面。政府通过税制要素的设计,对纳税能力强的多征税,对纳税能力弱的少征税甚至不征税,这样有助于缩小贫富之间的收入差距,实现收入的公平。通过税收学专业课程思政来增强学生的公平意识,引导学生在专业知识学习的过程中,有效认识税收公平在社会生活中的意义和价值。税收学专业的教师有必要将公平意识渗透于教学活动中,引导学生在理解、体验和实践的过程中增强公平意识,旨在学习专业知识的同时树立正确的人生观和世界观。通过参与社会活动,增强社会责任感,懂得以公平的态度和思想来面对不断变化、发展的社会,增强对税收政策的理解和思辨能力。

其五,培育正确的劳动价值观。

一国能征多少税收与税源密不可分,而税源的丰富与否和每个人的劳动密切相关。《国语·鲁语·公父文伯之母论劳逸》中的"夫民劳则思,思则善心生;逸则淫,淫则忘善,忘善之恶心生",意思是百姓参加了劳动,就会因劳累而去思考如何节俭律己,若经常思考这些问题,就会使自己的心地善良起来;无所事事就会放肆,一旦放肆就会忘掉善良,没有善良就会滋生作恶之心。这说明了劳动的作用和重要性。《尚书·周书·周官》中的"功崇惟志,业广惟勤",意思是要想取得伟大的功业,就要有伟大的志向;要完成伟大的功业,就要辛勤不懈地工作。这说明了劳动的必要性。

我国优秀的传统文化为税收学专业的课程思政开展劳动教育指明方向。观念是行动的先导,专业课程融入劳动教育,引导学生树立正确的劳动观,弘扬劳动精神,是劳动教育入心入脑的一个有效途径。个人通过努力劳动,不断创新,在实现自己理想的同时,可以为国家做出更多的税收贡献。

参考文献

[1] 樊丽明.财政学类专业课程思政建设的四个重点问题[J].中国高教研究,2020(9):4-8.

[2] 韩宪洲.课程思政的发展历程、基本现状与实践反思[J].中国高等教育,2021(23):20-22.

[3] 何玉海.关于"课程思政"的本质内涵与实现路径的探索[J].思想政治教育研究,2019(10):130-134.

[4] 殷世东,余萍,张旭亚.课程思政话语体系的历史演进、课程论意义及其未来路向[J].中国教育科学,2022(3):95-106.

第 2 章 税收学专业课程思政研究综述

2.1 开展课程思政的理论依据

一、马克思主义教育观

(一) 马克思主义教育观的内涵

早在 19 世纪 40 年代,马克思和恩格斯就提出了教育观的初步原理,并以此为基础逐渐形成了系统的教育理论。马克思教育观的本质与思想政治教育课的根本任务之间具有内在契合性。马克思教育观是在历史唯物主义基础上形成的关于教育目的、教育内容以及教育方式的科学规律,是高校思政课教育不可缺少的重要思想理论。准确把握马克思教育观与高校思想政治理论课的特征和本质,结合思想政治工作规律、教书育人规律和学生成长规律,围绕"融入"过程中的问题和困境,提出行之有效的实践转化原则和方案,能够更好地实现人的自由全面发展的教育目标,强化高校思政课的育人实效。

(二) 马克思主义教育观的基本观点

1. 公平教育思想

马克思教育思想是我国教育事业的基本指导思想。其中,公平教育思想在推动我国构建公平教育体系过程中发挥重要作用。马克思、恩格斯在对资本主义教育进行批评的过程中,深刻揭露了资本主义教育的本性,形成了公平教育思想。首先,平等受教育权是教育公平实现的基础。一是消灭阶级特权是实现平等受教育权的前提条件。阶级社会中,教育具有浓厚的阶级色彩。随着资本主义工业化的发展,生产力水平大大提高。为了获取廉价的工资,许多工人放弃了宝贵的受教育机会,成了资本家榨取剩余价值的工具。马克思指出:要想实现真正平等的教育机会,只有消灭特权阶级才能实现。二是不断争取无产阶级平等受教育权。马克思、恩格斯认为,工人阶级改变被剥削的方式可以通过提升精神觉悟实现。最先进的工人完全了解他们的未来,在无产阶级尚未取得政治和经济统治地位的情况下,实现公平教育的重要方式是通过各种形式的斗争使得统治阶级制定相应的政策或制度来确保人人可以受到公平教育的机会。为此,马克思、恩格斯高度重视并积极争取无产阶级平等的受教育权。他们认为国家需要资助所有儿童接受教育的基本费用,直到达到独立年龄为止。

2. 经济基础和上层建筑决定教育公平的实现程度

教育作为社会文化活动,属于社会上层建筑的重要组成部分,根植于一定的经济基础之中。在资本主义社会,资产阶级的教育是"资产阶级的生产关系和所有制关系的产物"。资产阶级根据自己的利益需求选择特定的教育,以服务资本主义的经济基础。教育公平同样需要经济基础作为其重要的物质保障,马克思认为,脱离社会历史条件来谈教育公平是不可能的,教育公平反映的是人与人之间关系是否合理的价值判断,归根结底是人与人的生产关系,教育公平是由生产关系以及生产关系所划分的阶级属性决定的。一方面,生产资料所有制的关系决定了教育的支配权,生产资料掌握在哪个阶级手中,则拥有了精神生产资料,此时教育带有阶级属性的色彩。由于生产资料被少数人占有,这部分人在经济方面的优势会对教育领域产生影响,进而形成教育特权组织。同时,教育公平在不同的历史发展阶段具有不同的表现形式。在原始社会,由于生产力水平低下,教育公平很难实现绝对公平,更多的是原则性的公平。随着经济社会的发展,生产力水平逐渐提高,教育成了统治阶级的特权,并始终为统治阶级服务,此时教育公平只是统治阶级内部的公平,很难实现全体社会成员的公平。另一方面,上层建筑影响着教育公平的实现。一是人们在政治上的平等地位保证教育公平的实现,经济上的平等则为教育公平的实现提供了物质保障。二是教育目标、教育内容等都是基于社会政治、经济条件的需要,而不是凭空决定的。马克思认为,只有社会制度和社会条件均成熟时,即实现共产主义社会时,才能实现和建立普遍意义上的教育公平。

3. 教育与物质生产相结合

马克思认为教育与生产劳动相结合是改造社会的重要手段。特别强调早期教育与生产劳动的结合,即在受教育者身体和人格成熟之前开展的教育。马克思所说的现代社会指的是资本主义社会,教育的目的是把人训练成机器,为的是无限度地追逐资本利润。此外,马克思认为教育包括三层含义,分别是智育、体育以及技术教育,并将其与生产劳动有机结合起来。具体而言,教育与生产劳动相结合强调的是理论联系实际,不支持纯粹的理论和书本知识,注重培养既有文化素养又有实践能力的人,注重人的全面发展。准确理解马克思教育与物质生产相结合的教育观点需要注意避免以下三个问题。

一是把生产劳动理解为简单的体力劳动。仅仅把教育与生产劳动相结合理解为对体力劳动的尊重和对劳动人民的感情。上述理解与把教育理解为技术教育没有本质区别,这不是教育与生产劳动结合的本义。

二是排斥理论教育和书本知识。这种理解显然背离了马克思教育思想的本义,马克思关于教育的三层含义中智育排在第一位,而智育主要通过理论教育实现。理论教育和书本知识是前人智慧的结晶,不能一味摒弃,需要传承,否则生产劳动就变为简单的体力劳动。

三是过于强调就业导向。就业与产业发展密切相关,就业需要与专业课程设置结合,这也是教育与生产劳动结合的体现。但是,这个过程需要充分考虑教育的规律,否则不能准确理解教育与生产劳动的关系,要充分兼顾不同学科和专业的特点,因此要特别重视基础理论教育。此外,考虑到教育方法的多样性,教育与生产劳动结合只是其中一种,切忌将其绝对化。

4. 教育必须确保人的全面发展

马克思主义"人的全面发展"中的"人",是指"类"和"个体"的统一,既指"类"存在的全面发展,又指"个体"的体力、智力、品德、能力等各领域的全面发展,两者相互联系又相互区别。类以个体为基础,个体又表现类,我们既不能排斥个体,也不能排斥整体。马克思指出,人的全面发展是"人以一种全面的方式,也就是说,作为一个完整的人,占有自己的全面的本质",即人的全面发展不单指体力、智力等方面的发展,还涵盖了人的能力和个性、人的需要、人的社会关系等多个领域的综合发展。

首先,人的全面发展是人的本质的全面发展,是自主自觉的生命活动。一方面,人的能力的全面发展。马克思认为,人的能力全面发展包括体力、潜力、自然力和社会力的发展。其中,智力的发展是建立在体力发展基础上的,即智力的发展以体力的发展为前提。同时,智力的发展也会促使体力的解放,智力的发展提高了技术进步,从而减少体力劳动的使用。人的能力是不断变化的,人们可以根据自己的爱好和兴趣选择所从事的劳动,并不断提高自身能力来适应社会环境的变化。另一方面,人的个性的全面发展。人的全面发展所追求的最高境界就是人的个性的全面发展。人的才能在不受外界约束和压抑的情况下尽情释放,能自由进行选择、自由支配时间,充分发挥自身主观能动性调控自己的行为,按照自身兴趣爱好等实现自身价值。在现有的生产力允许的范围内,不受自然因素和社会因素的压抑和束缚,最基本的素质得到完整发展,人的自主活动得到回归;同时,能够自由支配时间进行创造性活动,自主自觉地发挥自己的能力,各方面素质和能力得到协调发展。

其次,人的全面发展是人的社会关系的全面发展,是社会关系的总和。马克思认为,劳动生产不是单个个体的行为,而是集体性的生产行为。同时,马克思指出,在真正的共同体的条件下,各个人在自己的联合中并通过这种联合获得自己的自由。这表明人无法脱离社会集体而独立存在,必须处在一定的社会组织体系之中,任何人都无法脱离集体或组织孤立存在,人只有在群体中才能实现充分发展。人是一切社会关系的总和。人与人之间的实践活动必然联结为社会关系,而"社会关系实际上决定着一个人能够发展到什么程度"。在不同的社会关系中,每个人承担着不同的角色,从事着不同的社会实践活动,这些关系不仅制约着人际交往,而且促进人的发展。新旧社会关系的更替不断满足人们新的需求,同时社会发展水平的提高,个人承担的角色也会发生变化,在更加复杂的社会关系中,个人交际范围不断扩大,物质和意识得到充分发展。因此,个人应主动融入复杂的社会关系之中,打破孤立封锁的状态,从而实现个人的价值,促进自身身心健康发展。

  再次,人的全面发展是人的需要的全面发展。一方面,人的需要分为不同层次:生存需要、安全需要、人际交往需要、自尊和自我实现需要等。其中,维持人的生命得以存活的生存需要是最基本的,正如马克思在《德意志意识形态》中所说:"任何人类历史的第一前提无疑是有生命的个人的存在"。人的生存需要排在首位,只有保证基本的生存才能谈及后续发展。恩格斯将人生存所需的资料划分为生活资料、享受资料、发展和表现一切体力和智力所需的资料。首先要满足基本生活资料,进而才能追求精神层面的需求。人的发展过程不断去追求更高层次的需求,即发展需求。在从生存需求向发展需求转变的同时,人们的生活水平不断提高,人们的才能得以充分发展,进而促进人的全面发展。另一方面,人的全面发展的前提是个体需要的满足,即人的全面发展的过程本质上就是人的需要不断被满足的过程。资本主义社会使得人的畸形发展,少数人剥夺了大多数人的需要,少数人为实现自身的利益奴役大多数人,而大多数人被迫接受少数人的支配,遭受剥削和压迫,生存和发展皆受制于他人,在压迫中逐渐丧失了任何发展的可能性,因此,人的全面发展并不意味着人的需要的同质化和均衡化，恰恰相反，人的全面发展是以个体化和差异化为基础的。

（三）马克思主义教育观的作用

第一，马克思主义教育观是思政课教学的"政治内定力"。马克思认为无产阶级的地位决定了教育的发展方向，并基于历史唯物视角考察教育，马克思站在无产阶级立场上批判资产阶级教育思想，包括资产阶级教育思想的狭隘性和局限性。马克思认为无产阶级的教育思想需要突出"为谁办教育"的问题。我国高等教育则肩负着培养德智体美全面发展的社会主义事业建设者和接班人的任务，坚持正确的政治方向是基本要求。所以，高校思政课的本质属性是政治性，办学方向是社会主义，培养的是社会主义事业的建设者和接班人。

第二，马克思主义教育观有助于强化高校教师的政治立场。马克思着重以教育推动无产阶级改变自身命运，时刻提醒无产阶级投身人类解放事业。我国作为社会主义国家，思政课程是坚定社会主义办学方向的标志性课程。思政课教师须坚定政治立场，明确政治方向，需要不断坚定共产主义信念，坚守共产主义信仰。同时，思政课教师应坚定马克思主义在意识形态方面的领导地位，引导高校学生树立正确的政治信仰，明确思政课开设的初衷。

第三，马克思主义教育观有助于增强高校学生的政治认同。资产阶级的教育实质是"训诫"，把工人教育成为一种听话的"活劳动"，正如马克思所指出："资产者唯恐失去的那种教育，对绝大多数来说是把人训练成机器"。因此，这种教育丧失了正义的维度。马克思教育观摆脱了这种教育异化状态，把所有人当作平等者来对待，这种平等就是无产阶级的自我认同，唤醒自己的政治意识，以明确自己自由发展的政治方向。高校思政课是一种意识形态教育，目的是教育大学生对马克思主义的信仰，"马克思主义意识形态认同能为当代中国政治提供合法支持、情感型归属与主体确证，是当代中国政治认同的本原性基础"。所以，作为意识形态教育的重要原则的马克思教育观是当代大学生政治认同的本原性基础。将马克思教育观的政治认同维度注入思政课堂中：一方面，能够激发大学生的政治情感，形成对中国特色社会主义理论、制度、道路和文化的认同；另一方面，使得大学生科学、系统地掌握政治理论知识，具有较强的政治意识，积极参与党和国家的事业。

二、列宁的思政教育观

十月革命取得胜利后，俄国仍处在内忧外患的局面中。列宁认为，思想政治教育十分重要，教育应该有政治性。列宁以马克思、恩格斯的思想政治教育理论为基础，首次提出了"政治教育工作"。他在《给喀普里党校学员尤利、万尼亚、萨韦利、伊万、弗拉基米尔、斯坦尼斯拉夫和托马斯诸同志的信》中强调："在任何学校里，最重要的就是讲课的思想政治方向。"《在全俄省、县国民教育局政治教育委员会工作会议上的讲话》中，列宁指出："在各方面的教育工作中，我们都不能抱着教育不问政治的旧观点，不能让教育工作不联系政治。""所谓教育'不问政治'，教育'不讲政治'，都是资产阶级的伪善说法。"[1]列宁的思想政治教育方法有如下两种。

第一，倡导灌输思想政治教育的方法。列宁认为，工人政治意识和阶级意识尚未成熟，无法在他们的运动中创造出独立的思想体系，工人阶级要么接受资产阶级思想体系，要么接受社会主义思想体系。虽然工人阶级所处地位很容易领会和接受社会主义思想体系，但是资产阶级思想体系的渊源更久远，加工得更全面，传播的工具也多得多，工人阶级更容易受到资产阶级思想的灌输，若轻视或脱离社会主义思想体系，都意味着资产阶级思想体系的加强。所以，必须自觉反对资产阶级思想体系。同时，列宁强调在向工人灌输理论时，要把理论平民化，使工人阶级更容易接受理论，也就是应该把马克思主义理论通俗化，要把马克思理论与工人实际情况相结合，让工人在劳动中去领会。在灌输方法上，不能向工人注入空大的、美好的说辞，而是要贴近工人的实际生活，把工人和人民群众放在第一位，了解群众需求，尊重群众意愿，站在国家发展需要的基础上开展思想政治教育。

此外,列宁提出要做到政治揭露,要"把目前我国政府和我国统治阶级在生活的各个方面所干的勾当都具体地揭露出来"[2],让人民群众更能了解和监督政府行为。总之,列宁支持思想政治教育的目的是服务社会和人民,让人民自愿接受思想政治教育。

第二,重视马克思理论教育、爱国主义教育和共产主义道德教育。首先,马克思强调对人民进行马克思主义教育"只有以马克思主义理论为指南的党,才能实现先进战士的作用"[3]。列宁同时强调,在青年群体中更应该传播和教授马克思主义理论。其次,列宁指出要进行爱国主义教育,因为爱国主义是每一个党员最基本、最真挚的情感,也是对每一个党员的客观要求。每一位人民都应该知道本国的发展历史和发展现状,对国家应该拥有强烈的民族认同感和自豪感。最后,列宁提出要重视共产主义道德教育,要用多种方式宣传共产主义道德,培养青年的共产主义道德事业[4]。

列宁的思想政治教育观启发高校应该采用灌输和引导相结合的方式,以学生自身发展需求和国家未来发展需要为导向,结合学生所处的外部环境和内部心理需求,有针对性地开展,做好马克思主义理论、爱国主义教育和共产主义教育。

三、毛泽东的思想政治教育观

毛泽东是开创中国式思想政治教育理论第一人,也是第一个提出"思想政治教育"这一概念。毛泽东对思想政治教育的论述是基于马克思主义理论并结合中国实际创造出来的。

首先,毛泽东阐述了思想政治教育的重要性。在土地革命时期,无产阶级思想传播开来,毛泽东提出要对农民加强思想政治教育。针对红军创建以来出现的错误思想,毛泽东在古田会议上提出"教育党员,使党员的思想和党内的生活都政治化、科学化"的纠正方法。1949年后,毛泽东在《中国人民解放军政治工作条例》中亲笔写下"中国共产党在中国人民解放军中的整治工作是我军的生命线"[5]。毛泽东高度重视思想政治教育,认为思想政治教育工作永不过时。

其次，毛泽东阐述了思想政治教育的目的和任务。关于目的，毛泽东提出教育是为无产阶级、人民和社会主义服务的[6]。同时提出教育必须同生产劳动相结合。该论点要求受教育者在德育、智育、体育方面全面发展。关于思想政治教育的任务，毛泽东强调，思想政治教育的重要目标是育人，是培养全面发展的接班人。

最后，毛泽东就思想政治教育的内容和方法展开了详细论述。毛泽东提出，思想政治教育应该包括共产主义、马列主义和爱国主义教育。毛泽东指出"系统学习马克思主义，会大大提高我们党的战斗力，并加速战胜日本帝国主义"[7]。可以看出，在党的建设过程中要学习和研究马克思主义基本理论，才能提高党的理论素养和保证党的事业的胜利。1949年后，毛泽东强调"爱祖国、爱人民"是对每一个公民的道德要求。在思想政治教育方法方面，毛泽东继承和发展了列宁的教育方法，提倡灌输法和实践育人法相结合，鼓励青年在实践中学习。同时，毛泽东鼓励向身边榜样学习。在革命时期，毛泽东写《纪念白求恩》，为刘胡兰题写"生的伟大，死的光荣"，鼓励广大青年尊崇英烈、致敬英烈、学习英烈。1949年后，毛泽东鼓励青年向雷锋、邱少云学习，教导青年要有为人民服务的精神。

毛泽东的思想政治教育观为当代高等教育提供了思路。高校高度重视思想政治教育，在教学中对学生进行共产主义教育、爱国主义教育和榜样教育。

四、习近平的思想政治教育观

习近平思想政治教育观的内容十分丰富，具体包括思想政治教育的目标任务、依靠力量、主要内容和实现路径。

关于目标任务，习近平提出"坚持把立德树人作为高校思想政治教育的根本任务"。"立德"在"树人"过程中处于根本性地位，高校要把立德树人贯穿教育的各个环节，不仅要立师德，也要立学生的德。习近平还要求要培养"担当民族复兴大任的新时代新人"，要培养"有理想、有本领、有担当"的青年。

关于依靠力量，习近平在全国高校思想政治工作会议上强调，高校是党领导的，党的领导能保证把中央决策部署不折不扣的落实到高校各项工作中。而且，依靠党的领导能把高校师生紧密团结在党的周围，提升师生和民族凝聚力。另外，教师作为促进学生成才的关键参与者，思政教师也是依靠力量。习近平在学校思政课教师座谈会上，对思政教师提出"政治要强、情怀要深、思维要新、视野要广、自律要严、人格要正"的"六个要"，希望广大思政课教师在实践中积极践行"六个要"的要求，提高学生对思政课程的兴趣，成为学生思想形成的引路人。

关于主要内容，习近平从"加强马克思理论教育""培养和践行社会主义核心价值观""加强理想信念教育""弘扬中华优秀传统文化"四个方面进行阐述。马克思主义理论作为党的根本思想和国家发展的科学指南，也是高校思政教育的底色。高校思政教育工作要以马克思主义为指导，管理者和教师要起到带头作用，积极学习马克思主义理论，通过讲座、授课等多种形式向学生传播马克思主义。关于培育和践行社会主义核心价值观，习近平强调在高校育人过程中要始终贯穿社会主义核心价值观，要求广大师生学习科学知识，自觉培养良好的道德，明辨是非，不受不良社会思潮的影响，扎扎实实做事、踏踏实实做人，高校和教师要把社会主义核心价值观贯穿于教育教学的各个方面。关于理想信念教育，习近平要求青年学生要树立共产主义理想，要拥有实现中国梦的理想，要坚持中国特色社会主义信念。关于弘扬中华优秀传统文化，习近平认为，中华优秀文化体现了中国人几千年来积累的智慧和思辨，会引导学生形成正确的价值观，提升文化自信，也能在日益频繁的国际国内文化交流中坚守文化底线，继承和发展优秀的文化传统，这是我国屹立于民族之林的独特优势。

关于实现路径，习近平提出要培养学生的实践能力，在实践中培养服务国家和人民的意识，在实践中实现个人价值，在实践中深刻理解科学理论并应用到实践中去。习近平还指出，要依靠榜样的力量，让思想政治教育更加丰满。高校可以选择身边的榜样,包括学校先进人物,鼓励学生向榜样学习、向榜样看齐,用榜样的行为要求自己。高校要通过喜闻乐见的媒介宣传榜样精神,强化榜样示范效果。最后,要对大学生进行人文关怀,要坚持学生的主体地位,尊重学生,理解学生,帮助学生解决学习和生活上的困难,同时教师要创新教学方式,积极探索适合"00后"的教学方法,培养学生自主学习能力。

2.2 开展课程思政的路径和方法

在教育教学中融入思政教育,是继承发扬中国优秀传统思想的自然结果。"太上有立德,其次有立功,其次有立言。"[8]传统思想认为,人最重要的是树立高尚的品德,其次是建功立业,再次是创立学说。春秋战国时期,读书人必须学习的六艺"礼乐射御书数"中,"礼"主要指"德育",意味着思想道德是立身之本[9]。高尚的品德需要教育来实现,孔子将教学内容的序列表述为:"志于道,据于德,依于仁,游于艺","德"位于"艺"之前,意味着培养学生道德优先于技艺教育。儒家重要经典《大学》中对于教育人的问题直接指出:"大学之道,在明明德,在亲民,在止于至善"。以上先贤论述体现了德教至上思想。

在分科教育中融入主流意识形态。育人不能只依靠思想政治理论课,还要在其他各类专业课程中体现,做到"课程思政"和思政课程同向而行。习近平总书记曾指出"各类课程与思想政治理论课同向同行,形成协同效应。"[10]石书臣认为,这里的"向"指"正确的政治方向","行"指进行思想政治教育,也就是说,每门课程与思想政治理论课一样,要坚持正确的政治方向,在课程授课中融入思想政治教育,这样才能发挥思想政治理论课的领航作用[11]。连洁认为,在当今社会价值多元化、利益诉求多样化的背景下,依靠思政课程引导大学生价值观远远不够,应该充分发挥多学科优势,挖掘各学科思想政治资源,与思政课程同向同行,共同发挥育人目标[12]。陈道武认为,要把思想政治理论课和通识课、专业课、实践课相结合,实现全课程育人[13]。

教师在课程思政教育中发挥主力军的作用。孔子曰:"其身正,不令而行",教师必须从各方面以身作则,给学生做出表率,才能真正做到教书育人。邱伟光认为,课程思政的实施效果取决于教师的育人意识和育人能力,教师在课堂中既要保持自身课程知识的特点,又要与思想政治课程保持同向同行[14]。

课程思政实现路径问题研究。教育学家对哪种因素应该发挥主要作用展开了丰富的研究。高德毅和宗爱东认为,高校应该成为发挥课堂育人的主力军,在教书育人过程中融入社会主义核心价值观,实现"知识传授"和"价值引领"的有机统一[15]。耿刘利等认为,应该以价值引领为导向,把握各学科思想政治的核心[16]。

在教学过程中培养学生道德。西方教育性教学论主张没有无教学的教育,也没有无教育的教学。德国教育学家赫尔巴特在《普通教育学》中首次提出这一理论,指出"'无教学的教育'这个概念是不存在的,正如反过来,我也不承认有任何'无教育的教学',教学应该承担起'道德教育'的责任"[17],这里的道德教育对应思政教育,是教育的首要内容。赫尔巴特指出:"教育的唯一工作与全部工作可以总结在这一概念之中——道德。道德普遍被认为是人类的最高目的,因此也是教育的最高目的。"[18]赫尔巴特认为,教育的根本目的是培养学生的道德,而且道德教育要贯穿整个教育过程。

思政教育应该潜移默化。1968年,美国教育学家杰克逊在《教室里的生活》中最早提出潜在课程理论。受其影响,国际社会很快兴起研究潜在课程论的热潮,其中的代表性人物有柯尔伯格和范兰丝。潜在课程是相对于显性课程而言的。美国堪萨斯州立大学教授范兰丝说:"'潜在课程'一词,是指学校教育的非学术结果,这些结果不仅重要而且系统发生,但未明示于各级公立学校的教育理论或原理之中。"[19]柯尔伯格指出:"讨论潜在课程的教育影响,就是讨论它是否以一种在道德上可以接受的方式传递某种有价值的东西,或是否能使某种有价值的东西以一种在道德上可以接受的方式传递。"[20]这是将潜在课程理论作为道德教育方面的延伸,将其视为道德教育至关重要的载体和途径。潜在课程最突出的特点是潜隐性。它通过非显性课程对学生进行内隐的、间接的道德教育。这直接为我国提出思政课程和课程思政同向同行提供了宝贵的思想启迪,因为思政课程和课程思政同向同行就是强调显性的思政课程与隐性的课程思政有机结合,形成育人的教育教学合力。换言之,思政课程是显性的思政教育,直接用鲜明的思想观点、政治观点、道德品质对学生进行价值观的培养;课程思政是隐性的思政教育,通过发掘各门学科的历史发展、代表人物和经典故事中的思政教育元素,间接地对学生进行"润物细无声"的思政教育。

把思政教育融入各学科教育中,是协同学理论在教育领域的应用。20世纪70年代,德国物理学家赫尔曼·哈肯基于系统科学创立了协同学理论。他在《大自然成功的奥秘:协同学》中说:"协同学是一门在普遍规律支配下的有序的、自组织的集体行为的科学。"[21]这一理论是他研究激光理论时初步提出的,最早应用在自然科学领域。随着学科交叉研究所带来的创造力,协同学在社会科学领域找到了发展契机。哈肯敏锐地指出,尽管协同学是在自然科学框架内提出的,但它比较重要的可能着力点将是特殊的人类和社会过程。他的这一论断为协同学在教育领域作为指导思想提供了强有力的支持。协同学理论的核心观点是自组织原理,即认为作为系统的自然界和人类社会及其任何子系统,都可以通过其内部子系统间的相互作用与相互协作,形成具有一定功能和秩序的自组织系统。虽然各学科之间因为知识体系不同有一定的分割性,但是思政教育可以把各学科串联起来形成一个整体。

思想政治教育应该以人的全面发展为目标。主体教育理论认为,人是教育的主体和出发点。马克思曾向世界公开声明其终生追求建立的社会"以每一个个人的全面而自由的发展为基本原则"[22],认为教育"不仅是提高社会生产的一种方法,而且是造就全面发展的人的唯一方法"[23]。可以推断,马克思赞同通过教育的手段来促进人的全面发展。哲学家卡尔·雅斯贝尔斯的观点和马克思一致,认为教育是通过思想启迪、道德养成、知识传授和文化传承来帮助实现人的个性的全面、自由与和谐发展[24],而大学生受教育的主阵地是课堂,因此课堂教育是育人的主要手段。

2.3 税收学专业教育课程思政的研究现状

目前,税收学专业课程思政建设的研究主要围绕课程思政元素挖掘、课程思政融入教学的路径、税收学课程思政建设存在的问题和税收学专业教育课程思政教学改革四个方面内容。

首先,关于课程思政元素挖掘。张燕以高职院校开设的《税收与纳税实务》课程为例,从六个授课要点中提取出相应思政教育元素,综合运用启发式教学法、情境式教学法、案例教学法、小组讨论教学法、任务驱动式教学法,旨在实现培养具有正确世界观、人生观和价值观的新时代大学生[25]。陈燕芬基于成果导向,反向设计课程体系,以学生为中心融入思政元素,将知识传播和价值引领融合,实现育人和育才相结合[26]。林松池以《纳税筹划》为例,把家国情怀、职业素养和身心素质三类思政元素分解融入具体税种中,运用"三全模式"教学体系和"三段式"教学方法把思政元素引入教学中[27]。

其次,有关课程思政融入税收学专业教学的路径方法的研究较为丰富,学者们基于本校特色和人才培养目标,提出多种融合路径。卢珍珠以财经类专业税法为例,认为将思政课程融入税法教学过程,首先要了解学生对思政教育的需求,然后提升教师思政理论素养和创新教学方式,学校根据人才培养方案改革人才培养体系,实现"学生、教师、学校"三位一体深化课程思政改革[28]。苮晓颖提出要从挖掘梳理税法课程蕴含的思政元素、如何润物细无声地将思政内容转化为学生认识、提升教师课程思政建设的意识和能力三个方面,实现思政元素有机融入税法课程[29]。孙志亮和杨焕玲结合专业人才未来就业方向,基于税法课程特点挖掘思政元素,综合运用多种现代化教学手段开展线上线下思政教育,并设计税法课程思政教学评估指标体系,评估税法课程思政育人效果[30]。林颖华基于税收学人才培养目标,认为教育过程中要做到立德树人"有道"、教书育人"无声",要从教师主导作用、融入学院特色、依托课程体系、运用新型媒体教学、强化制度保障五个方面着手,并以《中国税制》课程为例,设计教学内容和思政融入点[31]。包秀娟等以税法课程为例,选择"法律意识""诚信意识""维护国家主权意识""家国情怀、社会责任"作为思政元素,设计了思政元素融入税法课程的教学案例,同时提出提升教师思政育人能力,制定以思政育人理念为指导的教学目标,创新以思政元素融入为导向的教学方法,完善以思政育人为目标的学生成绩评价机制[32]。张玉以税收学课程为例,结合线上线下混合教学实践,从税收学课程建设目标、课程思政资源建设与教学方法、课程思政建设特色与成效等方面探讨课程思政融入税收学课程建设的路径,以期提升思政教育的质量[33]。

再次,针对目前税收学课程思政建设存在的问题,韩艳翠以税收实务课程为例,分析了线上线下混合教学模式下的课程思政建设存在教师思政能力不足、线上思政课程资源缺乏、学生思政活动参与意愿不强以及思政效果不佳的问题,提出要培育"专业、思政、技术"三位一体的高素质教师团队,运用喜闻乐见的案例引领学生体会思政元素,线上资源和线下课堂有机结合,加入思政效果评价指标等改革尝试[34]。黄晓慧和杨飞从学生和教师两个方面分析税法课程教学存在的问题,通过调查问卷发现,因税法课程知识点庞杂零散、计算困难、税收政策多变和线上学习效果差等原因导致学生学习税法困难,在教师教学方面,存在教学方法单一、缺少案例实践教学,以及某些税种课程思政难以提炼等问题[35]。

最后,有关税收学专业课程思政教学改革的研究成果较为丰富。林颖华基于本校人才培养目标,认为教师作为教改主导人,应该结合课程特色深入挖掘课程思政,运用新媒体并结合学院特色将思政元素融入课堂教学[36]。刘静探讨国际税收课程思政线上线下混合式教学模式和翻转课堂教学方法,提出包括选取与教材知识点相近的线上课程资源、录制思政案例,并要求学生线上预习、围绕思政进行线下课堂探讨、课后引导学生利用专业知识分析实际问题的四步改革方式[37]。聂秀萍从提高教师思政水平、找好税法知识和思政内容切入点、通过案例教学提高思政效果、运用线上线下相结合的方式,提出税法课程思政的建设路径[38]。辛晨和胡淑娟以税法课程作为思政改革对象,从课程目标建设、考核方案设计、教学内容设计三个方面实施思政元素融入税法课程全过程,并设计、发放调查问卷对思政育人效果进行评价,发现通过思政教育,学生的学识、三观、精神风貌、诚信和爱国方面有了很大提升[39]。何邓姣立足于税收学专业大学生的世界观、人生观和价值观的培养,提出提升教师思政意识、提炼思政元素、提升育人质量、创新思政教学方法、开展双重评价五个课程思政建设举措[40]。张玉在构建税收学"五不限"教学理念和"一二三四"教学思路的基础上,从教学内容创新、课程思政案例库创新、教学方法创新、考核评价创新四个方面探讨税收学专业课程思政教学创新[41]。

另外,有学者基于不同类型高校提出税收学专业相关课程的课程思政建设。应用型高校承担为当地培养德才兼备的税务应用型人才的重任,需要提升教师思政教育综合素质、提高应用型本科高校税法课程思政摆位、构建税法课程思政与思政课程联动机制、动态调整和优化教学内容、创新税法课程思政教学效果评价、通过实践操作培养学生良好职业操守[42][43][44]。高职高专以培养技能型人才为主要任务,高职生教育以职业教育为主[45]。

通过以上文献综述可知,目前税收学教育课程思政建设存在专业课知识复杂零散、学生参与思政活动意愿不强、教师教学方法单一、思政育人效果评价体系不完善等问题,学者们分别从教师、教学、学生等角度探讨合适的思政建设路径。已有研究尚有以下不足之处:第一,以税收学专业中某一门课程作为研究对象,鲜有把税收学专业作为一个整体来探讨课程思政建设问题;第二,以理论研究为主,缺乏实证或调查研究;第三,以应用型大学的税收专业课程思政建设为主,缺乏对高职高专和研究型大学税收学课程思政建设的研究。本书以应用型大学——上海商学院税收学专业为研究对象,从"课程"这一点入手,基于"专业"这个面,全面深入探讨税收学专业的课程思政建设路径和方法,为其他应用型大学实施或完善课程思政建设提供有益参考。

参考文献

[1] 列宁.列宁选集(第4卷)[M].北京:人民出版社,2012:302.

[2] 列宁.列宁全集(第6卷)[M].北京:人民出版社,2013:75.

[3] 列宁.列宁选集(第1卷)[M].北京:人民出版社,2012:312.

[4] 列宁.列宁选集(第4卷)[M].北京:人民出版社,2012:288.

[5] 毛泽东.毛泽东文集(第6卷)[M].北京:人民出版社,1999:449.

[6] 毛泽东.毛泽东论教育[M].北京:人民出版社,2008:292.

[7] 毛泽东.毛泽东选集(第2卷)[M].北京:人民出版社,1991:532-533.

[8] 杨伯峻.春秋左传注(修订版)[M].北京:中华书局,1995:1088.

[9] 杨叔子.中国大学人文启思录[M].武汉:华中理工大学出版社,1996:2.

[10] 习近平.习近平在全国高校思想政治工作会议上强调:把思想政治工作贯穿教育教学全过程 开创我国高等教育事业发展新局面[N].人民日报,2016-12-09.

[11] 石书臣.同向同行:高校思想政治教育协同创新的课程着力点[J].思想理论教育,2017(7):15-20.

[12] 连洁.建构高效思想政治工作全程全方位育人模式[J].中国高等教育,2017(8):19-21.

[13] 陈道武.课程思政：高校全程全方位育人的有效途径[J].齐齐哈尔大学学报(哲学社会科学版),2017(12)：164-166.

[14] 邱伟光.课程思政的价值意蕴与生成路径[J].思想理论教育,2017(7)：10-14.

[15] 高德毅,宗爱东.课程思政：有效发挥课堂育人主渠道作用的必然选择[J].思想理论教育导刊,2017(1)：31-34.

[16] 耿刘利,王琦,陈若旸.高校财务管理专业课程思政教学改革的思考[J].西南石油大学学报(社会科学版),2019,21(2)：65-71.

[17] 赫尔巴特.普通教育学[M].李其龙 译.北京：人民教育出版社,2015：6.

[18] 张焕庭.西方资产阶级教育论著选[M].北京：人民教育出版社,1964：249.

[19] Vallance E. Hidden Curiculum. In Husen T (Ed). The International Encyclopedia of Education[M]. Oxford：Pergamon Press, 1991：2177.

[20] Kohlberg L. The Moral Atmosphere of The School，The Hidden Curriculum and Moral Education[M]. McCutchan Publishing Corporation, 1983：64.

[21] 赫尔曼·哈肯.大自然成功的奥秘：协同学[M].戴鸣钟,译,上海：上海科学普及出版社,1988：25-29.

[22] 马克思,恩格斯.马克思恩格斯文集：第5卷[M].北京：人民出版社,2009：683.

[23] 马克思,恩格斯.马克思恩格斯选集：第5卷[M].北京：人民出版社,2009：557.

[24] 卡尔·雅斯贝尔斯.什么是教育[M].邹进,译.北京：生活·读书·新知三联书店,1991：139.

[25] 张燕.课程思政融入高职税收与纳税实务课程的教学改革研究[J].职业教育(中旬刊),2021,20(3)：48-50.

[26] 陈燕芬.基于成果导向理念的课程思政教学研究——以税收筹

划课程为例[J].高教学刊,2022,8(33):173-176+180.

[27] 林松池.高职《纳税筹划》课程思政元素"挖"与"融"的实践探索[J].经济师,2023(4):188-190.

[28] 卢珍珠.课程思政在专业课程中的应用探讨——以税法为例[J].现代经济信息,2019(21):389+391.

[29] 茆晓颖.课程思政理念融入"税法"课程教学的探索[J].教育教学论坛,2020(48):52-54.

[30] 孙志亮,杨焕玲."三全育人"视域下税法课程思政教学改革探讨[J].现代商贸工业,2021,42(13):148-149.

[31] 林颖华."税收学"课程思政教学改革与实践研究[J].内蒙古财经大学学报,2021,19(1):33-36.

[32] 包秀娟,王荣,李开潮.高校税法课程思政元素融入与实施路径研究[J].贺州学院学报,2022,38(3):135-139+144.

[33] 张玉.课程思政融入税收学课程建设的路径研究[J].高教学刊,2024,10(3):193-196.

[34] 韩艳翠.基于线上、线下混合教学模式的课程思政实施路径研究——以税收实务为例[J].对外经贸,2022(1):127-130.

[35] 黄晓慧,杨飞.大数据+课程思政背景下税法课程教学存在的问题及对策[J].中国农业会计,2023,33(9):100-102.

[36] 同[31].

[37] 刘静.融合"课程思政"的混合式一流课程建设实践——基于"国际税收"课程改革[J].集美大学学报(教育科学版),2021,22(6):81-88.

[38] 聂秀萍.税法课程思政实施路径探索[J].科教文汇,2022(11):100-102.

[39] 辛晨,胡淑娟.税法课程思政教学改革实施效果评价[J].科学咨询(科技·管理),2022(8):167-169.

[40] 何邓娇.中国税制课程思政教学改革与实践[J].现代商贸工业,2023,44(7):132-134.

[41] 张玉."双维度——三环节"税收学教学创新研究[J].高教学刊,2023,9(16):60-64.

[42] 卢振兴,杨贵兴.税法课程思政建设的内涵及实施路径——以应用型本科高校为例[J].投资与合作,2020(5):110-112.

[43] 邓惠.新时代应用型本科院校税法课程教学改革探索——基于融入"思政"元素的视角[J].绿色财会,2021(9):49-52.

[44] 朱紫嫣,汪宜香."大思政"背景下税收筹划课程教学路径探究——以巢湖学院为例[J].广东水利电力职业技术学院学报,2023,21(3):81-84.

[45] 洪贞银.高等职业教育校企深度合作的若干问题及其思考[J].高等教育研究,2010,31(3):58-63.

第3章 税收学专业课程思政研究实践

3.1 税收学专业学生应用能力评价体系构建*

按照《中华人民共和国职业分类大典》2015年修订版,"税务专业人员"属于"专业技术人员"下设的"经济和金融专业人员"中的第五小类,被描述为"在税务师事务所等涉税专业服务机构中,从事税务代理、税务鉴证、税务审计和税务咨询等服务的专业人员"[1]。应用型本科税收学专业培养的毕业生匹配的岗位主要是此类税务专业人员,除此之外,还有少部分毕业生在财政机关、税务机关等从事财政、税务管理相关工作。所以,本文主要从税务专业人员的角度对学生应用能力评价进行研究。

一、引言

2014年,上海市教育委员会发布关于开展上海市属高校应用型本科试点专业建设的通知(沪教委高〔2014〕43号),开始在上海高校遴选专业进行应用型建设,目标是"建成一批职业教育特征鲜明、行业认可度高、达到国际同类先进水平的应用型本科专业"。2017年《国务院办公厅关于深化产教融合的若干意见》(国办发〔2017〕95

---

* 作者尹淑平和袁美琴,文章已发表于《河北经贸大学学报》(综合版)2020年第4期。

号)指出,"健全高等教育学术人才和应用人才分类培养体系,提高应用型人才培养比重"。该意见还明确提出,要大力支持应用型本科建设,完善以应用型人才为主的培养体系。这说明全国高等教育体系都认识到人才培养应该适应国家和地方经济发展的需求,应该在传统的学术性人才培养之外大量培养能与行业发展、实际岗位对接的应用型技术人才,高等教育也应与职业教育进行对接,非"双一流"的地方性高校纷纷按照本科层次应用型人才的知识、能力、素质要求来调整人才培养目标和模式。但究竟本科层次应用型人才相对于学术性人才在知识、能力和素质方面应有哪些不同,具体到税收学专业应采取怎样的评价体系来评价学生的应用能力,并没有明确答案。

二、建立评价体系的必要性

建立税收学专业人才应用能力评价体系对用人单位、学生和学校都有重要的意义。

从用人单位角度看,有效合理的能力评价体系有助于发现真正符合需求的应用型人才、发现有长期职业发展潜力的人才,做到人尽其用。

从学生角度看,有效合理的能力评价体系有助于学生及早对自己进行正确合理的评价,对照发现自己的不足,并及早采取措施进行有针对性的提升。

从学校角度看,有效合理的能力评价体系更是意义重大。首先,应用能力评价体系可以帮助学校发现自己在人才培养中存在的问题,及时调整人才培养思路。人才培养方案是为特定目标人才培养服务的,缺乏应用型人才的能力评价体系,就无法准确描述人才培养的目标,无法明确人才培养的方向,更无法进一步做到课程体系的设置为应用型人才培养所要达到的知识、能力和素质服务与对标。一些高职学校从职业教育转型到普通高等教育本科院校,一些原来以学术型人才培养为目标的本科学校转型为应用型本科,他们都在进行专业建设的应用型改革,在原来的人才培养方案基础上不断改革调整,由于缺乏明确合理的应用型人才评价体系导致虽然有心体现应用型教学、提升学生的应用能力,但不清楚从教育分类上应用型本科层次培养的人才具备的一般能力水平、不清楚行业究竟对本专业的应用人才提出的能力要求,无法进一步从课程体系设计、教学模式、教学方法和师资队伍方面去对标,从而使得培养出来的人才跟社会和行业需求不匹配,既增加了学生的就业难度,也不能更好地为地方经济发展服务。其次,可以通过对应用能力评价体系的不同层次目标的剖析,找到核心指标、基础指标,有针对性地逐一解决问题。

三、评价体系建立的原则

应用型本科院校培养的人才,不是追求理论知识的全面系统和"高精尖",而是要求理论与实践能力的最佳结合,要的是能够运用所学知识、技能解决社会生产实际问题的应用型人才。从层次上来讲,应用型本科人才相对于专业硕士来说,虽同属应用型人才,但层次相对较低。所以,建立对应用型本科税收学专业学生应用能力的评价体系需要有明确的指导原则,在科学的理论指导下采用合理的方法,才能体现出税收学专业应用型人才的特色。

(一)以教育目标分类理论为指导

应用型本科教育首先应符合教育的基本属性,实现教育的基本目标。

从布卢姆教育目标分类学理论来看,根据安德森的修订,教育目标包含知识类型和认知过程两个维度。

从知识类型的维度来看,修订后的知识类型分为四大类:事实性知识、概念性知识、程序性知识、元认知知识。其中,程序性知识,既包括由特定学科的技能、算法和技术构成的技能,也包括决定何时应用适当方法的规则或解题技巧。这里所说的应用就是利用某种方法或程序去完成特定的任务,它又细分为执行和实施两种情况:执行是对熟悉的任务利用标准化的技能来完成;实施则是对不熟悉的任务首先要选择程序,然后对已有的程序进行调整,从而完成任务。

从认知过程维度来看,包括记忆、理解、应用、分析、评价、创造六个方面。

我们对税收学专业学生的应用能力进行评价,应该针对程序性知识,侧重评价学生执行和实施的能力,从认知过程来说主要涉及应用、分析、评价、创造四个方面。

(二)体现与研究型大学及职业教育的差异

我们对税收学专业本科生应用能力的评价一定是以对应用型本科教育毕业生的要求为基础的,在这个基础上体现税收学专业的特殊要求。所以,要进行准确评价必须对应用型本科教育有清晰的定位。

根据《国际教育标准分类法》(2011)的分类,普通教育和职业教育是有明显区别的。普通教育是指为发展学习者的普通知识、技艺和能力以及读写和计算技能而设计的教育课程,为终身学习奠定基础;而职业教育则是指主要为学习者掌握特定的职业或行业从业所需的知识、技艺和能力而设计的教育课程。

应用型本科教育是普通教育,但又区别于传统的研究型大学,它兼有普通教育和职业教育两者的特征。它应该既为学生进入某一特定行业或职业做好知识、技艺和能力方面的准备,又为学生的终生学习奠定基础。它不直接授予学生相关行业的资格证书,但却使学生具备了获取相关资格证书的能力,它不仅应使学生具有像高职高专院校毕业生的即时就业能力,还应有长期职业发展潜力。基于对应用型本科教育的这个功能定位,我们对应用型本科院校学生的应用能力评价应该区分为就业能力和长期职业发展潜力两个层面。

(三)体现行业要求

国内关于应用型本科教育的研究有很多,具有代表性的是潘懋元先生认为应用型本科教育应突出强调专门性、针对性、实践性、行业性。相应地,我们对应用型本科毕业生的能力也应从专业性、实践性方面来评价,应特别体现行业对毕业生的要求。

从行业要求来看,与税收学专业匹配度较高的两个职业资格是税务师和注册会计师。从这两个职业资格的获取要求上,我们可以窥见行业对税务从业人才的要求。

2015年发布的《税务师职业资格制度暂行规定》第十四条规定取得税务师职业资格证书的人员应当具备的职业能力,包括"熟悉并掌握涉税服务相关的法律、法规和行业制度、准则;有丰富的税务专业知识,独立开展包括涉税鉴证、申报代理、税收筹划、接受委托审查纳税情况在内的各项涉税专业服务工作;运用财会、税收专业理论与方法,较好完成涉税服务业务;独立解决涉税服务业务中的疑难问题"[2]。这里主要体现了对资格获取者专业胜任能力的要求。从我们对税务实践专家访谈、中国注册税务师协会网站的宣传来看,大家都特别强调对税务从业人员的要求包含诚信、独立性和专业胜任能力三个方面。

注册会计师考试划分为专业阶段考试和综合阶段考试,其中综合阶段考试科目为职业能力综合测试,包括试卷一和试卷二两部分,主要考核考生是否有正确的职业价值观、职业道德和职业态度,是否具备在职业环境中综合运用专业学科知识、有效解决实务问题的能力。

从资格考试过程来看,目前税务师资格着重对知识的考核和要求,对能力的要求则相对弱化;注册会计师职业资格经过考试改革,通过增加综合阶段对职业能力的考核要求,注重对知识和能力的双重考核。相对而言,注册会计师考试更加注重对能力方面的要求,特别强调了职业价值观、职业道德要求。

综合来看,两个最重要的行业资格证书都对解决实务问题的专业胜任能力提出具体要求,也对职业道德做出了明确要求。

(四)采用能力要素法

对税收学专业学生的应用能力评价进行研究属于能力评价的研究范畴。对能力的研究起初是属于心理学范畴,后来管理科学家提出胜任能力并将其引入人力资源管理研究和实践中。从国际和我国对能力框架的研究来看,对会计能力框架研究较多,对税务能力框架的研究非常少。从专业知识特性来讲,一个税务能力强的专业人员必定有较高的会计能力,所以在我们的研究中会大量借鉴会计能力框架的研究方法。我们对应用能力评价的研究是针对应用型本科院校的税收学专业学生的，所以它应该是一种职业能力评价。各国研究会计职业能力有两种基本方法：能力要素法和功能分析法。能力要素法是从投入的角度列举合格的会计人员应具备的知识、技能和职业价值观，强调教育过程为形成胜任能力而需要培养的能力。功能分析法则通过观察会计人员完成任务和履行职责，以及完成这些任务和职责所需要的才能和技巧（就是能力），强调教育和培训的结果。从应用型本科院校的教育功能定位来看，它不是只培养能履行某种职责和完成特定任务的职业教育，所以用能力要素法对应用型本科院校学生进行能力评价更为契合。我们对税收学专业学生应用能力评价体系采用能力要素法构建。

四、税收学专业学生应用能力评价体系

基于前一部分对评价体系构建指导原则的探讨，税收学专业学生应用能力评价体系会涉及多个维度和多个层次。要体现应用型本科税收专业和研究型大学及高职院校对学生应用能力培养的不同目标，评价体系应体现时间维度的差异，包含对学生毕业时就业能力的评价和就业后的长期职业发展潜力的评价两个维度。与研究型大学相比，我们更重视就业能力的培养；与高职院校相比，我们在注重就业能力的同时也重视长期职业发展潜力。在每个维度下，我们再采取层次分析法，设定二级评价指标和三级评价指标，同时采用能力要素法逐步分析列举每个层次评价指标下对应的税收学专业学生的目标能力，最终形成能力评价体系。

（一）就业能力

国外关于就业能力的研究源起于20世纪初，Gainer（1988）将职场人士的就业能力归纳为四个大类，即个人技能、个人可靠性、经济适应能力和组织有效性技能，在这四大类下又列举了15项具体能力[3]。但该研究不是针对大学生的。Lankard（1987）针对学校和职场的转换提出了可以在学校培养的七个就业能力方面，包括正面形

象、积极的工作态度、良好的工作习惯、职业道德、承担责任、有效交流、与他人合作[4]。国内较早研究大学生就业能力的学者郑晓明(2002)指出:"所谓就业能力,是指大学毕业生在校期间通过知识的学习和综合素质的开发而获得的能够实现就业理想、满足社会需求、在社会生活中实现自身价值的本领。"[5]

我们理解就业能力是获得和保持一项工作的能力,这是学生应用能力的当期体现,也是应用型本科教育的基本目标,应用型本科教育首先应使学生具备获得和保持一项工作的能力。根据前一部分的行业分析,结合国外对就业能力的研究,我们认为税收学专业学生的应用能力应包括职业道德、职业素养(通用一般性能力)、专业胜任能力(知识+专业技能)三个二级指标。

1. 职业道德

Gainer(1988)总结的个人可靠性技能包含自我管理、伦理道德和职业成熟度三个指标。这比较接近我们所定义的职业道德,但我们的研究是针对大学生的,职业成熟度不适合作为当期就业能力的评价指标,自我管理和伦理道德属于职业道德的评价范围。从税务师行业要求来看,职业道德首先要求诚信和独立性。在此基础之上,税务专业人员除了要维护委托人或纳税人的合法权益,还强调要维护国家利益,这是评价税务专业人才与其他专业人才的重要区别。在诚信和独立性之外,应对人才的思想政治素质提出要求。具体说来,我们设定的职业道德这一指标,包含如下三个三级指标。

(1) 自我管理能力指标。评价毕业生能按照社会目标有意识地对自身思想和行为进行管理的能力。

(2) 诚信和独立性指标。评价毕业生能否做到做人诚信、做事诚信,公正执业和坚持专业判断的独立性。

(3) 政治思想素质。认同和践行社会主义核心价值观,具有家国意识和公共意识,遵循税法精神和维护国家税收权益。

2. 职业素养

职业素养指标是指在当前社会经济背景下,从事任何一种财务、经济和商务相关的现代工作应具备的基本能力,强调职场的通用能力。这种通用能力既包含个人技能方面的,也包含适应群体工作有效性方面的能力。具体说来,职业素养这个二级指标应包含两个三级指标。

(1) 个人技能指标。评价毕业生应必备的语言表达能力(包含口头表达和商务写作)、逻辑思维能力、理解能力、计算机技能、计算能力、抗压能力和外语能力。

(2) 适应群体工作有效性的能力指标。评价毕业生的人际交流能力、团队协作能力、谈判能力和组织能力。

3. 专业胜任能力

从前一部分关于专业胜任能力的行业标准分析,我们可以发现专业胜任能力由知识和专业技能两个模块构成。从知识模块来看,税收学专业具有很强的综合性,要求学生掌握经济学、管理学、政治学、社会学和法学等学科知识,熟悉涉税服务相关的法律、法规和行业制度、准则。从专业技能模块来看,应包含涉税鉴证的能力、申报代理的能力、税收筹划的能力、接受委托审查纳税情况的能力、准确判断涉税风险的能力、应对税务争议的能力、对现实税务问题进行分析研究的能力。综上所述,专业胜任能力这个二级指标应包含两个三级指标。

(1) 专业知识指标。评价毕业生是否具备的跨学科综合知识、税收专业知识和行业知识。

(2) 专业技能指标。评价毕业生是否具备从事税务相关业务的核算、申报、鉴证和筹划的能力,以及控制税务风险和应对税务争议的能力。

(二) 长期职业发展潜力

长期职业发展潜力是本科教育与职业教育培育人才的重要差异之一,是衡量学生长期职业生涯上升能力和再就业能力的重要指标,强调的是高于平均水平,在职业竞争中能脱颖而出。要想在竞争中脱颖而出,除了社会因素和环境因素的影响,更重要的是需要毕业生具备保持工作能力之外的独特个人素质,这主要体现为如下五个三级指标。

（1）身体素质指标。过硬的身体素质是确保良好职业发展的基础。

（2）思想政治素质指标。这里主要指毕业生是否具有法治意识和社会责任感。税收学专业的属性决定了要想在职业发展的道路上走得长远，必须要有强烈的法治意识和社会责任感，只有将个人发展跟国家的发展融为一体，才能做到长期职业发展。

（3）进取心指标。强烈的进取心是确保长期职业发展的内在原动力。

（4）复合性能力指标。影响复合性能力的要素主要包括毕业生的学习能力、人文素质、跨文化交流能力。各个行业需要的高层次人才都特别强调复合性能力，税收学专业具有复合性的内在特点，强调跨学科综合运用的能力。所以，具有较强的复合性能力将对税收学专业学生的长期职业发展有重要影响。

（5）创新创业能力指标。评价毕业生是否具有创新知识、创新精神和创新思维。要建设创新型国家依赖于创新型人才，具有创新创业意识和创业能力的个人必将更好地适应社会发展，实现个人职业的长远发展。

五、结论与启示

（一）结论

本节对税收学专业学生应用能力评价体系的构建区分为短期的就业能力和长期的职业发展潜力两个基本维度。在每个基本维度下，采取能力要素法分析列举评价学生应用能力的具体指标。本研究主要以定性研究为主，致力于促进应用型本科院校税收学专业人才培养方案和模式调整，以培养符合地方经济发展需求的税务人才。在未来的研究中，将通过专家访谈、行业调研等方式进一步明确具体指标的权重，做到能对学生的应用能力进行评分。当然，随着社会和科技发展，行业对税务专业人员的要求也会不断变化，可能会增加某方面的能力要求，也可能削弱某一方面的能力要求，税收学专业学生应用能力评价体系也需动态调整。

(二) 启示

经过多年的应用型转型建设,我们虽然已经比较注重培养和提升学生的专业胜任能力,但在对职业素养和长期职业发展潜能的培养方面还重视不够,也未能找到非常有效的培养方法与体系,现在日益引起各校重视的丰富多样的社会实践活动、双创项目培育、专业技能竞赛等方式在培养学生的上述应用能力方面有着不可替代的作用,值得进一步探索和完善。

参考文献

[1] 国家职业分类大典修正工作委员会.中华人民共和国职业分类大典(2015年版)[M].北京:中国劳动社会保障出版社,2015.

[2] 人力资源社会保障部,国家税务总局.关于印发《税务师职业资格制度暂行规定》和《税务师职业资格考试实施办法》的通知[EB/OL].http://www.cctaa.cn/2015ksbm/2015-11-09/13364.html,2015-11-09.

[3] Gainer Lei. ASTD Update: Basic Skills[EB/OL]. http://www.researchgate.net/publication/234702181_ASTD_Update_Basic_Skills,2020-10-12.

[4] Lankard Bettina. Prepare for Job Search[EB/OL]. https://files.eric.ed.gov/fulltext/ED288973.pdf,2020-10-12.

[5] 郑晓明."就业能力"论[J].中国青年政治学院学报,2002(3):91-92.

3.2 财政学课程思政路径研究*

财政学是高等院校财经类专业的基础课程,主要研究国家的财

---

* 作者刘倩,文章已发表于《科技创业月刊》2022年第4期。

政收支以及具体的治理过程。课程从政府与市场的关系入手,引入公共产品这一核心概念说明财政的必要性,重点介绍财政的职能;财政收支的具体分类、规模和结构;国家的预算管理体制;财政平衡、赤字及其影响;财政政策及其背后的原因与规律。为了实现良好的课程思政效果,需要从课程思政育人目标的挖掘和凝练、思政知识点设计以及配套教学方法、考核方式改革等方面共同着手。

一、课程思政育人目标

《财政学》课程具有较好的思政育人环境。财政活动包括国家财政收入、支出以及治理过程。通过相关知识点的讲解,让学生立足国情,在了解国家财政职能的同时,深刻理解中国新时代的政治、经济、社会、文化发展的进程,理解经济增长不同阶段国家财政收支结构调整的因由,感受政府在时代发展中所做的不懈努力,增强民族自豪感与共建责任心。通过公共产品、外部性等概念的讲解,让学生明白市场不是万能的,不能解决所有的产品供给问题。在国家提供公共产品与服务的同时,收税变得不可避免。通过理论与现实分析让学生深刻理解税收"取之于民,用之于民"的特性,理解保护税源,提升纳税遵从的必要性。以期达到以下思政育人目标:

(1) 增强对政策的拥护与理解,坚定党的领导。财政存在的目的是满足"公共需要",如果没有政府行为就无法实现社会福利的最大化。通过对财政本质属性等内容的学习,学生更加拥护党的路线、方针与政策。

(2) 弘扬传播社会主义核心价值观。通过政府与市场关系的理论分析,建立对市场经济的正确认识。思考如何与周围人以及与大自然和谐相处,弘扬传播社会主义核心价值观。

(3) 培养主人翁意识,增强民族自豪感与使命感。摒弃"搭便车""不劳而获"等思想,要用劳动与智慧创造财富。通过税收公平原则及财政平衡和社会总供求平衡关系的学习,思考个人与集体与国家的关系,提升社会责任意识以及奉献意识。

(4) 培养学生运用辩证发展的眼光看待事物，提高创新思维能力。公共需要具有历史性、特殊性，财税政策也需不断调整。能够用辩证发展的眼光分析问题，善于总结归纳与预测，提高创新思维能力。

二、课程思政知识点设计

课程思政设计需要在具体的教学模块、知识要点、育人要素的融合等方面不断探索与优化，以知识点自然地引申出要表达的育人要素，将育人要素传递给学生，引起共鸣。

具体来看，结合思政育人目标，通过具体知识点与思政元素的有机结合，本文设计了课程思政体系，如表 3.1 所示。

表 3.1　财政学课程思政知识点设计

知识单元模块	知识点及掌握要求		课程思政教学要点
财政概念和财政职能	财政的本质与属性	掌握	理解财政目的是满足公共需要。
	政府与市场的关系	熟悉	建立对市场经济的正确认识。理解市场失灵的具体体现，如外部效应。思考如何与周围人以及与大自然和谐相处，弘扬传播社会主义核心价值观。理解政府活动存在的必要性。
	财政的职能	掌握	财政职能的实现是满足公共需要的过程，公共需要是具有历史性、特殊性，树立科学的发展观念，理解政策背后的原因及规律。
财政支出基本理论	公共物品的提供方式	掌握	理解政府提供公共产品的必要性，正确认识公民纳税义务。树立正确的价值观，摒弃"搭便车"思想，要用劳动与智慧创造财富。人人都是社会主义的建设者，在实现自身价值的同时造福经济社会。
	公共定价	熟练	理解公共定价对满足公共需要的作用。如果没有公共定价就无法实现社会福利的最大化。深刻理解政府的行为，拥护党的路线方针与政策。

续 表

知识单元模块	知识点及掌握要求		课程思政教学要点
财政支出基本理论	财政民主法制科学化建设	熟练	财政民主、法制、科学化建设能够加强公众监督,更有效地治理国家。理解国家在大国治理过程中做的不懈努力。
财政支出规模与结构分析	财政支出规模的国际比较	熟练	对比国家间财政支出规模的大小。思考影响财政支出规模的现实因素。不盲目自大,也不妄自菲薄,用辩证的眼光分析问题。增强民族责任心与使命感。
	财政支出规模及结构变化学说	掌握	思考不同发展阶段下政府财政支出结构的不同变化。用发展的眼光看问题。思考当前及未来国家财政支出的侧重点,以及优化支出结构的路径。
经常性支出	经常性支出的属性	掌握	经常性支出虽然不直接生产物质财富,但绝不是"虚耗",它为生产提供必要的条件与环境。理解行政管理支出、国防支出等对保障国计民生的重要性。
	教育科技卫生支出的发展趋势	掌握	联系内生增长理论,理解教育、科技是经济增长的持续动力。深刻理解国家教育支出政策以及科创支持政策的背后原因。能够进一步理解与支持国家政策,增强责任感。
财政投资性支出	财政投资性支出的属性	掌握	通过财政投资重长期、重战略、重服务、不重利益的属性,理解财政投资对社会带来的长远福利。通过财政投资乘数的概念,理解财政投资对GDP增长的倍数贡献效应。明白事物是相互联系的,树立全局观。
	财政增加"三农"支出的投资策略	掌握	理解国家财政投入"三农"的原因,明白三大产业相互依存的关系,正确认识社会主义共同富裕的内涵,更加坚定党的领导。
转移性支出	转移性支出的类型与特点	掌握	理解转移性支出三大类别分别具备的财政职能。社会保险支出能够实现社会稳定与发展,财政补贴能够促进收入再分配,税收支出能够助力产业结构升级的实现。

续 表

知识单元模块	知识点及掌握要求		课程思政教学要点
转移性支出	税收支出的概念与方式	熟练	国家通过税收优惠政策把本应征收的税留在企业或个人手里,来调控部门经济,实现国家特定时期的重要战略目的。思考税收政策改革的背景与规律,学会透过现象看本质的分析思维。
财政收入规模与结构分析	财政收入的主要来源	熟练	财政收入中绝大多数来源于税收。通过税收与收费的区别,理解保护国家税源的重要性。
	财政收入的增长变化趋势	熟练	通过国家间的横向比较,以及我国不同历史时期财政收入规模的纵向比较,分析影响财政收入规模的因素。正确认识财政收入规模没有最优值,而是受一国政治、历史、法律等因素的影响。学会用全局与发展的眼光分析事物,理性归纳。
税收原理	税收的概念与特征	掌握	正确理解税收强制性、无偿性、固定性的内涵。明白税收的"无偿性"和"取之于民、用之于民"两者并不矛盾。
	税收原则	掌握	理解税收公平与效率原则的内涵。通过横向公平与纵向公平概念的学习,明白收入多者多纳税的合理性,培养社会责任意识以及奉献精神。
财政平衡和赤字	财政平衡与总供求平衡的关系	掌握	通过国民核算恒等式,深刻理解财政平衡和社会总供求平衡的关系。深刻思考个人与集体与国家的关系,保护国家利益是最终目的。
	赤字的概念与分类	掌握	理解"预算赤字"与"赤字预算"之间的关系。正确看待赤字现象,理解国家赤字预算的调控初衷。用辩证的眼光看待事物。
财政政策	财政政策的手段与传导机制	熟练	通过具体财政政策的乘数效应比较,理解要达到同样目的可以有不同方法,要能够筛选出最优方法去解决同一问题。具有正确看待问题、分析问题、解决问题的思维模式,优中选优,节约资源,提高效率。
	财政政策与货币政策配合	熟练	理解财政政策、货币政策调控经济的不同机制。更全面地学习知识,拓宽知识面,积极向上,不断提升自我。

资料来源:笔者结合课程教学大纲进行课程思政设计而得。

三、教学方法及考核方式改革

首先,运用"对分课堂"教学模式,提高学习能动性。传统的课堂大都以"讲授法"为主,一堂课中绝大多数时间是教师在讲、学生在听。教师向学生传递大量的信息,知识容量大、节奏快,学生对知识的吸收情况较大程度取决于自悟能力。"互联网+"背景下,学生容易被外界信息吸引,很难做到全程认真聆听,主动、独立思考的时间少,对知识的理解不够深刻。思政教育目标的实现需要学生加强独立思考,深入领会。"对分课堂"教学模式,在形式上,是把课堂一分为二,一半留给教师讲授,一半留给学生进行讨论和展示;在实质上,是在讲授和讨论之间引入一个"内化吸收"环节,学生对讲授的知识消化吸收后再参与讨论。由教师让出部分课堂时间,交给学生掌握、主导。通过鼓励学生主动钻研,把知识内化吸收,将讲授与讨论完美地融合,以保证知识传递的效率。学生可以根据自身特点和具体情况,以自己的方式、节奏去完成内化吸收。同一内容,经过教师讲授、学生自学、分组讨论三个阶段学习,逐步加深理解,学生经常会在展示环节设置巧妙的问题,进一步促进对相关知识的思考与更深刻理解。活跃的课堂气氛,浓郁的学习兴趣,学生积极主动地讨论与思考,使得课堂教学效果提升,思政目标得以有效实现。

其次,突出案例教学,提升理论联系实际的能力。案例教学有助于应用能力的培养,教师对学生的学习起导向作用,不再是单向的"传道、授业、解惑",学生从"听讲者"变为"参与者",从"理论的接受者"转变为"实践的创造者"。这种参与式、互动式的教学模式能够有效地传授知识并有助于对理论的内化,增强学生分析、解决现实问题的能力,也有利于教师了解学生、因材施教。为了课程思政教学目标的实现,尤其需要注重案例教学,让学生在现实中感受和思考专业知识背后蕴含的思政教育意义。通过对现实案例的剖析,学生可以更加深入地思考理论背后的现实原因,能够把握事物发展的规律。知识的转换过程是通过对案例的深入分析来实现的。学生分享案例后,教师的点评十分重要,这并非简单的对错评价,不一定要给出明确结论,但必须对小组的分析视角和方法做出点评,有助于学生进行反思和改进。

再次,改革考试机制,增强过程性考核。从原来的结果导向转向过程导向,增设章节考、单元考,引导学生投入更多精力用于课程学习。过去的课程考核方法,期末考试占比非常大,学生会有较强的侥幸心理,认为"临时抱佛脚",凭借一张考卷也可以"突击"出高分,分数与真正的掌握程度往往脱离了关系。正是这种以结果为导向的考试机制,造成了学生不注重学习过程的现象。因此,要想提高教学效果,要形成一个以过程为导向的考试机制。在每章或者每单元课程学习结束以后,设置小节考、单元考来巩固学生对各个章节重点知识的理解,同时,适当加入案例分析的考核,让学生能够运用理论来指导实践。

四、结语

通过课程思政的系统设计及实践,学生能够在学习专业知识的基础上,更理解身边的财政现象,更关心社会热点、关心国家的社会经济发展及财税政策改革;能够透过现象发现问题本质,积极拥护党的方针政策,坚定党的领导;能够实现学生与教师的更好互动,激发学生学习能动性,提升创新能力。与此同时,教师在进行课程思政实践的过程中,专业知识和思政素养也得以提升,能够更好地把握教育教学的规律,提升对课堂的掌控力,更好地实现教育教学价值引领、知识传递与能力培养的综合育人目标。

参考文献

[1] 樊丽明.财政学类专业课程思政建设的四个重点问题[J].中国高教研究,2020(9):5.

[2] 韩金晓.课程思政背景下关于《财政学》课程教学内容与设计的探讨[J].经济学,2020,3(5):26-27.
[3] 李小珍.一流本科教育背景下地方性院校财政学专业课程群优化研究[J].黑龙江教育(综合版),2020(5):59-62.
[4] 梁倩.高等院校财政学课程教学优化路径探索[J].科技资讯,2019,17(24):2-9.
[5] 余萍.应用型本科院校财政学课程教学改革研究[J].区域治理,2021(53):30-35.
[6] 王海威,王伯承.论高校课程思政的核心要义与实践路径[J].学校党建与思想教育,2018(7):3-5.
[7] 高德毅,宗爱东.从思政课程到课程思政:从战略高度构建高校思想政治教育课程体系[J].中国高等教育,2017(1):43-46.

3.3 劳动教育融入课程思政的路径研究——以《税收经济学》为例*

劳动教育作为当代大学生培养的重要组成部分,在培养高素质人才方面发挥着至关重要的作用。随着当前劳动形式的多样化,劳动教育逐渐被淡化,劳动教育在高等教育体系中处于缺位状态。为构建德智体美劳全面培养的教育体系,2020年3月,中共中央、国务院发布《关于全面加强新时代大中小学劳动教育的意见》,指出坚持立德树人,坚持培育和践行社会主义核心价值观,把劳动教育纳入人才培养全过程,与德育、智育、体育、美育相融合,积极探索具有中国特色的劳动教育模式。2020年7月,教育部印发《大中小学劳动教育指导纲要(试行)》的通知,对劳动教育的性质和基本理念、劳动教育

---

* 本文为2022年度上海市教学科学研究项目"劳动教育融入应用型商科人才培养的内生逻辑及实践路径研究"(C2022336)的阶段研究成果。

的目标和内容以及劳动教育的规划与实施进行了全面部署。因此,劳动教育如何融入课程思政教学体系,对落实立德树人根本任务,培养德才兼备的高素质人才具有重要意义[1]。

一、高校劳动教育实施的现状

(一)劳动教育课程设置不合理[2]

从当前各高校制定的劳动教育实施方案来看,设置劳动教育课程是当前国内高校实施劳动教育的主要途径。通过对相关高校劳动教育实施方案进行梳理发现,当前劳动教育课程设置主要存在如下问题。一是课程设置单一。具体表现为大多数高校设置的劳动教育课程缺乏多样性,课程大多以理论知识讲授为主,缺乏实践性,忽视了与其他课程之间的融合,特别是与课程思政之间的有效融合,导致课程缺乏趣味性,学生参与度不高。二是劳动教育课程资源较少。当前教学资源大多集中在专业核心课程,劳动教育无论在师资力量还是教学资源方面都处于全面落后的局面,如教学场地有限、教学设备不足等,这使得劳动教育课程的教学效果大打折扣。三是劳动教育课程与专业融合不够。当前劳动教育课程设置缺乏针对性,与专业课程联系不紧密,导致学生参与度不高,劳动教育很难融入课程思政建设之中。劳动教育理论课程通常较枯燥,学生学习兴趣很难被激发,而实践课程通常注重培养学生的实践操作能力和解决实际问题的能力,学生的学习兴趣较浓厚,因此可以将专业课程融入劳动教育元素,实现劳动教育的目标。

(二)劳动教育得不到应有的重视[3]

首先,忽视团队合作能力和沟通能力培养。当前大多高校实施的劳动教育方案中较少开展集体项目,导致学生的团队合作能力和沟通能力得不到提高。这显然与人才培养要求不符,这也是劳动教育实施方案需要进一步优化和完善的地方。其次,忽视创新意识培养。当前高校实施的劳动教育方案注重学生生产性劳动教育,忽视对其创新意识能力的培养,直接导致学生的思维固化,能力难以得到真正提升。再次,当前高校教学通常以就业率为导向,劳动教育在课堂教学中得不到应有的重视。在此背景下,学生的动手操作能力较缺乏,劳动教育在当前的高校教学中很难得到真正落实,导致劳动教育融入课程思政也成为空话[4]。

（三）劳动知识与技能脱节[5]

这主要体现在两方面。首先,缺乏对劳动过程的深入理解。劳动教育过去长时间注重形式,缺乏对劳动教育过程的深入理解,忽视了对劳动技能和劳动素养的培养,学生难以真正提高劳动实践技能。其次,理论与实践相脱离。当前高校教学中劳动实践普及率较低,大部分教师都重视理论教学,教学进度普遍较快,而劳动实践需要花费一定的课堂教学时间,导致教师为了教学任务不得不放弃劳动实践环节。此外,当前高校开展劳动实践的条件有限,部分高校开展劳动实践的空间较小,缺乏劳动教育实践基地,阻碍劳动实践的开展以及劳动实践与课程思政的融合[6]。

（四）缺乏科学的评价体系[7]

从当前各个高校发布的劳动教育实施方案来看,劳动教育评价体系主要存在三个方面的问题。一是评价指标体系缺乏科学性。当前各个高校制定的劳动教育实施效果评价指标体系注重定性评价,缺乏定量指标,导致学生的劳动成果难以有效通过评价体系得到合理反映。二是评价指标体系参与度偏低。当前各高校制定的劳动教育实施效果评价指标忽视了学生参与度,学生几乎没有参与评价指标体系的制定,缺乏对自身劳动能力提升的认知。三是评价指标体系单一。当前各高校制定的劳动教育实施效果评价体系指标单一,缺乏具体的可以量化的指标体系,大多注重学生技能水平,忽视了学生创新能力和职业素养,不能有效反映劳动教育的真实实施效果[8]。

二、劳动教育与课程思政融合的内在逻辑

（一）共同的根本任务

2020年5月28日,教育部印发《高等学校课程思政建设指导纲

要》(教高〔2020〕3号),明确提出"培养什么人、怎样培养人、为谁培养人是教育的根本问题,立德树人成效是检验高校一切工作的根本标准"。课程思政作为近年来最新的教育理念,旨在通过课程思政建设培养德智体美全面发展的社会主义接班人,践行立德树人的根本任务。劳动教育作为高等教育体系的重要环节,在高校实施劳动教育,将劳动教育与人才培养相结合,对于塑造大学生健全的人格、磨炼意志具有重要作用。因此,课程思政和劳动教育都肩负着推进立德树人的根本任务[9]。

(二) 共同的实践属性

劳动教育天然具备实践属性,劳动教育的目的在于通过让学生参与日常生活劳动进行动手实践。特别是突破传统课程填鸭式的教学方式,让学生走出课堂,深入各种社会实践和实习实训过程,践行课程思政理念。因此,劳动教育强调社会实践,培养学生的社会实践能力。课程思政具有实践属性,2022年8月,教育部等十部门印发《全面推进"大思政课"建设的工作方案》指出,开展课程思政教育的方式要突破传统课堂的局限,善于利用社会实践这个大课堂,在知识传授过程中不能"纸上谈兵",要深入社会实践,通过组织社会实践课堂加深学生对已有知识的理解,将课程思政开展的方式多样化,切实提高课程思政教育的效果[10]。

(三) 共同的教育内容

劳动教育的主要内容是培养学生正确的劳动价值观,传授相关的劳动知识,掌握扎实的劳动技能。引导学生正确理解马克思劳动观,领会劳动创造美好生活的价值内涵,尊重劳动果实,培养勤劳肯干的良好习惯。课程思政教育的主要内容是社会主义核心价值观教育、法治教育、优秀传统文化教育等。课程思政强调在课堂教学过程中挖掘课程思政元素,并非为课程思政而强行植入思政观念,关键是掌握好专业知识教育和课程思政教育两者之间的平衡点,做到自然衔接。使学生在掌握知识的同时更加爱国爱党,自觉践行社会主义核心价值观,做遵纪守法、诚实奉献的当代大学生。因此,从教育内容来看,两者均强调价值观教育,旨在培养具有正确价值取向和坚定理想信念的当代大学生[11]。

三、劳动教育融入《税收经济学》课程的实践策略

(一)明确课程教学目标,将课程思政和劳动教育有机融合

首先,需要明确教学目标的重要性。明确教学目标对于课程内容设置,教学过程中如何应用合理的教学方法以及教学评价体系的构建均有决定性影响。《税收经济学》作为税收学专业核心课程,一方面教学目标的明确有利于将课程思政与劳动教育进行有效融合,特别是税收作为国家重要财政收入来源,以及宏观经济调控的重要工具,对于经济稳定和调节收入分配差距发挥着重要作用,这些都是课程思政切入点。同时,除了理论教学目标外,实践教学目标也是重要内容,需要注重理论教学目标与实践教学目标的相互融合。《税收经济学》作为理论课程,除了理论教学外,实践教学也是重要内容。可以与税务部门联合开展教学,以邀请税务部门人员进课堂、带领学生去税务部门见习等方式提高学生的实践能力,防止彼此互不相关的现象发生。另一方面,明确教学目标有利于学生全面发展,特别是在教学过程中融入劳动教育内容有助于提升教学效果,以及学生的实践能力。

其次,充分发挥劳动教育的育人价值。在明确课程教学目标过程中,需要注重培养学生的奉献精神,通过相关的劳动教育与课程思政教学培养学生正确的人生观、价值观、世界观,提升其社会责任感,做能堪当时代大任的新人。《税收经济学》课程教学过程中,可以借助"税收服务月"等活动让学生成为税收志愿者,在校园内宣传税法知识,以及帮助校内师生进行个税清缴,这也是通过专业课程实施劳动教育的有效方式。

再次,注重实践教学与案例教学相融合。当前税收学本科教育主要以理论教学为主、实践教学为辅,但是税收学属于实践性较强的专业,仅靠理论教学难以提升学生解决实际问题的能力。因此,在教学过程中需要将理论教学与实践教学进行结合,通过相关案例培养

学生解决实际问题的能力。《税收经济学》课程教授过程中需要加大对相关案例的讲解,增加课程的实践性和趣味性。例如,在讲解个人所得税章节时,可以选取近年来的明星艺人逃税案例进行补充知识的讲解,通过对案例的逃税背景、方法、原因、对策等进行全方面剖析,进一步提高学生诚信纳税的意识[12]。

(二)重构教学内容,挖掘劳动教育课程思政元素

首先,在《税收经济学》课程中,当前教学内容忽视了劳动教育环节,需要通过重构教学内容,挖掘其中的劳动教育课程思政元素。例如,在讲解税收征管章节时,除了介绍税收征管基本内容外,还可以介绍税收征管过程中税务人员的职业操守、奉献精神等。通过上述内容的讲解帮助同学树立正确的劳动价值观和社会责任感,不仅丰富了教学内容,又体现了课程思政价值。

其次,重构教学内容,挖掘课程思政元素可以从三个方面入手。一是,需要深入挖掘教学内容,找出劳动教育与课程思政可以融合的点。具体而言,《税收经济学》课程教学过程中可以安排适当课时的劳动教育环节,通过让学生参与劳动教育提高对税收的认知水平。二是,优化教学方法,可以通过案例教学和情境教学,让学生深刻体会劳动者的艰辛。《税收经济学》课堂可以多元化,邀请业界专家进行授课,提高学生的实践能力。三是,通过典型案例教学让学生向榜样学习,充分发挥榜样的力量。《税收经济学》课程可以邀请税务部门劳动模范进行授课,发挥劳模精神,这也是开展课程思政教学的有效方式。

(三)丰富教学方法,将劳动教育与课程思政良性融合

首先,小组实践教学。在《税收经济学》课程中,可以通过将学生分成若干小组,然后布置相关课后小作业,以小组形式进行汇报。这样有助于学生之间进行分工合作,让每一个学生都能够参与其中,同时可以培养学生的合作精神,让学生体会劳动的价值和意义。

其次,基地实践教学。在《税收经济学》课程中,可以借助校企合作基地开展实践教学。例如,可以带领学生去税务局见习,熟悉税务

流程,与一线税务人员进行交流,感受一线税务劳动者的日常工作,这有利于培养学生的劳动精神和社会责任感。同时,实践基地拥有丰富的实践教学资源,强大的实践导师团队能够确保学生了解前沿业务。特别是实践教学旨在培养学生实践能力,实践导师授课能有效弥补传统课堂教学的不足。

再次,案例实践教学。《税收经济学》课程比较缺乏案例教学内容,可以通过案例教学加深学生对知识点的理解,以及尝试将劳动教育与课程思政进行融合。例如,可以通过对个人税收制度进行分析,通过对比个税改革前后制度差异,以小组找资料的方式让学生比较新旧税制对收入分配差距的影响,从而更深入地了解相关知识点,思考未来个税改革的方向,同时培养学生分析问题和解决问题的能力。

(四)增强实践环节,发挥劳动教育实践育人作用

首先,让学生参与实践项目。税收学属于应用经济学中实践性较强的专业,增强实践环节教学对于培养学生的解决问题能力至关重要。例如,在讲解"增值税"章节时,可以让学生先了解当前增值税的制度,然后在此基础上介绍"金税三期"工程,并让学生上机操作使用"金税三期"工程系统,通过上述实践教学能够让学生学习专业技能,同时也能体会到税务一线工作者的劳动价值。同时,讲解增值税近年来的减税政策,包括增值税留抵退税、增值税税率下调等,引导学生思考上述增值税减税政策对宏观经济以及微观企业的影响,在条件允许前提下可以项目形式开展研究。

其次,培养学生职业素养。税收学专业学生今后就业主要是从事税务方面工作,而税务工作关系到税收征收,良好的职业素养显得格外重要。例如,在讲解"税收公平"章节时,需要培养学生的公平意识,包括横向公平和纵向公平,引导学生思考横向公平和纵向公平的异同,以及只有横向公平没有纵向公平和只有纵向公平没有横向公平会带来的影响。此外,税收公平建立在诚信纳税的基础之上,在讲解税收公平问题时需要强调诚信纳税的重要性,从而为今后的职业生涯打下坚实基础。

再次,激发创新精神。当前逃税现象频发,如何制止社会逃税现象的发生成为当前相关政府部门面临的难题。在讲解相关章节时,可以向学生提问,如何制定合理有效的逃税政策?通过相关问题激发学生的创新思维,提高解决问题的能力。具体而言,《税收经济学》课程由于涉及诸多税收政策,特别是近年来的减税政策,教材通常是简单提及,并没有深入介绍其影响和原因。例如,在讲解企业所得税时,可以引导学生思考为什么企业所得税比增值税逃税多?这是由于企业所得税主要针对利润征税,企业可以通过低报利润或者虚列成本进行逃税,特别是小企业采用核定征收更是滋生了逃税问题。再如,增值税减税的实施效果如何,增值税减税为什么出现部分行业税负不降反升的现象等,这些问题均是课堂上可以进行分析的重点内容。通过这些可以提高学生的创新意识与解决问题的能力。

参考文献

[1] 季爱民,张雪莉.劳动教育融入课程思政的逻辑、价值及其实现[J].湖北理工学院学报(人文社会科学版),2023,40(4):80-86.

[2] 孙蕾扬.高校劳动教育与思想政治教育有机融合的路径研究[J].继续教育研究,2023(8):68-72.

[3] 钱莹.新时代劳动教育融入高校思政课实践教学研究[J].科学咨询,2022(8):90-92.

[4] 马慧子,李申莹,熊强.课程思政背景下高校劳动教育的时代价值和实践向度[J].食品工业,2023,44(6):248-252.

[5] 张菊香.应用型本科院校劳动教育与课程思政协同育人的困境与路径研究[J].老字号品牌营销,2023(11):184-187.

[6] 张彦平,张瑞君,李静.融合课程思政和劳动教育的科研驱动式教学——以"水质工程学"为例[J].教育教学论坛,2023(41):21-24.

[7] 焦健,孙凤敏.农业高职院校"课程思政"与"思政课程"协同育人实践路径研究——以苏州农业职业技术学院为例[J].河南农业,2023(27):6-11.

[8] 王明昕,许乐."三全育人"视角下课程思政融入劳动教育实践探究[J].现代商贸工业,2023,44(19):137-139.

[9] 亢敏.思政教育与大学劳动教育的融合发展研究[J].吉林工程技术师范学院学报,2023,39(8):33-36.

[10] 单盈.课程思政视域下新时代大学生劳动教育的探索[J].高校后勤研究,2023(8):77-80.

[11] 赵倩,高艳,张兆东,等.劳动教育理念下工程材料与热加工课程思政实践探索[J].科学咨询,2023(8):228-230.

[12] 胡玲.新时代劳动教育融入高校思政教育的路径探究[J].职业教育,2023,22(22):63-66.

3.4 新文科建设背景下《财政学》课程思政融入教学的路径研究

2018年8月,全国教育大会召开之前正式提出"新文科"概念。2019年教育部启动"六卓越一拔尖"计划2.0,明确提出"新文科"建设,用以提高高校的社会服务能力。2020年11月,《新文科建设宣言》发布,全面部署新文科发展,支持新文科创新发展。2021年4月,发布《新文科建设年度发展报告(2020)》,回顾2020年新文科建设工作的具体进展,对新文科建设工作的开展背景、"新文科"的内涵、特点及建设路径等问题进行深入探讨,着眼实现传统文化的创造性转化、创新性发展的新任务,立足中国特色社会主义进入新时代的新节点,探索与实践新文科建设的新方向、新模式、新课程和新理论。2022年4月,发布《新文科建设年度发展报告(2021)》,凸显新文科建设的政策导向、需求指引、开放共享、交叉融合、科技驱动、社会服务等特点,加速从传统文科项文理、文工跨学科交叉融合转变。新文科经过 5 年发展,已经成为高等院校教学改革的热点,本节在阐述新文科特点的同时,结合《财政学》中的课程思政元素,探究课程思政和新文科融合教学的路径和改革方向。

一、新文科的概念和特征

2017 年,美国希拉姆学院首次提出"新文科"概念。新文科以全球新科技革命、新经济发展为背景,在传统文科基础上进行学科重组和文理交叉,将新技术融入哲学、文学、语言等课程中,从而实现跨学科融合[1]。中国的新文科更强调中国特色,新文科项目在坚持正确政治方向和价值导向的基础上,由中央高校主管部门和各省级教育行政部门为项目实施提供必要的条件支持和经费保障,将云计算、大数据、区块链、人工智能融入传统文科,推动学科之间交叉融合,实现文科高质量发展。2020 年发布的《新文科建设宣言》强调新文科在专业优化、课程提质、模式创新三方面进行改革,其中,课程提质的关键就是融入思政元素。

相较于传统文科,新文科具有如下特点。首先,新文科以传统文科为基础。新文科不是对传统文科的否定和抛弃,而是在保证基础性人文学科的内容、培养体系、培养目标不变的前提下,在传统文科中融入新科技、新理念或其他文科的知识,培养具有创造力、能适应国家发展和社会需要的复合型文科人才[2]。其次,新文科具有综合性,新文科至少要与其他传统文科交叉融合[3],才能培养全面发展的文科学生,使学生拥有多元复合的知识架构和能力,能运用跨学科思维打破学科壁垒、实现学科交叉融合和学科创新。再次,新文科要与时俱进。新文科的"新"是创新的"新"[4],在当今全球经济一体化、中国特色社会主义进入新时代、新一轮科技革命到来的背景下,新文科能自觉适应当下发展,主动承担历史使命、紧扣时代要求、与时俱进,积极调整学科内容、设立新专业、探索新教学模式、构建新理念,培养全面发展的学科人才,为知识体系注入新动力。

二、《财政学》课程思政和新文科融合的着力点

《财政学》课程属于经济学基础课程,也是财政学、税收学专业的专业导论课。《财政学》课程涉及国家治理和政府经济活动,包含诸多思政元素和思政特征,蕴含丰富的政治属性、社会属性、经济属性和道德属性。与其他学科相比,《财政学》课程在增强政治认同感、培育社会主义核心价值观、厚植爱国情怀等方面具有天然优势。将新文科理念融入《财政学》课程授课过程需要从下面三个方面着力。

首先,重新定位《财政学》课程的专业属性,体现课程的综合性和应用性。财政是国家持续发展和繁荣昌盛的牢固基础。传统的《财政学》课程侧重从经济角度解释政府行为,如信息不对称、公地悲剧、外部性理论,事实上,财政学已经拓展到政治、经济、文化、社会、生态等多方面,涉及政治学、经济学、社会学、法学等多个学科交叉。因此,《财政学》课程的专业属性应该重新定位,用多学科理论解释政府行为,赋予其数理与人文精神。

其次,重新定位《财政学》课程的培养目标。《财政学》课程与思政密切相关,财政伴随着国家的出现而诞生,是治国理政、维持经济社会安定的重要工具。在培养目标上,要将课程思政、新文科理念与《财政学》课程融合。在思想上,引导学生主动学习马克思主义,践行社会主义核心价值观,辩证认识世界,理性改造世界。在学识上,培养学生的逻辑思维和数理推导能力,能用数学和公式推导和解释政府行为,对政府适当干预经济有直观理解,而不会被外部信息随意干扰。在理想信念上,鼓励学生持续探索国家治理路径,培养学生主人翁精神。

再次,改革优化《财政学》课程的教学模式。传统教学以单维扁平式为培养模式,依靠"填鸭式"手段授课,导致学生只读书不行路,对知识点停留在表面记忆、缺乏感性认识,对社会和经济理解不深刻,难以用课堂所学解释社会现象。应该用多渠道、多维度、立体式、系统性的教学手段,培养学生举一反三的思维和踏实的作风。

需要教师深入研究新时代人才培养中课程思政的途径和新文科融入机制。

三、新文科背景下《财政学》课程思政融入教学案例展示

（一）心理学与财政学交叉：行为财政学

行为财政学的研究内容深入传统财政领域的方方面面，包括财政收入、财政支出和财政政策。研究方法主要是运用实验方法，将心理学、社会学以及行为人的个体特征等现实因素纳入研究。

以税收遵从为例，税收遵从包括纳税人按时报税、准确报税和及时缴纳税款，但现实中逃税和避税常常出现，如何提高税收遵从度是各国都面临的一个挑战。传统经济学主要从提高遵从成本、设计奖惩机制、公开纳税信息和分析纳税人的经济社会特征等角度研究，然而，纳税申报与缴纳最终的实现依赖于纳税人的个人行为，因此，关注微观个体行为的选择与决策，对于税收遵从度的提高具有重要作用。随着行为实验方法的引入，使得税收遵从领域研究得以深入研究微观个体行为特征，影响因素主要包括奖惩机制、社会规范、社会偏好、信任和信息。

各国研究团队和税务机关通过行为试验研究辅助公共政策制定和实施，运用自然随机实地试验的方法，探讨提高税收遵从度的政策干预效率。主要方法有：税务部门在向纳税人发送提醒邮件中附加额外的信息，包括不同的社会规范描述、道德义务提醒等，这能有效促进纳税人按期完成纳税[5]；通过简化处理、威慑、税收道德等多种方式来修改寄送给纳税人的税收函，其中，简化处理对税收遵从的促进效用最大，威慑也有积极影响，而税收道德有负面影响[6]。

在日常教学中，高校可以与地方税务局合作，先由教师带领学生尝试不同的方法进行模拟实验，然后根据税务局的数据反馈判断不同试验对纳税人税收遵从度的影响。一方面，学生通过实践的方式，可以亲身感受各种非经济因素如何影响税收遵从；另一方面，可以提高学生社会实践能力和工作技巧，增强就业意愿。

(二)教学模式创新:税收学实验班

跨学科复合型人才培养模式主要有四类:与专业结合的选修课模式,主辅修模式(双学位),大类招生、分类培养模式,专业(实验)班模式。前两种模式在中国存在已久,虽然模式成熟,广泛存在,但是在实践过程中存在学生学习积极性较差、学科设置不合理等缺陷。大类招生、分类培养模式是实现个性化教育和定制化培养的一种方式,但存在后续培养方案缺乏针对性、培养方案缺乏实践性和就业性等问题。专业(实验)班模式指为适应国家、地方经济社会发展需求,秉承先进的教育理念,围绕人才培养目标,依托高校学科优势,汇聚优质教育资源,遴选部分优质生以小班化的形式,开展教育教学,学生可跨专业、跨学科,实现个性化、精英化培养的一种育人模式[7],这种模式在就业和人才培养上更有优势。

税收学专业人才培养应该以培养创新和实践能力为核心,以市场需求为导向,以"双师型"建设队伍为保障,培养出适应市场需求的应用型人才。在培养目标设定上,税收学实验班应该以"立足地方、面向市场、突出应用"为办学宗旨,培养目标层次定位为应用型专门人才,面向的岗位应该是各类工商企业、中介机构、政府和为营利机构从事纳税服务、税收管理的实际工作。

《财政学》课程作为税收学专业的学科基础课,不仅要教授学生基本专业知识,还承担着提升学生实践能力的责任。《财政学》课程在授课过程中应该注重学生的实践能力。在平时考核中,若学生在相关单位实践,那么,在平时成绩核算中应综合考虑学生的实践表现和在校表现,分别赋予一定的权重,让积极实践的同学获得激励。另外,《财政学》课程中有些章节具有较强的实践性,如《税收》章节,可以邀请校外专家进课堂,结合实际开设税收专题,使得学生能将专业知识和实际运用结合。最后,在实验班试行"课证融合",对于税收学专业的学生需要考取与财务和税务有关的证书(包括初级会计师、税务师、注册会计师),可以按照考证参考书开设相关课程,或者将考证知识点融入原有教学内容中,形成"课证融合"的教学大纲和教案。

参考文献

[1] 洪永淼."新文科"和经济学科建设[J].新文科教育研究,2021(1):63-81.

[2] 陈永涌,甄宸."新文科"背景下课程思政的积极育人体系建构[J].青海民族大学学报(社会科学版),2024(2):1-9.

[3] 樊丽明,杨灿明,马骁,等.新文科建设的内涵与发展路径(笔谈)[J].中国高教研究,2019(10):10-13.

[4] 黄启兵,田晓明."新文科"的来源、特性及建设路径[J].苏州大学学报(教育科学版),2020,8(2):75-83.

[5] Hallsworth M, List J A, Metcalfe R D, et al. The Behavioralist as Tax Collector: Using Natural Field Experiments to Enhance Tax Compliance[J]. Journal of Public Economics,2017,148:14-31.

[6] De Neve J E, Imbert C, Spinnewijn J, et al. How to Improve Tax Compliance? Evidence from Population-wide Experiments in Belgium[J]. Journal of Political Economy,2021,129(5):1425-1463.

[7] 林娟,肖华山.学科交叉融合:"经贸+外语"复合型人才培养新路径[J].景德镇学院学报,2021,36(4):83-87.

3.5 应用型本科院校《国际税收》课程改革思考[1]——基于上海商学院税收学专业应用型本科试点建设

《国际税收》是 2018 年《普通高等学校财政学类本科专业教学质量国家标准》规定的税收学专业必修的核心课程之一。本课程有助

---

[1] 作者尹淑平、李成彬,文章已发表于《科技创业月刊》2020 年第 10 期。

于培养学生的国际视野,帮助学生在错综复杂的全球经济和社会背景下理解国与国之间的税收关系以及国家之间的税收竞争和税收协调。同时,它也是"一带一路"倡议下为跨国企业和税务机关培养具有国际视野、适应跨国经营的专业人才必备素质的一门重要课程。

一、课程定位

课程的定位只有围绕学校定位和专业定位来确定,才能够为培养学生的知识、能力和素质服务。上海商学院作为一个定位为商科特色的应用型本科院校,在培养学生时尤其强调提升学生的实践应用能力、培养高水平的应用型人才,着力打造应用型、行业化、国际化的特色。上海商学院税收学专业获批第五批上海市属高校应用型本科试点专业,致力于培养有国际视野的高素质应用型税务人才。学院定位和专业应用型试点决定了我校税收学专业的《国际税收》课程定位。这门课程不能只向学生传授国际税收理论和知识,还要在帮助学生理解国际税收规则的基础上,培养学生解决企业跨国经营所面临的具体国际税收问题的能力,做到理论联系实际,为培养适合跨国经营、能处理跨境业务税务相关问题的人才服务。

在此基础上,我们还必须意识到国际税收问题背后是国与国之间的关系,涉及国家间税收利益的分配,因而在教学时一定要注意进行课程思政教育,要引导学生树立保护国家税收利益的观念,解决好为谁培养国际税收人才的问题。

要实现上述课程定位,我校税收学专业《国际税收》课程有必要从教学内容、教学方法、评价体系方面进行全面的教学改革。

二、教学内容调整

当前,国际税收理论和实践都处于快速发展的时期。为了突出对学生应用能力的培养,我们在教学内容上必须做到与时俱进,每次教学都要重新审视教学内容有无反映最新国际税收实践。

由于我校的毕业生主要就业地在中国境内,因此在进行国际税收理论和实践教学时,应在介绍国际惯例的基础上突出中国的实践和做法,即做到放眼世界、立足中国。

(一)动态引入国际税收理论和实践的最新变化

我校现行税收学专业《国际税收》课程的主要教学内容,包括国际税收概念、税收管辖权、国际重复征税及其消除、国际避税概念及其方法、转让定价及其税务管理、其他反避税法规和国际税收协定等。现有的教学内容虽然从体系上看是比较完整的,但国际税收教学内容的调整应该是动态的,除了保留国际税收基本理论和规则,应考虑到当前正处于国际税收规则重建的重要时期,教学内容应该体现这一变化并具有一定的前瞻性。譬如,我们在教学中应该展示数字经济下各国税收制度的变化,引导学生讨论数字经济给国际税收带来的挑战和应对办法;既要展示经济全球化背景下跨国企业的利润转移和对各国政府的税基侵蚀,又要进一步引申到"后 BEPS 时代"世界多极化和反经济全球化的趋势对国际税收关系的影响;在讲述税收协定时,除了介绍税收协定范本等基本内容,还要结合引入"一带一路"背景下我国与沿线国家的双边税收协定,使学生的学习一开始就是与实践紧密结合的,而不是在以后的工作中才将理论知识运用到实践当中,为学生应用能力培养这一最终目标服务。又如,讲到转让定价相关章节时,我们可以引入新冠疫情的影响,启发学生思考特殊突发事件对转让定价的影响、对企业转让定价风险的影响。

(二)精简重组常规教学内容

当我们将前述新的变化引入《国际税收》课程教学内容后,就会面临国际税收课程学时不足的现实限制。以我校税收学专业为例,有效教学学时在 40 学时左右,要在这有限的学时里达到前面所述的课程定位,实现教学目标,就必须在课堂教学方面舍弃一些内容。

从教学实践来看,我们可以对常规教学内容进行删减重组。税收管辖权章节的内容可以与国际税收协定章节进行重组。例如,关于来源地管辖权的实施必须先确定不同性质所得的来源地,而在国际税收协定中不可或缺的内容也是对不同性质和种类所得的征税权的确定,那么就可以考虑以读几个典型的税收协定的方式来对相关概念进行阐述。从知识的逻辑性方面来看,这种做法的效果会比传统教学中将这两章分开教学更好,而且选取最新的有代表性的协定进行学习也能更好地做到与时俱进。再如,国际避税方法可以和转让定价税务管理及反避税法规的内容进行重组,通过合适的反避税案例教学完全可以展现企业采用的避税方法,在此基础上再分析税务机关采取何种措施来进行防范,一气呵成,逻辑性强。

(三)增加国际税收专业英语教学

目前,我校《国际税收》课程为中文课程,但课程内容本身又注定它要与国际接轨,掌握大量外国实践,这就对学生提出了专业英语水平的要求。有不少本科院校都在进行《国际税收》课程的双语教学,甚至有些院校已开展了全英文教学。受制于专业教师和学生的英语水平,只能逐步进行课程全英文教学改革,第一步就是让学生掌握最基本的专业英语词汇,读懂相关文献中的术语,能够阅读一手的国际税收文献。这就要求教师在授课过程中注重向学生传达基本概念和术语规范的英语表达,推荐相关外文文献供学生课外拓展提高。

三、教学方法调整

培养学生的实践应用能力,帮助学生在理解国际税收规则的基础上具备解决企业跨国经营所面临的具体国际税收问题的能力,这样的课程定位要求我们的教学方法必须做相应调整。此外,疫情特殊背景下考虑增强应对突发重大事件的能力,也要求我们在课程教学方法方面进行相关改革。

(一)突出案例教学的核心地位

国际税收课程相对复杂,实践性也较强,其中转让定价、国际反避税等章节内容特别适合进行案例教学。我们可以精选教学案例分为两种层次使用:一种是发给学生讨论并在课堂上进行总结分析,这类案例要提前打印并发给学生,要求他们针对背景知识和相关法规在课下先做准备,在课堂上随机提问或由大家主动发表意见;另一种属于提高拓展型,提供给学生在课外按兴趣选读,无强制性,若学生有疑问或有看法则可以在答疑时间跟老师沟通,不占用课堂授课时间。

为了配合案例讨论教学,除了利用已有的案例,还需要逐步建立案例库,不断更新。缺乏合适的案例库正是我们目前教学中面临的重要困难。我们可以基于真实案例进行一定的改编,主要是国际税收实践中的典型案例,既包括国外的知名案例,也包括国内典型案例,尽量选择新近发生的案例,以反映学科的最新发展和最新实践。

(二)引入实践专家进课堂

作为一所应用型大学,我们的培养目标不是专业研究人员,而是高素质的应用型人才。因此,精选实践性较强的章节,聘请实践领域的专家来共同授课,是一种很好的尝试。我们在约40个学时中安排了6个学时的实践课,聘请税务局专家和企业专家进课堂,在课前就授课内容进行商定,这种共同授课使实践与理论学习很好结合,学生反响热烈。

(三)现场教学与网络课堂相结合

由于我校开设该课程在第六学期,此时有些学生正面临一些资格考试、面试、实习等,时间的冲突导致学生无法保证每一节课都在现场学习;有些学生需要课前预习或课后复习,那么网络课堂的补充就非常有必要。我们将课程的核心知识点、理解有难度的章节、案例讨论的精彩内容制作成视频,并对重要知识点录制微课视频,放到课程网站供学生按需使用。

我们在2019年录制的微课视频在疫情期间发挥了重要作用。原来作为课堂教学补充的微课视频资源,很好地解决了因线上教学时网络不够稳定导致学生漏听某个知识点或者由于教学进度无法比拟现场教学进度等问题,学生在预习或者复习时可以选择观看对应的微课视频,很好地提升了教学效果。未来,我们将继续完善《国际税收》网络课程建设,将章节练习题、典型案例、经典文献等教学辅助资料上传课程网站,形成对学生课堂学习的有益补充,这既能应对突发情况,又能解决课程学时紧张的问题。

上述几种方法结合传统教学方法,既能提升学生兴趣、增加学生参与感、尊重学生的选择权,又能有效节省课堂时间,实现课堂的延伸和拓展。

四、考核体系调整

为了更好实现激励,提升学习的积极性,现有的考核评价体系也需要进行相应调整。

(一)考核的指导思想

考核应该认同差异化,注重过程考核,体现对应用能力的评价。认同差异化,即认可对不同的学生提出不同的达标要求并体现公平:对大多数同学,达到基本教学目标就应该让其通过课程考核;对少数有兴趣的同学,考核应该体现对其努力程度的肯定,对其付出的额外努力回报一定的分数,以激励大家自愿付出较多努力在本课程的学习和探讨上。注重过程考核,即考核体系不仅包括期末考核,还应包含对学生课程全过程的考核。体现对应用能力的评价,是要求考核形式多样化,可以是闭卷考试,也可以是案例分析、小论文等。

(二)具体考核体系构成

基于上述指导思想,我们确定将期末考核和过程考核相结合,期末考核占总成绩60%,过程考核占40%。期末考核包括闭卷考核和专业小论文两个部分,各占30%;过程考核包括考勤和课后作业、案例讨论和课外文献阅读三个部分,学生按时上课、保证按时按量完成基本的课后作业占15%,积极准备并在案例讨论教学时主动发言表达自己的观点则可获得最高15%的案例讨论分,认真按要求完成文献阅读要求则可获得最高10%的文献阅读分。考勤和课后作业分是基本分,只要学生付出基本努力就可以得到满分;案例讨论考核和文献阅读考核是区分学生努力程度和学习效果的。期末考试中闭卷考核以考核基础理论和基础知识点为主,专业小论文则体现学生对专业问题的独立思考能力。当然,这个评价体系要求老师对学生的课堂学习情况相当了解,所以教学班的人数不能过多,尤其是不能大班上课。

五、结语

一门课程的教学改革不可能一蹴而就,必须在教学过程中随着社会环境的变化逐步探索和实践。不管如何变化,应用型本科院校课程改革的指导思想应为培养应用型人才服务、提升学生理论与实践相融合的专业应用能力,最终服务于国家建设和地方经济发展。

参考文献

[1] 潘懋元.什么是应用型本科?[J].高教探索,2010(1):10-11.

[2] 潘懋元.对《应用型高等教育研究》的期望[J].应用型高等教育研究,2016,1(1):7.

[3] 王静静.商科教育优化策略:在理论与实践之间搭建一座桥梁——以亚利桑那州立大学《国际税收》课程为例[J].江苏教育研究,2017(Z6):23-27.

[4] 汪利锬,罗秦,黄洁."国际税收"课程教学的改革模式——基于情境认知的实验教学法[J].文教资料,2018(17):186-187+210.

[5] 尹淑平.应用型本科院校国际税收双语课程建设[J].广东技术师范学院学报,2012(2):118-120.

实践篇
SHIJIAN PIAN

第4章 专业基础类课程思政实践

4.1 《财政学》课程思政案例

一、《财政学》课程思政总体教学目标

《财政学》是经济类专业的基础课程,在培养经济类高级人才中占有重要地位。该课程的基本理论和意识形态承担着塑造学生专业思维、价值理念和技能应用的重要作用。本课程根据学科专业特点和育人目标,按照《高等学校课程思政建设指导纲要》的要求,把思想政治教育贯穿于理论讲授、案例选择、教学方法和效果反馈全过程中。

(一)知识目标

课程涉及大量有关政府经济活动的理论和基础知识,围绕政府的经济活动,以效率、公平和经济稳定为线索,形成以财政支出、财政收入、财政管理和财政平衡为清晰主线的学科体系。课程从公共物品引出市场失灵现象及政府干预经济的必要性,在介绍与财政学相关的基础经济理论之后,探讨财政支出(包括财政支出概论、购买性支出、转移性支出)、财政收入(包括财政收入概论、税收原理、税收经济分析、税收制度和国债)、财政管理制度(政府预算、财政体制)和财政政策等问题,体现以国家为主体的分配关系,具有显著的课程思政特征。

(二)能力目标

引导学生理解为什么财政是国家治理的基础和重要支柱,从理论上了解政府财政的主要职能和利用财政税收手段干预经济的基本政策和制度,建立更健全合理的知识结构,并使学生能够应用所学的理论知识分析、解释实践中的一些问题,提高分析认识问题的综合能力。

(三)价值目标

学生需要掌握财政学基本理论,能明确财政和市场经济的关系,能理解和解决实际问题。提升学生专业能力和政策分析能力,学生要在熟悉中国现行财政制度的基础上,对复杂财政现象有所识别。培养学生国际视野与创新能力,了解学科理论前沿和国外发展动态,培养学生应用信息技术和专业知识,对财政与税收相关内容进行分析与研究。树立正确的价值追求与理想信念,引导学生践行社会主义核心价值观,有正确的价值追求和坚定的理想信念。

二、课程思政与专业思政目标的对应关系

思政目标	税收学专业思政目标	《财政学》课程思政目标
1. 政治认同	(1) 具有坚定的政治方向,拥护中国共产党的领导。 (2) 认同中国特色社会主义道路。 (3) 理解中国、了解国情,认同国家制度和改革发展成就。	(1) 立足中国国情,剖析中国现状,认同中国财政政策的政治导向性。 (2) 了解中国财政改革历程,分析财政改革与政治发展的互动关系。 (3) 强调财政学的国家属性,阐述财政活动在国家政治生活中的作用。
2. 社会主义核心价值观	(1) 经世济国的社会责任感和担当意识。 (2) 较强的公共意识。 (3) 敬业爱岗、团结协作。	(1) 深入了解财政的运行机制和国家治理体系,增强爱国情怀和社会责任感。 (2) 强调财政活动在公共利益和社会福祉中的作用,认识财政活动的公共性质。 (3) 强化财政职业道德教育。
3. 宪法法治	(1) 培养法律意识,能自觉遵守法律,维护法律的尊严和权威。	(1) 了解国家(或政府)提供公共产品和服务的分配活动要遵循法律规范和制度,包括《宪法》《预算法》《税法》。

续 表

思政目标	税收学专业思政目标	《财政学》课程思政目标
3. 宪法法治	(2) 提升法律素养,具备运用法律知识解决税收问题的能力。 (3) 锻炼法律实践。通过实习、模拟法庭等活动,了解税法的实际运行和效果,鼓励学生积极宣传税法知识。	(2) 公共财政活动必须在法律框架内进行,受法律的约束和监督,包括财政收入和合法性、财政支出的合规性、财政管理的规范性。 (3) 政府所有的财政活动必须合法合规,且应该受到社会和公众的监督,如财政预算、财政决算应该公开。 (4) 参与财政活动的政府、企业、个人必须承担相应的法律责任,包括违法行为的认定、处罚和追责。
4. 道德修养	(1) 良好的思想品德、道德修养。 (2) 公平公正。公正、公平地对待每一位纳税人,确保纳税人合法权益不受侵害。 (3) 程序规范。不得利用职权谋取私利或泄露涉密信息。 (4) 廉洁奉公。不谋取私利,不徇私舞弊,维护税收工作的公正性和权威性。 (5) 诚信为本。不欺骗、不隐瞒、不伪造,确保税收数据的真实性和准确性。	(1) 公共产品和服务的分配应该基于公共利益而非个人或集团私利,确保资源的合理分配和有效利用。 (2) 在公共财政的各个环节强调程序规范的重要性,包括预算编制、审批、执行、调整的程序规范。 (3) 财政信息公开透明,包括预算、决算、税收征管等各个环节的信息公开,接收公众和社会监督。 (4) 财政数据不得弄虚作假,确保财政信息的真实性和准确性。
5. 文化素养（中华优秀文化传统教育）	(1) 以民为本的治国理念。 (2) 诚信为本的道德观念。 (3) 公正公平的价值追求。 (4) 和谐共生的社会理念。	(1) 深入理解中国财政制度和财政活动"以民为本"的思想和准则,如税收是服务民众、调节财富分配、实现社会公正的重要手段,与民本思想契合。 (2) 强调纳税人依法诚信纳税,树立诚信纳税意识。税务人员诚信履行职责,确保税收公平有效。 (3) 中国传统文化中的公正、公平等价值观念对公共财政领域具有指导意义,如政府通过税收、国债缩小贫富差距,促进社会公平和经济发展。 (4) 财政与社会、经济、文化共生共荣。

三、课程思政融入总体教学体系

教学章节	教学思政内容	教学思政知识点	教学思政方式	思政目标 1	2	3	4	5
绪论	公共财政概念,财政的特点,学习的意义和方法	唯物辩证法,用马克思主义政治经济学理论作为分析的基础	讲授、讨论、课后作业	√	√			
第1章 公共财政与公共财政思想	中国特色社会主义公共财政,马克思主义的财政思想,新中国成立以来财政思想演变历程	中国特色社会主义公共财政的四个特色;中国公共财政理论和实践的新特点;新时代中国的公共财政思想	讲授、案例讨论、课后作业	√	√	√	√	√
第2章 公共财政职能	政府纠正市场失灵的理论基础;政府和市场的关系;政府三大职能	理解政府干预市场的经济学理论;政府在资源配置、收入分配、经济稳定和发展三大职能上的原因和方法	讲授、视频、小组讨论	√	√	√		√
第3章 财政支出总论	财政支出规模的计算方法;财政支出规模变化的理论分析;中国财政支出规模变动的原因和特点	购买性支出和转移性支出;中国公共支出的结构和原因;财政支出结构变化的理论原因	讲授、讨论、课后作业	√	√	√		
第4章 政府消费支出	政府消费支出的性质和内容;中国行政管理支出的现状与改革思路;国防支出的内容和最优支出理论;中国科教文卫支出的发展与改革	中国行政管理支出改革历程和支出规模膨胀的原因;最优国防支出结构和理论;军民融合发展战略;中国科教文卫支出状况分析	讲授、讨论、视频、课后作业	√	√	√	√	

续 表

教学章节	教学思政内容	教学思政知识点	教学思政方式	思政目标 1	2	3	4	5
第5章 政府投资支出	政府投资的含义和特征;政府介入基础设施的理论依据、资金来源和方式方法;政府介入"三农"领域的理由	中国基础设施投资的现状;中国财政"三农"支出的现状	讲授、案例讨论、课后作业	√	√	√	√	√
第6章 社会保障支出	政府介入社会保障领域的理由;社会保险的特征和资金筹集模式;中国社会保险支出的现状和改革方向;社会救助支出的概念和发展历程	政府介入社会保险领域的经济学理论;中国社会保险的现状和未来;中国社会救助支出的规模和结构	讲授、讨论、课后作业	√	√	√		
第7章 财政收入总论	财政收入的定义和分类;财政收入规模的理论分析和实证分析;最优财政收入规模计算;财政收入的结构及变化趋势	中国财政收入增长变化趋势和背后原因;财政收入规模变化的主要因素;增加财政收入的合理途径	讲授、讨论、课后作业	√	√	√		
第8章 税收	税收的微观效应;税收负担的转嫁与归宿;税制结构的影响因素及最优税制结构;中国现行的税收体系及改革方向	超额累进税制度对收入公平的作用;税收超额负担的元凶;不同税种的税负转嫁难度;中国税收制度	讲授、讨论、课后作业	√	√	√	√	√
第9章 非税收入	政府性收费存在的理由;政府性基金的含义和分类;国有资本经营收入	中国政府性收费的主要形式;中国政府性基金的概况和改革方向;中国国有资本经营收入的形式与改革方向;中国社会保险基金的概况与改革设想	讲授、案例讨论、课后作业	√	√	√		√

续 表

教学章节	教学思政内容	教学思政知识点	教学思政方式	思政目标				
				1	2	3	4	5
第10章 公债	公债的概念和用途;公债负担的微观经济;公债的发行管理、流通管理、偿还管理	中国公债负担的现状和原因;上海市政府公债介绍	讲授、视频、小组讨论、课后作业	√	√	√		
第11章 政府预算	政府预算的概念、原则、分类和过程;中国政府预算管理制度改革	中国政府预算改革的进程及成效,以及改革的方向和重点	讲授、课后作业	√	√			
第12章 财政体制	财政体制的概念与分类;分级财政理论	分级财政体制,政府间支出与收入的划分,以及政府间的转移支付制度;中国财政体制改革,以及中国财政体制的改革进程与方向	讲授、讨论、课后作业	√	√		√	√
第13章 财政平衡与财政政策	财政平衡口径;财政赤字的成因和弥补方式;紧缩性财政政策和扩张性财政政策;财政政策和货币政策的配合	中国财政政策的实践以及优化重点	讲授、课后作业	√	√			√
第14章 国际财政	国际财政的概念和理论分析;国际财政支出;国际税收协调	国际税收协调的主要方法;中国参与国际税收协调的实践	讲授、讨论、课后作业	√	√			

四、部分章节教学展示 1

授课主题:财政支出之三——社会保障支出[*]

(一)课程章节

第 6 章　社会保障支出

(二)教学内容

社会保障概述、社会保障支出、社会救助支出。

(三)建议教材

《财政学》编写组:《财政学(第一版)》(马克思主义理论研究和建设工程重点教材),高等教育出版社,2019 年。

(四)教学目标

1. 知识目标

(1)掌握社会保障支出的概念及内容。

(2)理解政府介入社会保障的理论基础,会用理论解释经济现象。

(3)了解 20 世纪 90 年代以来中国城乡社会保障支出结构和占比的变动,并能解释原因。

(4)掌握社会保险的三大特征,并能解释国家要强制居民参与社会保险的原因。

(5)了解社会保险基金三种筹集模式,并能分析三种模式的优劣。

(6)了解中国社会保障制度和改革历程。

2. 能力目标

(1)学会用社会保险基金三种筹集模式分析中国、日本、韩国、美国当下社会保险现状的成因。

---

[*]　本主题参考了以下资料:

[1]《个人养老金实施办法》,https://www.gov.cn/xinwen/2022-11/05/content_5724785.htm。

[2] Kudrna G,Woodland A. Progressive Tax Changes to Superannuation in a Lifecycle Framework[R]. CESifo Working Paper,2015,No.5645.

[3] 胡晓义.新中国社会保障发展史[M].北京:中国劳动社会保障出版社,2019.

（2）运用大数定理分析政府要以立法的形式强制居民参与社会保险的原因。

（3）分析我国推行个人养老金制度的原因。

3. 价值目标

（1）政治认同。我国推行个人养老金制度，是适应我国社会主要矛盾变化，满足人民群众多层次多样化养老保障需求的必然要求，是养老的第三支柱。基于对个人养老金制度的案例分析，学生要对我国制度建设有认同感。

（2）社会主义核心价值观。社会保障是具有收入再分配功能的非营利性社会安全制度，是政府保障居民基本生活需要、避免社会动荡所承担的一种责任。学生要意识到政府永远把社会利益放在第一位。

（3）宪法法治。社会保障的实施以法律法规为支点，规定社会保障的实施范围、对象、资金来源、享受条件、待遇标准、管理办法，这有助于规范社会保障中各方的责任、权利和义务。

（五）教学重点和难点

1. 教学重点

（1）社会保障制度的概念与内容。学生需要明确理解社会保障制度是什么，以及它包含哪些主要内容。（2）社会保险的概念与特征。重点掌握五种社会保险的概念：养老保险、医疗保险、工伤保险、失业保险、生育保险。（3）个人养老金制度。学生需要了解可以缴纳个人养老金的对象、缴纳和领取方法，以及推行个人养老金制度的原因。（4）社会救助的概念和特征，社会救助和社会保险的异同，以及我国社会救助支出的规模和结构。

2. 教学难点

（1）三种社会保险基金筹集模式的概念和应用。理解并区分现收现付制、完全基金制和部分基金制，并能运用代际收入再分配理论分析三种筹集模式的优劣和适用情况。（2）社会保障支出的经济效应。要求学生运用经济学原理分析不同类型的社会保障支出对社会、经济、财政的影响。

（六）教学案例

1. 案例简介

（1）案例背景知识

个人养老金属于我国多层次养老保险体系的第三支柱，于2022年11月25日正式实施。个人养老金制度是指政府政策支持、个人自愿参加、市场化运营、实现养老保险补充功能的制度。个人养老金实行个人账户制，缴费完全由参加人个人承担，自主选择购买符合规定的储蓄存款、理财产品、商业养老保险、公募基金等金融产品，实行完全积累，按照国家有关规定享受税收优惠政策。

一是缴费环节：个人向个人养老金资金账户的缴费，按照12 000元/年的限额标准，在综合所得或经营所得中据实扣除。

二是投资环节：计入个人养老金资金账户的投资收益暂不征收个人所得税。

三是领取环节：个人领取的个人养老金，不并入综合所得，单独按照3%的税率计算缴纳个人所得税，其缴纳的税款计入"工资、薪金所得"项目。

（2）案例内容

2022年4月21日，《国务院办公厅关于推动个人养老金发展的意见》（以下简称《意见》）正式发布，具体规定了个人养老金的参加范围、制度模式、缴费水平、税收政策等。

谁可以缴纳？只要在中国境内参加城镇职工基本养老保险或者城乡居民基本养老保险的劳动者，都可缴纳个人养老金。根据人社部的数据，截至2021年11月末，全国基本养老保险的参保人数高达10.25亿人，即我国大多数人可缴纳个人养老金。

怎么缴纳？首先，《意见》明确，缴费完全由参加人个人承担，每年缴纳的上限为1.2万元。其次，参加人要通过个人养老金信息平台，建立个人养老金账户。此外，参加人还应当指定或者开立本人唯一的个人养老金资金账户，用于个人养老金缴费、归集收益、支付和缴纳个人所得税,个人养老金资金账户既可以在符合规定的商业银行指定或者开立,也可以通过其他符合规定的金融产品销售机构指定。

资金用在哪里?从运作端来看,《意见》规定,个人养老金账户资金用于购买符合规定的银行理财、储蓄存款、商业养老保险、公募基金等金融产品,自主选择,并承担相应风险。

怎么领取?《意见》规定,参加人达到领取基本养老金年龄、完全丧失劳动能力、出国(境)定居,或者具有其他符合国家规定的情形,经信息平台核验领取条件后,可以按月、分次或者一次性领取个人养老金,领取方式一经确定不得更改。同时,《意见》还规定,参加人死亡后,其个人养老金资金账户中的资产可以继承。

问题1:我国为什么要出台个人养老金制度?

问题2:个人养老金制度能解决我国社会和经济的哪些问题?

2. 案例分析

(1) 问题应对

① 案例相关理论讲授。国际上普遍采用养老三支柱模型,即第一支柱的基本养老保险,第二支柱的企业年金和职业年金,第三支柱的个人储蓄性养老保险和商业养老保险。第一支柱立足于保基本,采用社会统筹与个人账户相结合的模式,主要体现社会共济,发展相对完善。第二支柱主要发挥补充作用,由用人单位及其职工建立,已有良好的发展基础。第三支柱中的个人养老金制度于2022年启动,除此之外还有其他个人商业养老金融业务。

② 具体问题回应

回应问题1:随着人类人均寿命的延长,今后我国的养老负担会越来越重。我国的老年抚养比从2007年的11.1%上升到目前的15%。2022年是退休高峰年,退休人数超过4 000万。尽快建立个人养老金制度,已成为我国应对快速到来的老龄化浪潮的当务之急。

回应问题2:补齐第三支柱短板,促进三个支柱协调发展。政府通过增加补充养老渠道，满足多样化养老需求。同时，在人口老龄化趋势日益明显的背景下，提醒和引导公民要提前为未来的老年生活做好财务规划与储备，以保障晚年生活的品质与需求。个人养老金制度所积累的长期资金，具备稳定且可持续的特点，能够为国家经济社会发展提供有力的资金支持，助力国家应对各种经济挑战，实现更为稳健与长远的发展目标。

（2）案例启示

我国推行个人养老金制度既是积极应对人口老龄化的战略举措，也是多层次、多支柱养老保险体系建设的突破性进展。长期以来，我国养老保险体系存在第一支柱独大、第二支柱和第三支柱亟待完善的局面。个人养老金制度的落地意味着我国多层次、多支柱养老保险体系建设取得突破性进展，使我国社会养老保险从"保基本"到"高品质"迈出关键一步。

3. 案例总结

（1）案例小结

第一，随着人类人均寿命的延长，我国的养老负担越来越重，尽快建立个人养老金制度已成为我国应对快速到来的老龄化浪潮的当务之急。

第二，个人养老金有三方面经济社会效益。一是有利于保证劳动力再生产。建立养老保险制度，有利于劳动力群体正常代际更替，老年人年老退休，新成长劳动力顺利就业，保证就业结构的合理化。二是有利于社会安全稳定。养老保险为老年人提供了基本的生活保障，使老年人老有所养。随着人口老龄化的到来，老年人口的比例越来越大，人数也越来越多，养老保险保障了老年劳动者的基本生活，等于保障了社会相当部分人口的基本生活。对于在职劳动者而言，参加养老保险，意味着将来的老年生活有了基本保障，免除了后顾之忧，人们的心态少了些浮躁，这有利于社会的稳定。三是有利于促进经济发展。各国设计养老保险制度大多将公平与效率挂钩，尤其是部分积累和完全积累的养老金筹集模式。劳动者退休后领取养老金的数额，与其在职劳动期间的工资收入、缴费有直接的联系，这就能激励劳动者在职期间积极劳动，提高效率。

第三，完善我国社会保障体系。一是统筹城乡社会保障制度；二是建立社会保障待遇确定机制和调整机制；三是确保社会保障基金安全和保值增值；四是完善社会救助体系；五是提高社会保障服务管理水平。

（2）知识和能力目标实现

通过讲授个人养老金制度，学生应掌握基本的概念及其特点，了解不同国家个人养老金制度的内容和对经济社会的影响。以财政学理论来分析政府推行个人养老金的理论基础。学生课下可通过网络搜寻收集相关数据，如开户数量、开户率，以及只开户不存钱的比例，进一步尝试解释为何有人开户却不存钱，他们有什么顾虑，政府该如何唤醒这些"睡眠账户"。

（3）价值目标实现

① 政治认同。个人养老金制度正式启动，是我国积极有效应对人口老龄化的重要举措，事关亿万百姓福祉，有助于引导人们尽早为未来老年生活做准备，切实提高老年收入水平。同时，建立多层次互补的养老金制度，有助于解决我国目前的养老资金支持问题。

② 社会主义核心价值观。实施积极应对人口老龄化国家战略，发展养老事业和养老产业，优化孤寡老人服务，推动实现全体老年人享有基本养老服务，是构建和谐社会的重要抓手。在讲解个人养老金制度时，应引导学生建立和谐社会的社会主义核心价值观，理解和支持我国社会保障体系建设。

③ 法治观念。个人养老金是指政府依据法律法规，通过财税激励支持、引导劳动者建立的，以个人养老为目的，个人自愿参加并主导的积累型养老金制度。学生既要明确个人养老金账户的专属法律地位，体系设定个人养老金税收优惠条款，促使其由"政策之治"转向"法律主治"，也要明确构造个人养老金税务信息共享机制，确保优惠信息的及时共治共享，保障养老财富的安全稳健。

（七）教学过程

教学过程	教 学 内 容	教学手段	时间分配
课程导入	回顾案例课程相关内容：我国个人养老金制度的内容和特点。	讲授	2分钟
案例引入	案例1：个人养老金制度 （视频1：https://haokan.baidu.com/v?pd=wisenatural&vid=892075346013186119； 视频2：https://v.youku.com/v_show/id_XNTg2NDIxNzQ0NA==）。 数据描述：中国老年人养老财富储备的现状和问题。	视频播放	5分钟
案例讲解	我国个人养老金制度提出的背景、内容，介绍美国、德国、日本的个人养老金发展历程和经验。分析政府介入个人养老金制度的理论基础。引出两个问题。	讲授	25分钟
讨　论	问题1：我国为什么要出台个人养老金制度？ 问题2：个人养老金制度能解决我国社会经济的哪些问题？	讨论	10分钟
总　结	用财政学理论来分析为何是政府主导而非依靠公民自觉来缴纳个人养老金，进一步强化思政元素的体现。	讲授	3分钟

五、部分章节教学展示2

授课主题：政府的公共财政职能*

（一）课程章节

第2章：公共财政职能

---

* 本主题参考了以下资料：

[1] 朱民, Nicholas Stern, Joseph E. Stiglitz, 等. 拥抱绿色发展新范式：中国碳中和政策框架研究[J]. 世界经济, 2023, 46(3): 3-30.

[2] 丁涛, 宋马林, 等. 中国推进"双碳"目标：效率评价、影响机制与实现路径[M]. 北京：经济科学出版社, 2022.

（二）教学内容

市场有效性的条件；市场失灵的内容；政府与市场的关系；财政的三大职能。

（三）建议教材

《财政学》编写组：《财政学（第一版）》（马克思主义理论研究和建设工程重点教材），高等教育出版社，2019年。

（四）教学目标

1. 知识目标

（1）帮助学生了解市场经济的优点和不足。

（2）针对市场经济的缺陷，政府应如何发挥作用。

（3）"公地悲剧"的概念和产生的原因。

（4）空气污染作为"公地悲剧"的典型代表，政府和个人应如何应对。

2. 能力目标

（1）用数学方式推导"公地悲剧"。

（2）用经济学理论分析空气污染、水污染、土壤污染产生的原因。

3. 价值目标

（1）政治认同。中国提出"双碳"目标、打响生态环境保护"三大战役"是应对全球气候变化、实现可持续发展、加快生态文明建设的重要手段，也是主动承担保护全球环境责任的大国担当。

（2）社会主义核心价值观。"双碳"目标的提出，不仅是破解大气"公地悲剧"的主要方法，也是实现人与自然和谐共生的重要抓手，更是培育和践行社会主义核心价值观。

（3）中华优秀传统文化。课程内容中的"公地悲剧"反向事例，可以使学生了解当前地球资源的使用情况、"公地悲剧"的严重情况，被破坏资源的数据、图片等可以让学生对以往浪费行为进行反思，认识到自己必须即刻行动，从自身做起，于生活点滴中节约资源、保护资源，避免悲剧发生。

（4）法治观念。建设人与自然和谐共生的美丽中国，法治作用不可替代。在习近平生态文明思想和习近平法治思想引领下，生态环保法律体系不断完善，生态环境监管执法日益强化，生态环境司法保护提质增效，生态文明理念融入环境法治各方面，环保守法成为新常态的特征更加明显。

（5）职业道德。保护环境是每个公民应尽的义务，学生应该在以后的工作中践行环保理念，积极投身环保行业。

（五）教学重点和难点

教学重点：市场有效性的四个前提条件；市场失灵的六种表现；政府与市场的关系；财政的三大职能。

教学难点："公地悲剧"概念的理解和数理推导；帕累托最优和卡尔多效率的异同；逆风向调节和自动稳定器的概念和应用。

（六）教学案例

1. 案例简介

（1）案例背景知识

1968年，加勒特·哈定在Nature杂志发表了一篇文章，题为"The Tragedy of the Commons"（公地悲剧）。

公地作为一项资源或财产有许多拥有者，他们每个人都有使用权，但没有权利阻止其他人使用，而每个人都倾向于过度使用，从而造成资源的枯竭。过度砍伐的森林、过度捕捞的渔业资源及污染严重的河流和空气，都是"公地悲剧"的典型例子。之所以称为"悲剧"，是因为每个当事人都知道资源将由于过度使用而枯竭，但每个人对阻止事态的继续恶化都感到无能为力，并且还抱着"及时捞一把"的心态加剧事态的恶化。公共物品因产权难以界定而被竞争性地过度使用或侵占是必然的结果。

"公地悲剧"是经济学中的一个问题，发生在个人为了追求个人利益而忽视社会福利时。这会导致过度消费，最终耗尽公共资源，对每个人都不利。解决"公地悲剧"的办法包括强制私有财产权、政府监管或制定集体行动安排。

(2) 案例内容

大气归地球村全体公民共同所有,势必会引发"公地悲剧",导致污染物过度排放。2023年8月,美国芝加哥大学能源政策研究所(EPIC)发布了年度空气质量生命指数(AQLI)报告。数据显示,全球空气污染最严重的地区在南亚。孟加拉国、印度、尼泊尔和巴基斯坦是情况最严重的国家,而全球近四分之一的人口都生活在这里。2013—2021年,南亚地区的细颗粒物(PM2.5)污染增加了9.7%,该地区整体居民的预期寿命减少6个月,情况最严重的四国(孟加拉国、印度、尼泊尔和巴基斯坦)减寿则多达5年。

PM2.5来自工业、机动车辆排放、火灾等,具有致癌风险。据世界卫生组织的数据,36%的肺癌、34%的中风和27%的心脏病与PM2.5排放有关。

芝加哥大学的研究强调,PM2.5污染是对人类健康的最大外部威胁。按照世卫组织的建议,如果将PM2.5浓度限制在5微克/立方米的指导标准水平,全球人均预期寿命将延长2.3年。

为了加快降低碳排放步伐,引导绿色技术创新,提高产业和经济的全球竞争力,2020年9月,中国明确提出2030年"碳达峰"与2060年"碳中和"目标。中国将持续推进产业结构和能源结构调整,大力发展可再生能源,在沙漠、戈壁、荒漠地区加快规划建设大型风电光伏基地项目,努力兼顾经济发展和绿色转型同步进行。

(3) 问题提出

问题1:为什么会出现"公地悲剧"?请用数学方式推导。

问题2:政府如何解决环境问题中的"公地悲剧"?

2. 案例分析

(1) 问题应对

① 案例相关理论讲授

公共资源既具有非排他性也具有竞争性,而人的欲望是无限的。在理性人假说下,每个人都会追求个人利益的最大化,在无偿获取资源的条件下,都想获得更多的资源,最终导致资源枯竭。理性人在做决策时,追求的是个人收益最大化,即边际成本等于平均收益,而公共资源的收益最大化却是边际成本等于边际收益。个人造成的环境破坏是让全体居民承担,如果每个人都这么做,那么最终资源会被过度消耗。

② 具体问题回应

回应问题1：根据牧场产权确定条件下个人收益最大化计算公式和产权不确定条件下个人收益最大化计算公式,比较两种情况均衡点对应的放牧量。

回应问题2：介绍庇古税,引导学生思考环境的使用权归谁,应该向谁收税。让学生从法律、管理、社会舆论、信息公开、各界合作等角度提出解决方法。

（2）案例启示

环境污染是"公地悲剧"的具体体现。理性人在做决策时,忽略了产生的外部效应会被其他个人或群体承担而自己无须承担所有的成本,因此理性人会过度消耗资源。环境问题愈加严重,就会危害人类身体健康,阻碍经济持续发展。通过"公地悲剧"案例讲解,以及数理推导,让学生从理性和感性两个方面对环境污染问题有直观的感受,引导学生保护环境、制止或举报破坏环境的行为。

3. 案例总结

（1）案例小结

科技的进步带来了工业革命和现代化,极大地提高了人类的生活水平。然而,这种进步也伴随着对自然资源的过度开发和消耗。"公地悲剧"是市场失灵的表现之一,市场难以纠正市场失灵,只能依靠政府解决。基于"庇古税"理论,只有明晰产权才能解决公共物品和负外部性带来的市场失灵。政府可以通过收税、监管、立法、信息公开、社会舆论和各界合作多层次多方面开展环境保护。

（2）知识和能力目标的实现

通过对"公地悲剧"问题进行分析,学生应掌握"公地悲剧"产生的原因,并会用公式和几何推导其产生的过程。一方面,让学生对理性人的概念更加了解；另一方面,让学生理解市场不是万能的,需要政府干预市场。

(3) 价值目标的实现

① 通过讲解"公地悲剧"案例,让学生对市场失灵有更深刻的理解,对政府干预市场、实现经济职能有认同感。

② 我国提出环境保护"三大战役""双碳",目的是保护环境、促进经济可持续发展,这是实现人与自然和谐共生的重要抓手。

③ 利用环境破坏的相关数据、图片,激发学生保护环境、节约资源的意识,鼓励学生制止、举报破坏环境的行为,为中国环保事业贡献力量。

④ 保护环境是公民应尽的义务,鼓励学生从事环境保护行业。

(七) 教学过程

教学进程	教学内容	教学手段	时间分配
课程导入	回顾案例课程相关内容:公地悲剧。	讲授	5分钟
案例引入	播放视频,导入案例。 视频1:公地悲剧视频播放:https://haokan.baidu.com/v?pd=wisenatural&vid=6662990517584108593; 视频2:空气污染现状视频:https://haokan.baidu.com/v?pd=wisenatural&vid=11548505063590070876。	视频播放	5分钟
案例讲解	案例背景介绍和公式推导。 有这样一个乡村,村民在公共牧地上放牛。我们要比较两种配置机制。第一种是私人所有,即某人拥有这块牧地并决定在此放牧的牛的数量;第二种是这块牧地由村民共同所有,在此放牧是免费的且没有限制。 假设购买一头母牛要花 a 美元。这头母牛能挤出的奶量取决于这块公地的放牧量。如果有 c 头母牛在这块公地放牧,令 $f(c)$ 表示所生产的牛奶的价值。每头母牛产奶的价值刚好是平均价值 $f(c)/c$,为了使总财富达到最大,即 $$\max_c f(c) - ac$$ 最优产量为母牛的边际产量等于成本 a 时,即 $$MP(c*) = a$$	讲授	25分钟

续　表

教学进程	教　学　内　容	教学手段	时间分配
案例讲解	如果母牛的边际产量大于 a，那么，在公地上增加放牧的母牛头数是有利的；如果母牛的边际产量小于 a，那么减少已放牧的母牛头数是有利的。 如果每个村民都能决定是否在公共土地上放牧，那么，只要一头牛的产出大于这头牛的成本，放牧这头牛就是有利可图的。 假设现在放牧 c 头母牛，那么，每头母牛的产量就是 $f(c)/c$。当一个村民增添一头母牛时，总产量为 $f(c+1)$，牛的总头数为 $c+1$。这头牛的收益为 $$f(c+1)/(c+1)$$ 如果 $f(c+1)/(c+1) > a$，那么，增加牛的头数就是有利可图的，因为产出超过了成本。因此，在每头牛的平均产出降至 a 之前，村民总是会选择继续增加放牧。 这就是说，放牧牛的总头数将是 $\hat{c}$，即 $$\frac{f(\hat{c})}{\hat{c}} = a \Rightarrow f(\hat{c}) - a\hat{c} = 0$$ 当个人决定是否买牛时，关注的是自己将得到的超额价值 $f(c)/c$，并将此价值同牛的成本 a 进行比较。这样考虑非常精细，然而，这种计算却忽略了一个事实，即增加的母牛将使所有其他母牛的奶产量下降。也就是说，他忽略了购买行为的社会成本，在公地上放牧的母牛头数将太多。	讲授	25 分钟
讨　论	请尝试用微积分和几何推导"公地悲剧"。 请用"公地悲剧"原理解释空气污染。 为实现"双碳"目标，政府可以采取哪些方式和方法？	讨论	5 分钟
总　结	(1)"公地悲剧"产生的原因。从经济学角度看，自身使用具有负外部性。在公有的情况下，每个人有同样的使用权，都可以从对牧场的使用中获利而不对牧场的退化负责。每个人都无节制地使用，必然会使牧场退化甚至荒芜。正是由于这种负外部性，公共资源往往被过度使用。只有明确产权，为每个人划定一定的牧场范围，个人对牧场才可以实现权责利一致。在产权明确的情况下，每个人在自己的牧场上放牧，既不会造成资源浪费，也不会造成效率低下。	讲授	5 分钟

续 表

教学进程	教学内容	教学手段	时间分配
总　结	(2) 空气作为"公地",容易导致污染物过量排放。 (3) 如何实现"双碳"目标。① 推广清洁能源,加大对风电、太阳能等新能源的投入,逐步减少对化石燃料的依赖。② 发展低碳经济,鼓励企业采用清洁生产技术,推广节能环保产品。③ 推动数字化转型,加速信息技术与工业化深度融合,促进智能制造发展。④ 加强农村环境治理,推广农业循环经济模式,减少农业污染。⑤ 制定碳排放限额制度,建立碳排放权交易市场,推动企业减少碳排放。⑥ 加大环保投入,增加环保资金投入,鼓励企业绿色发展。⑦ 推动国际合作,积极参与国际气候变化谈判,加强国际合作,共同应对气候变化。	讲授	5分钟

4.2 《税收经济学》课程思政案例

一、《税收经济学》课程思政总体教学目标

本课程是对税收基本理论的系统阐述。理论指导实践,税收原则、税收的作用机制和各国税收制度的设计与安排等都是以税收基本理论为指导的。通过本课程的学习,应使学生比较全面地掌握税收经济学的基本理论、基本知识和基本方法,认识税收基本理论在税收工作、税收改革和经济发展中的重要作用,同时由于《税收经济学》是一门理论与实践相结合的学科,除了像其他学科一样掌握基本概念、基本知识、基本理论外,还要学会分析案例。通过对相关具体内容的学习,培养学生应用理论的能力,使其在毕业后能较好地适应税收实践工作的需要。

（一）知识目标

税收学专业的学生应系统掌握税收的基本理论与知识；学习税收经济学时应知其所以然；基础扎实，知识面宽，能力强，富有创新精神，具备财政、税务等方面的理论知识和业务技能。

（二）能力目标

通过本课程的学习，培养学生运用税收学相关知识分析实际问题能力；培养学生理论与实践相结合的能力；了解学科的理论前沿和发展动态，掌握文献检索、资料查询的一般方法，具备一定的科学研究的能力。

（三）价值目标

热爱祖国，有为国家富强、民族昌盛而奋斗的志向和责任感；具有良好的人文精神和科学素养。通过税收经济学原理的介绍，对学生进行价值引领，培养学生的经济分析能力，帮助其牢固树立社会主义核心价值观，培养家国意识、协作精神，以及对国家、对社会的感恩意识，进而增强社会责任。

二、课程思政与专业思政目标的对应关系

思政目标	税收学专业思政目标	《税收经济学》课程思政目标
1. 政治认同	(1) 具有坚定的政治方向，拥护中国共产党的领导。 (2) 认同中国特色社会主义道路。 (3) 理解中国、了解国情、认同国家制度和改革发展成就。	(1) 通过课程学习使学生了解当前国家政策方针，并在此基础上加深对我国税收政策的理解。 (2) 结合我国国情，在了解我国税收政策的基础上进一步坚定对社会主义政治方向的认同。
2. 社会主义核心价值观	(1) 经国济世的社会责任感和担当意识。 (2) 较强的公共意识。 (3) 敬业爱岗、团结协作。	(1) 通过对税收经济学基本理论的学习，培养学生"取之于民、用之于民"的社会责任感。 (2) 将培育和践行社会主义核心价值观贯穿课程始终，加强社会公德、职业道德、个人品德教育，引导学生树立正确的世界观、人生观、价值观。

续　表

思政目标	税收学专业思政目标	《税收经济学》课程思政目标
3. 宪法法治	(1) 法治观念牢固，法治意识强烈，具备运用法治思维和法治方式参与社会公共事务、维护自身权利和化解矛盾纠纷的意识和能力。 (2) 具有国际视野，熟悉国际、国内规则、制度，能够理解和遵守相关法律和规定。	(1) 培养学生依法纳税的意识，突出纳税是每个公民的责任与义务。 (2) 推动中华优秀传统文化融入课程教学，加强社会主义先进文化教育，传承中华优秀传统文化，弘扬以爱国主义为核心的民族精神。
4. 道德修养	(1) 良好的思想品德、道德修养。 (2) 良好的职业道德，遵纪守法的品质，能自觉自愿地遵守职业道德规范。 (3) 具有较好的自主学习能力。	(1) 通过税收法治教育来达到敬畏权利和义务、具有公共精神的培养目标。 (2) 将税收立法的宗旨原则与政策导向讲深讲透，实现法治教育的内化于心，培养税法遵循的自觉性。 (3) 提高运用法治思维和法治方式维护自身权利、化解矛盾纠纷的意识和能力，善于利用相关法律法规维护本国企业利益。
5. 文化素养	(1) 具有较强的环境适应能力。 (2) 具有较好的跨文化沟通、协调能力和语言文字表达能力，较高的人文素质。	(1) 将职业素养教育与课程教学内容紧密结合，加强科学精神和工匠精神教育。 (2) 强调价值观的同频共振，使课程教学成为引导学生学习知识、锤炼品质的重要途径。

三、课程思政总体融入体系

教学章节	教学思政内容	教学思政相关知识点	教学思政方式	思政目标 1	2	3	4	5
第1章 公共产品与政府税收	政府征税的同时如何更有效率提供公共产品	公共的概念、公共品提供与政府税收的关系	讲授、讨论、课后作业	√	√	√		√

续 表

教学章节	教学思政内容	教学思政相关知识点	教学思政方式	思政目标 1	2	3	4	5
第2章 税收作用机制	税收与收入分配之间的关系,平衡地区之间的收入差距	收入分配界定、税收对收入分配产生影响的机理	讲授、案例讨论、课后作业	✓	✓	✓		
第3章 税收原则	征税公平原则	公平原则中的收益原则、支付能力原则	讲授、讨论、课后作业	✓	✓		✓	✓
第4章 税收政策	税收政策实施目标	总供给与总需求均衡、经济结构协调、经济增长稳定、收入分配公平	讲授、讨论、视频资料播放、课后作业	✓	✓		✓	✓
第5章 税收负担	税收负担对纳税人经济利益的影响	税收负担的影响因素、衡量指标	讲授、讨论、视频资料播放、课后作业	✓	✓	✓		
第6章 税收增长趋势与税收分析	税收收入增长及其影响因素分析	税收收入增长趋势、原因以及税收收入预测	讲授、案例讨论、课后作业	✓	✓	✓		
第7章 税收风险	税收风险防范的措施	税收风险概念、表现、机制	讲授、讨论、课后作业	✓			✓	✓
第8章 税收成本	税收成本的有效控制分析	征收成本、纳税成本、社会成本	讲授、讨论、课后作业	✓	✓			✓
第9章 税制结构	我国税制结构的变化历程	税制结构变化的特点、税制结构的优化	讲授、讨论、课后作业	✓	✓	✓		
第10章 商品劳务课税	商品劳务税税制要素设计	征收范围选择、纳税主体确定、征收环节选择、依据选择、税率选择	讲授、案例讨论、课后作业	✓	✓	✓	✓	
第11章 所得课税	所得税税制要素设计	征收范围选择、纳税主体确定、征收环节选择、依据选择、税率选择	讲授、案例讨论、课后作业	✓	✓	✓	✓	

续 表

教学章节	教学思政内容	教学思政相关知识点	教学思政方式	思政目标 1	2	3	4	5
第12章 财产税及其他税种	财产税税制要素设计	征收范围选择、纳税主体确定、征收环节选择、依据选择、税率选择	讲授、案例讨论、课后作业	✓	✓	✓	✓	
第13章 税收管理	税收行政司法制度介绍	税收法律责任、税务行政复议、税务行政诉讼制度分析	讲授、讨论、课后作业	✓	✓	✓	✓	✓
第14章 国际税收理论与现实	关税制度与贸易摩擦	关税概念、经济效应、中美贸易摩擦	讲授、讨论、课后作业	✓	✓			
第15章 税收前沿理论简介	公共财政理论介绍	资源配置职能、收入分配职能、经济稳定职能	讲授、讨论、课后作业	✓	✓	✓	✓	✓

四、部分章节教学展示

授课主题：实施税收风险管理，防范和化解税收风险[*]

（一）课程章节

第七章　税收风险

---

[*] 本主题参考了以下资料：

［1］吴志峰,石赟,刘钰.网络直播行业高收入人群税收监管探析［J］.国际税收，2022(11)：60-64.

［2］邢璐.网络直播行业个人所得税征管问题探讨［J］.财务与会计，2022(12)：60-63.

［3］黄庆平,李猛,周阳.平台经济税收治理策略探析——以电商主播偷逃税案件为例［J］.财会通讯，2022(18)：166-170.

［4］李嘉晨,杨烁仪,杨悦晗,李建英.数字经济新格局下直播行业税收征管问题及策略研究［J］.中国商论，2023(2)：31-33.

［5］白玉.全民"主播"背景下网络直播行业存在的法律问题及治理路径探析［J］.法制博览，2023(8)：139-141.

（转下页）

(二) 教学内容

税收风险的表现及特点;实施税收风险管理,防范和化解税收风险;防范和化解税收风险的长效机制。

(三) 建议教材

黄桦:《税收学》(第六版),中国人民大学出版社,2022年。

(四) 教学目标

1. 知识目标

(1) 了解税收风险的表现和特点。

(2) 掌握防范和化解税收风险的常见机制。

2. 能力目标

(1) 能够有效识别潜在的各种税收风险。

(2) 能够有效建立税收风险预警机制。

3. 思政育人目标

(1) 政治认同。教育引导学生牢固树立"四个意识",坚定"四个自信",坚决做到"两个维护",立志肩负起民族复兴的时代重任。

(2) 社会主义核心价值观。税收在保障政府财力的同时,应确保国民的富裕,民主在税收领域的体现就是税收法定,未来需要进一步加大税收立法的力度,将主要税种的征收依据上升到法律。建立一个总量适度、藏富于民的税收制度,税务机关应文明执法。

(3) 法治观念。大力加强税收司法建设,不要把税务机关作为解决矛盾的最终主体,要学会将多数税企纠纷交由中立的第三方公开审判。这不仅是法治的要求,也是自由、平等、公正的税法的要求。

(4) 职业规范与职业道德。税收具有"取之于民、用之于民"的

(接上页)

[6] 辛玉仙,彭汝燕.浅谈网络直播行业税收风险管理[J].经济师,2022(6):115-118.

[7] 肖京.如何完善网络直播行业税收治理[J].智慧中国,2022(1):43-45.

[8] 董星均,孙华.自媒体时代下网络直播行业法律规制[J].法制博览,2020(20):177-178.

[9] 闫斌.网络直播行业的法律风险与规制[J].社科纵横,2019(2):75-79.

[10] 刘义树,吴顺文,于贤金.网络直播行业企业所得税税收调研报告[J].天津经济,2018(12):35-40.

特点,税收使用需要讲究效率,把钱花在最该花的地方,保障经济社会的合理运行,不断改善社会民众对公共品的需求,同时严格控制税收风险。

(五)教学重点和难点

教学重点:本章的教学重点在税收风险的主要表现和特点,学生应掌握税收风险的定义,学会甄别税收风险,并在此基础上总结税收风险的特点。

教学难点:本章的教学难点在税收风险的管理和防范以及税收风险长效机制的建立,引导学生掌握防范和化解税收风险的三个长效机制,即优化税收征管、切实提高税款使用效率以及改善和优化纳税环境。

(六)教学案例

1. 案例简介

(1)案例背景

近年来,随着我国新经济、新业态的快速发展,以电商直播为代表的新兴业态模式正在快速进入人们的视野。虽然这在引导就业和经济复苏方面发挥着重要作用,但由于当前我国税收征管存在不足,针对新兴业态的税收不能完全监管,导致近年来频繁爆出大量网络主播的逃税案例。例如,2021年,黄薇(网名"薇娅")的巨额个人所得税逃税案件刷新了自然人的个税逃税金额和行政处罚金额的纪录。因此,亟须加强对新业态税收环境的治理以及加大新业态税收的监测与监管。

(2)案例内容

2021年12月,浙江省杭州市税务部门通过大数据分析发现,网络主播黄薇(网名"薇娅")涉嫌偷逃税行为,随后相关税务部门就此案件进行了深入调查。经调查显示,黄薇在2019—2020年通过隐匿个人收入、转换收入性质虚假申报等方式偷逃税6.43亿元,其他少缴税款0.6亿元。在案件调查过程中,黄薇主动配合税务部门调查,并主动补缴税款5亿元,同时详细交代了其他涉税违法行为。根据上述情况,国家税务总局杭州市税务局稽查局依据《中华人民共和国个人所得税法》《中华人民共和国税收征收管理法》《中华人民共和国行政处罚法》等法律依法对黄薇逃税案件进行处罚,追缴税款、加收滞纳金并处罚款共计 13.14 亿元。其中,针对主动补缴税款 5 亿元和主动报告的少缴税款 0.31 亿元从轻处罚,处 0.6 倍罚款,共计 3.19 亿元;针对未主动补缴的 0.27 亿元从重处罚,处 4 倍罚款,共计 1.09 亿元;针对转换收入性质虚假申报少缴的 1.16 亿元,处 1 倍罚款,共计 1.16 亿元。

(3)提出问题

问题 1:近年来我国网络直播行业偷逃税行为频发的原因是什么?

问题 2:如何减少网络直播行业偷逃税行为的发生,有效防范化解税务风险?

问题 3:通过该案例,有何启示?

2. 案例分析

(1)原因分析

第一,网络直播相关主体纳税意识淡薄。在互联网等信息化技术飞速发展的今天,人人都可以在抖音、快手等平台进行直播,涌现了大量网络主播。网络直播行业入行门槛低,一旦爆火又有很高收入,导致网络主播在文化水平、年龄以及素质等方面存在巨大差异。一些网络主播为了眼前利益,纳税遵从度较低甚至缺乏纳税意识,不清楚自己需要承担纳税责任和义务,不懂得直播取得的收入需要依法进行申报纳税。还有一些网络主播通过各种方法隐匿收入,逃避税收监管,以最大化自身利益,造成税收流失,滋生税收风险。

第二,中小直播平台缺乏完善的财务管理系统。虽然大型网络直播平台拥有良好的财务管理系统,能够对与平台签约的网络主播取得的直播收入进行监管并履行代扣代缴的纳税义务,但中小直播平台缺乏完善的财务管理系统,特别是对于一些没有和平台签约的网络主播,平台只对其打赏收入抽成,并不对其相关的纳税申报进行监管,从而导致大量主播的打赏收入没有依法纳税,造成大量税收流失。

第三,网络直播打赏收入没有统一认定标准。当前我国没有相关法律对直播打赏收入进行明确界定,使得税务机关在税收征管过程中直播打赏收入适用的税目存在差异,税目比较模糊,并不明确、具体。税务机关只能根据网络主播申报的税目进行征税,使得同一类别的收入适用不同税目,带来税款方面的差异,最终导致税款流失,滋生税收风险。

第四,税收管辖权不明确,难以确定相关涉税信息。长期以来,针对来源于我国境内的收入所得,我国采用属地原则对其进行课税。随着互联网等信息技术的快速发展,以网络直播等新兴业态的在线交易模式不再受到地域限制,弱化了税收地域管辖权。因此,网络直播打赏收入的征管成为一大难题。特别是,部分网络主播通过公布自己的私人联系方式或收款方式(微信、支付宝等)获取打赏收入,绕开平台的监管,使得相关税源很难监控,造成税收流失。

第五,数字化税务征管系统有待完善。随着现代信息技术的发展,我国税收征管技术已日益成熟,但是数字化税务征管系统仍然有待完善。由于各地部门之间缺乏有效的信息共享机制,部门之间依旧处于各自为政的局面,"信息孤岛"现象仍然存在,这使得税务部门不能及时有效地掌握纳税人的涉税信息。尤其是网络直播行业,税务部门在征管过程中需要联合市场监督、银行、社保等部门进行信息共享,否则很难对网络主播的收入进行全面监管,从而造成税收流失。

第六,违规进行税收筹划。由于当前没有对直播行业取得的收入进行明确划分,为了自身利益最大化,网络主播通过违规变更个税适用税目进行逃税,具体体现在通过成立个人工作室(本质为个人独资企业)进行虚构个人业务收入,转换收入性质进行报税。主要做法是,将个人工资薪金和劳务报酬所得转换为个人独资企业经营所得,个人收入适用3%—45%超额累进税率,变成经营所得后适用5%—35%的五级超额累进税率,两者存在10%的税率差异,以达到逃税目的。此外,核定征收方式也是常用的逃税手段。网络主播成立个人工作室,由于个人独资企业通常适用核定征收,就可以使网络主播的实际税负远低于名义税负,造成大量税收流失。

(2)解决方案

第一,提高纳税人的纳税遵从度。针对当前网络主播纳税意识淡薄、纳税遵从度低的问题,一方面,需要加大税法宣传力度,扩大税法宣传范围,丰富税法宣传渠道。例如,可以通过微信公众号、小程序等方式进行宣传教育,让人们更加便捷地获取相关税法知识、掌握个税申报相关程序,提高自身纳税意识。另一方面,应全面监控网络主播涉税信息,将网络主播所有收入(包括打赏收入、佣金、坑位费等)全面跟踪监测,并在此基础上与主播纳税信息进行比较,从而判断是否存在逃税问题。借助支付平台信息将交易数据与头部主播的支付流水和已申报收入进行对比,以判断其是否存在瞒报现象。

第二,建立完善的税收大数据分析平台。首先,建立网络直播行业数据库。为了更好掌握网络主播的信息,应建立网络主播信息系统,重点搜集网络主播的注册地、直播平台数据。其次,建立数据分析系统,根据网络主播产生的监测数据与其税收业务数据进行对比分析,并将现有监测数据与市场监督、银行、金融监管等部门的数据进行整合,形成完善的数据分析系统。

第三,明确个税征管要素。当前网络直播行业逃税与其税收征管要素不明确有关,包括不同类型收入适用的税目、税率以及扣缴义务人等要素。首先,针对不同类型收入适用税目遵循如下原则。如果主播与经纪公司签订雇佣性质劳动合同,那么,主播取得的打赏、广告等收入均属于"工资、薪金所得"税目;如果主播与经纪公司签订收入分成性质的合同,那么,主播取得的收入属于"劳务报酬所得"。其次,明确扣缴义务人。根据目前我国《个人所得税法》的规定,直播平台和经纪公司与主播签订雇佣性质的劳动合同或收入分成性质的劳动合同,均须依法履行个人代扣代缴义务。其中,与经纪公司签订的劳动合同取得的收入,由经纪公司履行代扣代缴义务;直接从直播平台取得的收入,由直播平台履行代扣代缴义务。

第四,强化税收监管专业团队建设。首先,实行税收专业监管。应建立高素质的税收监管人才队伍,实行团队化管理,主要进行涉税指标监控、平台数据分析和重点人群风险稽核工作,尽量将税收风险降到最小。其次,提高税务专业技能。面对当前直播行业逃税的特点,税务人员除了需要具有基本业务技能外,还应进一步掌握信息技术监管,学会利用监管平台进行大数据分析,以此应对潜在的税收风险。

(3) 启示

一是,薇娅逃税案件在时间上的启示。当前大量网络主播逃税案件均发生在 2019 年之后,这是由于自 2019 年开始《个人所得税法》对自然人自行进行个税申报有了明确规定,并加强了对自然人个税的监管。2021 年,又进一步发布《加强文娱领域从业人员税收管理的通知》,明确加强对文娱行业从业人员(包括明星艺人、网络主播等)存在的涉税风险进行管控。

二是,薇娅错失自主补税改正错误机会的启示。国家税务总局明确提出,2021 年之前的网络主播若主动补缴税款则可以从轻处罚或者免于处罚。但是,在税务部门多次督促整改的情况下,薇娅仍然没有意识到问题的严重性,而是抱有侥幸心理,导致其最终被税务部门立案调查。从薇娅案件的涉税金额构成来看,偷逃和少缴税款占涉税金额的 47.95%,滞纳金和罚款占比为 52.05%,后者超过前者,也说明薇娅没有对涉税问题引起足够重视,最终错失了自主补税改正错误的机会。

三是,薇娅简单进行税收筹划带来的启示。当前大量网络主播均成立个人独资企业,将取得的劳务报酬所得转换成经营所得。由于劳务报酬所得适用 3%—45% 的超额累进税率,而经营所得适用 5%—35% 的税率,这种收入性质转换能有效降低税负,增加自身利益。但是,这种简单通过隐匿个人收入、为了逃税成立个人独资企业来采用核定征收方式的做法,显然违背了税法规定,容易滋生税收风险。

四是,直播平台未履行涉税管理责任的启示。薇娅逃税案件显示其在2019—2020年通过隐匿从直播平台取得佣金收入进行逃税,这不难看出直播平台是定期向其支付报酬的,也掌握了薇娅的收入情况,但直播平台并未依法履行相应的个税代扣代缴义务,导致薇娅步入违法深渊。这反映了当前税务机构未能掌握网络直播行业的涉税信息,直播平台在引导网络主播依法纳税方面存在缺位。

(4) 引申讨论

上述案例是网络直播行业逃税,类似的案例还有明星艺人逃税。经查,范冰冰在《大轰炸》剧组拍摄过程中实际获取片酬为3 000万元,其中,1 000万元申报纳税,2 000万元以拆分合同方式逃税730万元。另外,范冰冰担任法人代表的企业少缴税款2.48亿元,其中逃税1.34亿元。上海市税务局第一稽查局查明郑爽2019—2020年未依法申报个人收入1.91亿元,偷税4 526.96万元,其他少缴税款2 652.07万元,并依法作出对郑爽追缴税款、加收滞纳金并处罚款共计2.99亿元的处理处罚决定。上海市税务局第四稽查局经税收大数据进一步分析,发现邓伦涉嫌偷逃税款,依法对其开展全面深入的税务检查。经查,邓伦在2019—2020年通过虚构业务转换收入性质进行虚假申报,偷逃个人所得税4 765.82万元,其他少缴个人所得税1 399.32万元。

在引导学生讨论的基础上,教师通过深入分析上述案例,总结当前网络主播和明星艺人的主要逃税手段,结合我国税法内容归纳当前税收制度存在的不足。

3. 案例总结

(1) 思政教学切入点总结

① 税收作为国家财政收入的主体,其风险的高低直接关系到财政收入质量。每一个中国公民身上都肩负着纳税的责任与义务,这是社会主义核心价值观的重要体现。

② 网络主播和明星艺人的逃税行为,体现的是追求自身利益最大化,忽视了税法等法律权威。网络主播和明星艺人作为高收入群

体,理应缴纳与其收入相匹配的税收,但其逃税行为显然违背了税收法治原则和公平原则。

③ 与私人品不同,税收作为公共品的"价格",具有成本与收益不对称的特点。依法纳税是每个公民的义务,每个公民都应有良好的纳税意识,逃税行为是缺乏纳税意识的表现。良好的纳税意识也是具有爱国主义行为和弘扬中华民族优秀传统文化的重要体现。

④ 通过讲解逃税案例,可以帮助学生树立良好的道德品质与职业素养,减少今后工作过程中的涉税风险。税收学专业学生从事税收实务相关工作的可能性较大,良好的道德品质与职业素养是一名专业税务人员必备的修养。

(2) 知识和能力目标的实现

互联网的快速发展催生了大量的新兴业态。网络直播行业作为新兴业态在推动经济发展的同时产生了大量的逃税现象,如何加强网络直播行业的税收征管成为税务部门亟待解决的问题。通过本案例的学习,学生了解网络主播逃税的原因、手段,以及给税收征管带来的挑战,并进一步思考如何构建加强网络主播税收征管的政策体系。

(3) 价值目标的实现

本案例可以让学生树立良好的纳税意识,推动立德树人根本任务的落实。本案例有利于培养正确的税收理念、税收文化与税收知识,不仅关系到学生家国情怀的培育,更涉及学生的公共精神、社会责任意识的养成。

(4) 案例小结

逃税问题是困扰我国税收部门多年的难题。减少现实社会中的逃税问题,是提高税收遵从度、防范化解税收风险的重要途径。深入分析已有的逃税案例,是总结当前税收法律规章制度存在不足的重要方式。通过对网络主播薇娅逃税案例的深入分析,我们得出三点结论。一是,构建大数据平台加大对当前网络直播行业的监管。网络直播行业"信息孤岛"现象依旧明显,部门之间的信息不能实现共享,导致网络主播的收入和纳税金额不匹配,产生逃税现象。因此,只有在实现部门信息共享的基础上构建大数据分析平台,才能有效监管网络直播行业的逃税问题。二是,加大税法宣传力度,提高网络主播的纳税意识。由于当前网络直播行业入行门槛低,很多网络主播文化程度较低,对税法缺乏了解,因此税务部门应以定期举办税法知识培训等方式进行税法宣传,普及税法知识,从而提高网络主播的纳税遵从度,减少涉税风险。三是,完善税法相关规章制度。网络直播行业作为依托互联网技术迅速发展起来的新兴行业,其收入来源复杂,当前税法不能及时跟进,导致网络主播可以利用税法漏洞进行逃税,因此需要根据网络直播行业的特点明确不同类型收入适用的税目,减少涉税风险。

此外,减少网络直播行业涉税风险的方案还有很多,同学们在学习过程中可以不断讨论与总结,这也是本案例教学的重要目标。

(七)教学过程

教学过程	教学内容	教学手段	时间分配
课程回顾	回顾相关课程内容,为案例引入铺垫基础知识	讲授	2分钟
案例引入	衔接授课内容,导入案例	小视频播放	3分钟
案例讲解	案例的背景知识、基本内容、具体问题的提出与应对、案例的启示等	PPT展示 案例分析	30分钟
讨论	通过上述案例,大家发现近年来逃税案件频发的原因是什么?我国税务部门应如何应对?	讨论	7分钟
总结	对案例内容进行总结,总结中注意依托专业知识进一步强化思政元素的展现。	讲授	3分钟
作业布置	通过课后作业引发学生进一步思考,促进学生实干精神的培养和提升学生独立自主解决问题的能力。	PPT展示	2分钟

第5章 专业核心类课程思政实践

5.1 《税法》课程思政案例

一、《税法》课程总体教学目标

一门课程的具体目标需要围绕学校人才培养目标和专业目标来确定,通过众多课程分解目标的实现,学校和专业所定位要求的学生知识、能力和素养的最终目标才能达成。上海商学院作为商科特色的应用型本科院校,尤其强调提升学生的实践应用能力,旨在培养高水平的应用型人才,着力打造应用型、行业化、国际化的特色。上海商学院税收学专业获批第五批上海市属高校应用型本科试点专业,致力于培养有国际视野的高素质应用型税务人才。学校的定位和专业应用型试点决定了我校税收学专业的《税法》课程目标,主要从三个方面得以体现。

(一)知识目标

本课程要求学生在掌握重点税种的基础上,尽可能多地熟悉税务师考试在本课程中的相关内容,为学生通过税务师考试奠定良好基础,同时为后续课程的学习做好准备,支撑起税收学专业的培养目标。

(二)能力目标

培养学生在学习过程中的理解与思辨能力,实践过程中涉税风险的识别能力,以及对现实税务问题进行分析研究的能力,以期尽可能地为学生走上工作岗位后所需的职业能力打下坚实基础。

（三）价值目标

税收本质上是一种分配关系,直接涉及国家和纳税人的切身经济利益。我们在教学时通过讲解中国特色社会主义税收制度"人民性"的优势,增强"四个自信",从而强化学生的政治认同;使依法治税、诚信纳税的理念深植学生脑海,增强学生宪法法治意识,培养税务从业者维护国家税收权益的责任担当;引导学生养成持续更新专业知识的习惯和终身学习保持专业胜任能力的职业理念,为税收制度的完善提出自己的意见。

二、课程思政与专业思政目标的对应关系

思政目标	税收学专业思政目标	《税法》课程具体思政目标
1. 政治认同	(1) 具有坚定的政治方向,拥护中国共产党的领导。 (2) 认同中国特色社会主义道路。 (3) 理解中国、了解国情、认同国家制度和改革发展成就。	(1) 立足中国特色社会主义制度和我国国情,认同国家税收方针和政策,理解我国税收背后的政策意图。 (2) 为实现国家的富强、民主、文明与和谐,促进税收利益在纳税人和国家之间、中央政府和地方政府之间,以及不同地区之间的合理分配。
2. 社会主义核心价值观	(1) 经国济世的社会责任感和担当意识。 (2) 较强的公共意识。 (3) 敬业爱岗、团结协作。	(1) 时刻不忘为人民服务,关心公共问题,追求税收公平。培养学生研究公共问题的能力、沟通公共各方的能力、制定公共规则的能力。 (2) 在诚实、守信的基础上,爱岗、敬业,做个有责任、有担当、乐于奉献的人。
3. 宪法法治	(1) 法治观念牢固,法治意识强烈,具备运用法治思维和法治方式参与社会公共事务、维护自身权利和化解矛盾纠纷的意识和能力。 (2) 具有国际视野,熟悉国际、国内的规则与制度,能够理解和遵守相关法律和规定。	(1) 理解税收相关法律法规,培养学生运用税收相关法律法规维护服务对象的税收利益和国家的税收权益。 (2) 税收法治意味着税法面前人人平等,要求自身作为纳税人时,务必依法纳税。

续 表

思政目标	税收学专业思政目标	《税法》课程具体思政目标
4.道德修养	(1) 良好的思想品德、道德修养。 (2) 良好的职业道德,遵纪守法的品质,能自觉自愿地遵守职业道德规范。 (3) 具有较好的自主学习能力。	(1) 恪守独立、客观公正、诚信的原则。 (2) 具备和保持应有的专业胜任能力和职业判断能力。 (3) 履行保密义务。 (4) 保持终身学习的职业理念。
5.文化素养（中华优秀文化传统教育）	(1) 具有较强的环境适应能力。 (2) 具有较好的跨文化沟通、协调能力和语言文字表达能力,较高的人文素质。	(1) 领会中华优秀传统文化的当代价值(如讲仁爱、重民本、守诚信、崇正义、尚和合、求大同等)在解决税收矛盾中的作用。 (2) 理解不同文化的差异,提升跨文化沟通、协调能力。 (3) 正心笃志,崇德弘毅,知荣辱,敢创新。

三、课程思政总体融入体系

教学章节	教学思政内容	教学思政知识点	教学思政方式	思政目标 1	2	3	4	5
第1章 税法基本原理	税收与民生,改革开放后的税收与经济	税法的概念、特点和作用,税法原则,税法的建立和发展	讲授、讨论、课后作业	√	√	√		√
第2章 增值税	增值税转型,营业税改征增值税,减税降费	增值税的类型,增值税的纳税义务人和税率,增值税的征税范围和减免税	讲授、案例讨论、课后作业		√	√	√	√
第3章 消费税	抽烟经济负担分析	消费税的特点,消费税税目和税率	讲授、讨论、课后作业		√	√	√	√
第4章 城市维护建设税和附加税	我们所在城市的面貌变化	城市维护建设税和附加税的开征目的	讲授、讨论、视频资料播放,课后作业		√	√	√	√

续　表

教学章节	教学思政内容	教学思政知识点	教学思政方式	思政目标 1	2	3	4	5
第5章 关税	中外贸易摩擦引起关税的变化，疫情期间关税政策的变化	关税职能，关税征税范围，关税税率和减免政策	讲授、讨论、视频资料播放、课后作业	√	√	√	√	√
第6章 企业所得税	企业所得税改革的背景和实施效应	企业所得税的计税原理，企业所得税的纳税义务人、征收对象，企业所得税的免税收入，企业所得税的税前扣除项目，企业所得税的税率和税收优惠	讲授、案例讨论、课后作业	√	√	√	√	√
第7章 个人所得税	个人所得税的改革和实施效应	个人所得税的概念和特点，个人所得税的税率，个人所得税的专项附加扣除，个人所得税的税收优惠，个人所得税的征收管理	讲授、视频资料播放、讨论、课后作业	√	√	√	√	√
第8章 资源税	资源税的改革历程	资源税的概念，征税范围	讲授、讨论、课后作业	√	√	√	√	
第9章 环境保护税	环境保护税的开征及其影响	环境保护税的概念和特点	讲授、讨论、课后作业	√	√	√	√	√
第10章 其他小税种	各个小税种的税制要素和实施效应	车辆购置税、印花税、房产税、耕地占用税、城镇土地使用税、烟叶税、车船税、契税和船舶吨税等	课后作业	√	√	√	√	√

四、部分章节教学展示

授课主题一：关税

（一）课程章节

第五章　关税

（二）教学内容

关税概念和特点；进口税则设置及征税方式；关税的减免税及管理。

（三）建议教材

马海涛：《中国税制（第十二版）》，中国人民大学出版社，2022年。

（四）教学目标

1. 知识目标

(1) 理解关税的概念及其特点。

(2) 熟悉关税税率的种类及其适用。

(3) 熟悉关税的征税方式。

(4) 了解关税的减免税与其征收管理。

2. 能力目标

(1) 在对关税涉及的一些基本概念和种类有所理解的基础上，具备进一步自行获取相关知识的能力。

(2) 具有正确运用关税法律法规的能力。

3. 价值目标

(1) 政治认同，领会税收的人民性：加入世贸组织以来，关税税率大幅度降低，兑现了我国的承诺，体现了大国担当。我国快速融入全球经济体系，经济得以高速发展，国际竞争力显著提升，并取得了举世瞩目的成就，离不开中国共产党的领导。

(2) 法治观念：关税的征收范围、征收数额和征收方式等都有明确的规定，要有法治意识。

(3) 道德修养：工作中诚信、友善，干一行爱一行，乐于奉献，为国家建设贡献自己的一份力量。

（五）教学重点和难点

教学重点：关税的征税计算。

教学难点：(1) 关税税率的种类及其适用。

(2) 关税的减免税与其征收管理。

(六) 教学案例

维护税收主权完整与税收的人民性(1)

1. 案例简介

(1) 案例背景

首先,本案例与2020年初的新冠病毒快速蔓延有关。当时疫情态势严峻,多国政府宣布进入紧急、戒备或流行病威胁等状态,各种医用防疫物资渐趋紧张。作为经济共同体的欧盟,虽然出台举措,将统一采购医疗防疫物资并分配给各个成员国,事实上各国各自为战,积极确保本国利益[1]。

其次,本案例还与瑞士国情有关。瑞士作为地理上的内陆国家,被欧盟成员国法国、德国、奥地利、意大利以及袖珍国家列支敦士登包围,没有自己的出海口。除非直接空运,否则瑞士的国际采购物资必然要通过欧盟国家的口岸。

作为永久中立国的瑞士,只是参加了《申根协定》(Schengen Agreement),并没有加入欧盟。1985年6月14日,德国、法国、荷兰、比利时和卢森堡五国在卢森堡边境小镇申根签署了《关于逐步取消共同边界检查》协定(又称《申根协定》),其宗旨是取消各成员国之间边境,自由通行,无限期居住。协议主要内容包括:在协定签字国之间不再对公民进行边境检查;外国人一旦获准进入"申根领土"内,即可在协定签字国领土上自由通行;设立警察合作与司法互助的制度,建立申根电脑系统,建立有关各类非法活动分子情况的共用档案库[2]。

(2) 案例内容

据《环球时报》报道,瑞士当地时间2020年3月11日,瑞士从中国购买的一批外科手术手套在德国汉堡进行中转时被扣押,这是德

---

[1] https://baijiahao.baidu.com/s?id=1662209827185341033&wfr=spider&for=pc.
[2] http://guojiaochu.jiangnan.edu.cn/info/1094/3131.html.

国第二次扣押发往瑞士的医疗物资。事件发生后,瑞士政府紧急召见德国大使,要求立刻放行物资。此外,当天还有瑞士从意大利购买的一批消毒液遭到意大利政府扣押。此前,2020年3月7日,德国海关曾扣留一辆属于瑞士公司的卡车,车上装载有24万个口罩。

(3) 提出问题

问题1:瑞士进口的防疫物资为什么遭到德国和意大利的扣押?

问题2:欧盟各国关境与国境之间的关系是什么?

2. 案例分析

(1) 问题应对

为回答上述问题,需要领会案例涉及的一些相关理论知识和信息。

其一,关税是对进出关境的货物和物品征收的一种特殊的流转税。此概念涉及对关境和国境以及关税同盟概念的理解。

关境是一个国家的海关法适用的一个十分重要的空间概念。各国都在其海关法或关税法中明确规定各自国家关境的范围。通常一国关境与其国境一致时,没有必要专门规定;当关境与其国境不一致时,凡列为该国关境外地区的区域都应在其海关法或关税法中明示。

国境是指一个国家行使主权的领域空间,是国家边界之内的范围。传统国际法教材中将英文"territory"翻译为"领土",但从现代国际法的角度看,"territory"应该是立体的概念,除包含传统的领土(陆地)部分外,还包括领水、领海、领陆、领水和领海之下的底土以及领陆、领水和领海之上的领空。我国法律中规定管辖适用范围时一般使用"领域"概念,早期曾经用过"领土"概念[1]。

其二,关税同盟是区域经济一体化的一种形式,在统一关境内取消关税,对成员国以外的国家的商品进口实行统一的关税税率和外

---

[1] 龚柏华.上海自由贸易港"境内关外"概念和机制辨析[J].海关与经贸研究,2018,39(2):12-21.

贸政策。欧洲欧盟的关税同盟始于 1958 年欧洲经济共同体的建立，于 1968 年完全建成，1968—1993 年关税法规作为关税同盟的基础被逐步建立起来，成为真正意义上的关税同盟。对成员国来讲，关境大于国境。

其三，瑞士在政治外交上采取永久中立政策，但该国地处欧洲内陆，从中国进口的货物，除了走空运外，只能走海运和欧亚铁路。如果走海运，那么，不是从意大利登陆，就是从德国登陆。

（2）案例启示

第一，对于关税同盟成员国来讲，关境远大于国境。成员国的最初目的是加强政治经济力量，对外一致行动。但是，在疫情面临严峻形势时，各国都想有效地维护自身利益，欧盟成了患难见真情的一个反面案例。按照塞尔维亚总统的说法，欧盟所谓的团结只是一纸神话[1]。

第二，瑞士尽管在政治外交上采取永久中立政策，但是作为一个经济富有而体量不大的小国，因地理位置深处欧洲内陆地区，在世界角逐中仍被邻国欺负。纵观我国的地理位置和抗疫历程，深刻体会到作为大国公民的优越性。

（3）进一步引申思考和讨论

除了关境大于国境，以下情形是否会导致关境小于国境[2]？

情形一：该国设立自由区，并在其海关法或关税法中明确规定。例如，美国联邦法规汇编中关于美国对外贸易区的规定。

情形二：历史的原因。例如，第一次世界大战后日本的冲绳被美国军事占领，当时的日本海关法规定冲绳不属于日本关境。日本北方四岛目前也在日本海关法规定的日本关境之外。

情形三：地理位置的原因。例如，美国远在太平洋的关岛，法国的圣皮埃尔和密克隆岛、马约岛等海外领土，在美、法两国海关法中

---

[1] https://www.guancha.cn/internation/2020_03_16_541995.shtml.
[2] 何晓兵.关于关境概念的再认识[J].国际商务,1999(3)：30-32.

都被列为各自关境以外地区。

情形四：国家间条约。例如，根据德国与奥地利两国海关条约，奥地利的容古尔兹和米特尔堡划入德国关境。那么，奥地利的关境是不是小于其国境？

3. 案例总结

（1）课程思政切入点总结

本案例将关税中的关境与国境的区别作为课程思政的切入点，教导学生爱党爱国和树立民族精神[1]。关税是对进出关境的货物和物品征收的一种特殊的流转税。此概念涉及对关境与国境的理解。疫情期间，各国对医疗防疫物资的需求异常强烈，但由于瑞士关境与国境的不一致，导致医疗防疫物资被扣，以此引发学生的深入思考。

（2）教学目标落实情况总结

通过上述案例的介绍、讨论和分析，学生对关税涉及的关境和国境的区别会有比较感性的认识与理解。同时，该案例启发学生在政治上认同中国共产党的领导，体会作为崛起中的大国公民的优越性。面临复杂多变的世界政治经济形势，在强化大国自豪感和中国共产党领导优越性意识的同时，充分激发学生的聪明才智，加深对自由贸易区的认识，勇于创新。

4. 教学过程

教学过程	教学内容	教学手段	时间分配
课程回顾	回顾案例相关课程内容： （1）一个税种涉及的税制要素。 （2）海关代征的增值税和消费税。	讲授与互动	3分钟
案例引入	衔接授课内容，导入案例。	PPT展示	4分钟

---

[1] 盛香林.高校《税法》课程思政融合问题研究——以关税教学思政元素融合为视角[J].中国乡镇企业会计,2020(7):243-244.

续　表

教学过程	教　学　内　容	教学手段	时间分配
案例讲解	案例的背景知识、基本内容、具体问题的提出与应对、案例的启示等。	PPT展示 案例分析	6分钟
讨　论	关税是什么？关境与国境之间的关系怎样？关境小于国境的情形有哪些？	讨论	4分钟
总　结	关税的含义以及关境和国境的区别，从案例中获得思政方面的启示。	提问与讲授	2分钟
作业布置	探究我国及国外的相关政策，旨在理论联系实际，了解国家的关税政策，形成专业使命感。	PPT展示	2分钟

维护税收主权完整与税收的人民性(2)

1. 案例简介

(1) 案例背景

一是，美国为阻止对我国出口芯片，采取保护关税政策，激发我国的创新创业精神。

二是，我国对部分商品采取暂定税率。疫情期间，对进口防疫物资给予税收优惠政策。例如，对捐赠用于疫情防控的进口物资，免征进口关税和进口环节增值税、消费税；对进口的直接用于防控疫情的物资免征关税。

三是，从2021年12月1日起，中国输往欧盟成员国、英国、加拿大、土耳其、乌克兰和列支敦士登等32个国家的出口商品，不再享受这些国家的普惠制关税优惠待遇。这意味着我国告别相关优惠的关税待遇，将面临更激烈的贸易竞争环境。

(2) 案例内容

我国自1978—2020年的国内生产总值、关税收入、税收收入以及关税收入占税收收入比重的变化趋势，见表5.1和图5.1。

表 5.1　1978—2020 年我国国内生产总值(GDP)、
关税收入及税收收入相关情况表

年份	GDP (亿元)	关　税 (亿元)	税收收入 合计 (亿元)	关税占税 收收入比 重(%)	关税增长 率(%)	GDP 增长 率(%)
1978	3 678.70	28.76	519.28	5.54	—	—
1979	4 100.50	26.00	537.82	4.83	−9.60	11.47
1980	4 587.60	33.53	571.70	5.86	28.96	11.88
1981	4 935.80	54.04	629.89	8.58	61.17	7.59
1982	5 373.40	47.46	700.02	6.78	−12.18	8.87
1983	6 020.90	53.88	775.59	6.95	13.53	12.05
1984	7 278.50	103.07	947.35	10.88	91.30	20.89
1985	9 098.90	205.21	2 040.79	10.06	99.10	25.01
1986	10 376.20	151.62	2 090.73	7.25	−26.11	14.04
1987	12 174.60	142.37	2 140.36	6.65	−6.10	17.33
1988	15 180.40	155.02	2 390.47	6.48	8.89	24.69
1989	17 179.70	181.54	2 727.40	6.66	17.11	13.17
1990	18 872.90	159.01	2 821.86	5.63	−12.41	9.86
1991	22 005.60	187.28	2 990.17	6.26	17.78	16.60
1992	27 194.50	212.75	3 296.91	6.45	13.60	23.58
1993	35 673.20	256.47	4 255.30	6.03	20.55	31.18
1994	48 637.50	272.68	5 126.88	5.32	6.32	36.34
1995	61 339.90	291.83	6 038.04	4.83	7.02	26.12
1996	71 813.60	301.84	6 909.82	4.37	3.43	17.07
1997	79 715.00	319.49	8 234.04	3.88	5.85	11.00

续　表

年份	GDP (亿元)	关 税 (亿元)	税收收入 合计 (亿元)	关税占税 收收入比 重(%)	关税增长 率(%)	GDP增长 率(%)
1998	85 195.50	313.04	9 262.80	3.38	−2.02	6.88
1999	90 564.40	562.23	10 682.58	5.26	79.60	6.30
2000	100 280.10	750.48	12 581.51	5.96	33.48	10.73
2001	110 863.1	840.52	15 301.38	5.49	12.00	10.55
2002	121 717.4	704.27	17 636.45	3.99	−16.21	9.79
2003	137 422.0	923.13	20 017.31	4.61	31.08	12.90
2004	161 840.2	1 043.77	24 165.68	4.32	13.07	17.77
2005	187 318.9	1 066.17	28 778.54	3.70	2.15	15.74
2006	219 438.5	1 141.78	34 804.35	3.28	7.09	17.15
2007	270 092.3	1 432.57	45 621.97	3.14	25.47	23.08
2008	319 244.6	1 769.95	54 223.79	3.26	23.55	18.20
2009	348 517.7	1 483.81	59 521.59	2.49	−16.17	9.17
2010	412 119.3	2 027.83	73 210.79	2.77	36.66	18.25
2011	487 940.2	2 559.12	89 738.89	2.85	26.20	18.40
2012	538 580.0	2 783.93	100 614.2	2.77	8.78	10.38
2013	592 963.2	2 630.61	110 530.7	2.38	−5.51	10.10
2014	643 563.1	2 843.41	119 175.3	2.39	8.09	8.53
2015	688 858.2	2 560.84	124 922.2	2.05	−9.94	7.04
2016	746 395.1	2 603.75	130 360.7	2.00	1.68	8.35
2017	832 035.9	2 997.85	144 369.8	2.08	15.14	11.47

续 表

年份	GDP（亿元）	关 税（亿元）	税收收入合计（亿元）	关税占税收收入比重(%)	关税增长率(%)	GDP增长率(%)
2018	919 281.1	2 847.78	156 402.8	1.82	−5.01	10.49
2019	986 515.2	2 889.13	158 000.4	1.83	1.45	7.31
2020	1 015 986.20	2 564.25	154 312.2	1.66	−11.24	2.99

数据来源：关税和财政收入数据来自《中国财政年鉴》，GDP来自《中国统计年鉴》。

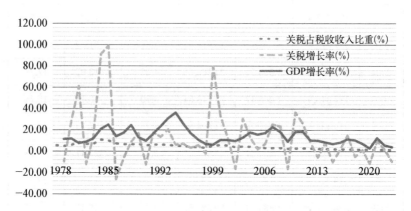

图 5.1　1978—2020 年关税收入与 GDP 增长变化图

数据来源：根据表 5.1 数据获得。

《在开放中展现中国自信——中国税务协会副会长、中国人民大学财政金融学院教授朱青谈入世 20 年》的主要内容如下：

刘颖记者问：20 年来，我国坚定履行入世时的承诺，2010 年 1 月，中国货物降税承诺全部履行完毕，平均关税从 2001 年的 15.3% 按承诺降到 9.8%；到 2020 年，平均关税水平又自主降到 7.4%。对此，您怎么看？

朱青教授答：我国目前关税总水平比 9.8% 的承诺水平更低。首先，这是我国对自己的产品有信心的结果，是国产货物有很强国际竞争力的体现。其次,这是考虑到人民生活水平提高对进口商品的需求。在现代经济条件下,进口关税已经失去筹集财政收入的职能,主要起保护本国产业的作用。比如,在 20 世纪初,关税占美国联邦政府税收收入的 50%,而目前仅占 3% 左右。我国的情况也是一样,2020 年关税只占我国税收收入的 1.7%。

改革开放之后,我国通过引进技术和自主研发,工业技术水平和现代化程度都有非常大的提高,"中国制造"正在走向"中国创造",中国产品的国际竞争力也与入世前不可同日而语。当前,我国的许多产业已经走在了世界的前列,不再需要高关税的保护。例如,20 世纪 80 年代,我国对排气量 3.0 以上的小汽车曾征收过 220% 的高关税税率,3.0 排气量以下的税率也高达 180%。随着我国汽车工业竞争力的不断提高,关税税率一降再降,特别是在入世后的 2002 年,3.0 排气量以上的小汽车关税税率从 80% 降为 50.7%,3.0 排气量以下的从 70% 降为 43.8%。此后,我国对小汽车的进口关税又进行了多次下调,目前已降至 15%。又如,我国目前对从 WTO 成员国进口的电脑、电视机、手机等产品都实行零关税,这是因为我国有很强的生产能力,产品的性价比也非常高,对其课征关税已没有意义。

2001 年至今,我国不断降低进口商品关税,除了考虑到对本国产业的保护需求以外,还考虑到了人民生活水平提高对进口商品的需求,让我国的消费者也能享受其他国家的优质产品。自 2021 年 1 月 1 日起,我国对 883 项商品实施进口暂定税率,这些暂定税率在目前最惠国税率的基础上都有一定程度的下调。例如,特殊婴幼儿配方食品的关税税率从 15% 降到了 0%,橙汁的税率从 30% 降到 15%,威士忌酒的税率从 10% 降到 5%,抗癌药原料的税率从 6.5% 降到 0%,西服套装的税率由 8% 降到 5%,尿布及尿裤的税率由 4% 降到 0%,等等。除了食品和生活用品之外,2021 年国家下调关税税率的 883 项商品还包括工业生产亟须的零部件或半成品。另外,进口机器设备也是近年来降低关税税率的重点。例如,国内企业为生产《国家支持发展的重大技术装备和产品目录(2019年修订)》所列装备或产品而确有必要进口国家规定的技术装备,自2020年1月起免征关税。

(3)提出问题

问题1:关税收入的变化趋势及变化的原因是什么?

问题2:关税的优惠税率针对哪些货物?

2. 案例分析

(1)问题应对

为回答上述问题,需要理解案例涉及的三个理论知识。

一是,关税的计税方式。关税有从价、从量和复合计税三种方式。从价计税应纳税额,关税税额=应税进(出)口货物的数量×单位完税价格×税率。从量计税应纳税额,关税税额=应税进(出)口货物数量×单位货物税额。复合计税应纳税额,关税税额=应税进(出)口货物数量×单位货物税额+应税进(出)口货物数量×单位完税价格×税率。三种计税方式都涉及征税的税率或单位税额和税基。

二是,关税税率的种类。关税税率的种类包括最惠国税率、协定税率、特惠税率、普通税率、关税配额税率等。原产于与中华人民共和国共同适用最惠国待遇条款的世界贸易组织成员的进口货物,原产于与中华人民共和国签订含有相互给予最惠国待遇条款的双边贸易协定的国家或者地区的进口货物,以及原产于中华人民共和国境内的进口货物,适用最惠国税率。暂定税率是在海关进出口税则规定的进口优惠税率基础上,对进口的某些重要的工农业生产原材料和机电产品关键部件,但只限于从与中华人民共和国订有关税互惠协议的国家和地区进口的货物和出口的特定货物,实施更为优惠的关税税率。

三是,关税的职能。其一,筹集财政收入的职能。税收天生就是政府筹集收入的形式,具有征收便捷、集中和高效等优点的关税更受各国政府的重视。其二,保护本国经济发展的职能。关税是国家主权的象征,是守护国家政治经济的重要手段。在国际交往和贸易往来中,征收关税可以有效防止国外的经济入侵和贸易歧视,维护国家主权和保护国内经济的正常发展。其三,调节经济的职能。关税与其他税收一样是国家参与社会分配的手段,体现一定时期国家的政治、经济、对外贸易和产业等政策导向。关税税率的高低及减免税等规定,可以调节国内不同部门、行业、地区等之间的利益分配,引导微观经济主体按照政府调控的意图调整经济行为,实现社会经济资源优化配置[1]。

根据1978—2023年我国国内生产总值不断增加和关税收入的相应变化,结合2001年的12月11日我国正式加入世界贸易组织时的承诺,可以窥见我国关税在此期间的职能变化。

(2)案例启示

通过《在开放中展现中国自信——中国税务协会副会长、中国人民大学财政金融学院教授朱青谈入世20年》一文可知,在现代经济条件下,进口关税已经失去筹集财政收入的职能,主要起到保护本国产业的作用。我国目前关税总水平比9.8%的承诺水平还低,是我国对自己的产品有信心的结果,也是国产货物有很强国际竞争力的体现,更是考虑了人民生活水平提高对进口商品的需求。

(3)进一步引申思考和讨论

入世后我国关税做出了哪些调整与定位转变?在贸易摩擦与冲突加剧的外部环境下,我国如何坚定维护WTO规则,坚持促进经济全球化?

在完成关税减让承诺后持续性自主降税,形成升级式的关税结构,关税的定位是否要过渡到多元化的宏观调控?随着数字化对全球价值链的颠覆性影响,关税运用是否要更加坚定地维护WTO规则,更好地响应国际贸易新形势的发展变化,推动全球贸易自由化高水平发展[2]?

---

[1] 李九领.我国现代关税职能的探析[J].当代经济,2008(1):124-126.
[2] 王婉如,樊勇.入世后我国关税运用的调整与定位转变[J].北京社会科学,2023(2):88-97.

3. 案例总结

(1) 课程思政切入点总结

本案例以关税职能的变化作为课程思政的切入点。通过关税收入的变化，分析其变化的原因，反映国家关税职能的变化。在复杂多变的国际环境下，我国有大国担当的胸襟，教导学生爱党爱国和树立民族精神。近年来，我国对部分商品采取暂定税率，教导学生尊重人权与树立民生意识。疫情期间，对捐赠用于疫情防控的进口物资，免征进口关税和进口环节增值税、消费税，对进口的直接用于防控疫情的物资免征关税，都体现了税收的人民性。此外，美国为阻止对我国出口芯片，采取保护关税政策，激发学生要自强自立，拥有不怕困难和勇于创新的精神。

(2) 教学目标落实情况总结

通过案例的介绍、讨论和分析，学生对关税概念有了初步认识，也对我国改革开放以来的关税收入总量、关税收入占国内税收收入的比例以及关税的增长情况等有了直观认识。通过分析其原因，理解关税有筹集财政收入、保护本国经济发展和调节经济的职能。一国处于经济发展的不同阶段，关税发挥着不同的职能。

入世以来，我国积极践行自由贸易理念，全面履行加入承诺，大幅开放市场，与世界深度融合、共享机遇，在对外开放中展现了大国担当。近年来，每年对超过700项进口商品实施暂定税率，支持国内高质量发展。不断完善进口税收政策体系，涉及农业、能源、科技创新、文化教育和医疗卫生等10多个行业，在支持科技创新、产业发展、能源资源开发利用、社会事业进步、消费升级、区域发展等方面发挥了重要作用[1]。这些内容在促使学生加强对暂定税率理解的同时，也在政治上认同中国共产党的领导，强化大国自豪感和对中国共产党的领导优越性的认识。另外，通过税率和减免政策，教育学生尊重人权与树立民生意识，不忘我国税收的人民性，依法征纳关税。

---

[1] https://www.zgcznet.com/pub/cjzzs/sycaizheng/zgcz202124/202201/20220104/j_2022010409162400016412591176566122.html.

4. 教学过程

教学过程	教学内容	教学手段	时间分配
课程回顾	回顾案例相关课程内容： (1) 一个税种涉及的税制要素。 (2) 海关代征的增值税和消费税。	讲授与互动	3分钟
案例引入	衔接授课内容，导入案例。	PPT展示	5分钟
案例讲解	案例的背景知识、基本内容、具体问题的提出与应对、案例的启示等。	PPT展示 案例分析	10分钟
讨论	对关税的职能、改革开放以来我国关税职能发生的变化、目前我国的关税税率、对某些商品实行暂定税率的目的以及关税方面如何面对贸易摩擦与冲突加剧的外部环境等问题进行讨论。	讨论	8分钟
总结	对案例涉及的相关理论知识和在思政方面的启示进行总结。	讲授	4分钟
作业布置	进一步考察最近两年关税收入的总体情况，关税收入与经济发展之间的关系，我国目前关税政策的运用情况。引发学生进一步思考，促进学生实干精神的培养和提升学生独立自主解决问题的能力。	PPT展示	2分钟

授课主题二：个人所得税

（一）课程章节

第六章　个人所得税

（二）教学内容

个人所得税概述；个人所得税纳税人；个人所得税税率。

（三）建议教材

马海涛：《中国税制（第十二版）》，中国人民大学出版社，2022年。

（四）教学目标

1. 知识目标

(1) 了解个人所得税的由来、功能，我国个人所得税的演变历程。

(2) 掌握个人所得税的纳税人。

(3) 理解个人所得税的税率设计。

2. 能力目标

(1) 在对个人所得税涉及的一些基本概念有所理解的基础上，具备进一步自行获取相关知识的能力。

(2) 具有运用个人所得税法律法规的能力。

3. 价值目标

(1) 政治认同：国家征收个人所得税，该税直接针对个人所得征税，税负通常由纳税人自行负担，具有调节收入分配，有助于实现社会公平的功能，故有"良税"的美名。随着经济的发展，收入差距进一步扩大，个人所得税所起的作用就越大。2018年的个税改革正合时宜。

(2) 法治观念：个人所得税的纳税人、各项所得的确定、征收数额和征收方式等都有明确的规定，要有法治意识。

(3) 职业道德：工作中诚信、友善，干一行爱一行，乐于奉献，该交多少税就交多少税，为国家建设贡献自己的一份力量。

(五) 教学重点和难点

教学重点：个人所得税的功能、纳税人以及税率。

教学难点：实现个人所得税功能的税制要素设计。

(六) 教学案例

个人所得税的演变历程与税收的人民性

1. 案例简介

(1) 案例背景

个人所得税有组织财政收入，调节收入分配，有助于实现社会公平和自动稳定器等作用。我国从1980年开始设立《个人所得税法》，至2019年1月1日起实施新的《个人所得税法》，其间经过了多次修正。这种制度变迁反映了特定时期的财政政策需求和税收目标价值，呈现了阶段性的功能导向性。

（2）案例内容

案例1：个人所得税改革[1]。

案例2：我国税制改革取得历史性突破[2]。

中国税务学会副会长、中国人民大学教授朱青认为，2018年我国个人所得税税制改革体现了以人民为中心原则。长期以来，我国个人所得税一直存在两大痼疾。一是工资薪金的费用扣除标准，即老百姓口中的起征点，存在"一刀切"的问题。无论是每月2 000元还是3 500元，都不能准确地反映老百姓个人的实际生活开销情况，从而使个人所得税无法真正做到量能负担。二是分类征收，各类所得各缴各税。两个纳税人即使收入总额相同，如果收入的种类不同，需要缴纳的税款就可能不同，甚至出现收入高的人由于收入种类多而可以享受多种费用扣除，导致其比收入低的人纳税少的现象。从20世纪80年代我国开征个人所得税以来，这两大问题一直无法得到解决。为此，2006年国家制定的"十一五"规划纲要中就提出实行"综合和分类相结合的个人所得税制度"的改革目标，2019年这一目标得以实现。

2019年实施的个人所得税改革包括两大内容。一是在2018年10月提高了费用扣除标准，在每月3 500元提高到5 000元的基础上增加6项专项附加扣除，即子女教育、继续教育、大病医疗、住房贷款利息或者住房租金以及赡养老人。专项附加扣除打破了传统的费用扣除"一刀切"模式，从而使费用扣除标准更加人性化和合理化。二是个人应税所得实现了"小综合"，即对工资薪金、劳务报酬、稿酬和特许权使用费4项个人劳动所得实行综合征收，对其他所得[如经营所得、利息（股息、红利）所得、财产租赁所得、财产转让所得等]仍实行分类征收。此次个人所得税改革实现了历史性突破，不仅大大增强了个人所得税的调节功能，而且提高了个人所得税的公平性。

---

[1] http://tv.cctv.com/2019/05/22/VIDEEji2NnKre9tq7CJsiV9j190522.shtml.

[2] http://www.chinatax.gov.cn/chinatax/n810219/n810780/c5176827/content.html.

(3) 问题提出

问题 1：个人所得税的新政策相对于旧政策所发生的变化，其背后的政策意图是什么？

问题 2：新的个人所得税的征收方式，累计预扣预缴和自行纳税申报、汇算清缴，要求学生作为纳税人和中介人应具备何种素质？

2. 案例分析

(1) 问题应对

一个税种在不同时期，其功能的侧重点可能有所不同，个人所得税政策也不例外。从个人所得税政策的变迁中，可以体会其政策的设计意图。

(2) 案例启示

第一，现有个人所得税制度不是一朝一夕形成的。自 1980 年确立，到 1986 年增设《城乡个体工商业户所得税暂行条例》和《个人收入调节税暂行条例》，再到 1994 年将原来三税合并，发布《中华人民共和国个人所得税法实施条例》，统一适用于所有纳税人，随后对存款利息所得的征收与停征，以及随着物价水平的上涨和居民生活成本的提高，至 2019 年开始实施新个人所得税，费用扣除标准由原来的每月 800 元，提高到 1 600 元、2 000 元和 3 500 元，目前是每月 5 000 元。这说明随着经济的发展，我国的个人所得税制度不断调整，印证了税收和经济之间的关系，经济决定税收，税收影响经济。

第二，个人所得税功能由最初的重视收入功能，逐渐向税收公平功能转变。个人所得税的最初确立是为了顺应改革开放，与国际接轨，维护我国的税收主权，初衷是针对外籍个人征税，主要功能是实现收入。20 世纪 80 年代随着乡镇私营经济的发展，一部分人先富起来。1986 年增设《城乡个体工商业户所得税暂行条例》和《个人收入调节税暂行条例》，主要着眼于调节收入分配，缩小收入差距。1994 年三税合一，统一了内外有别的个人所得税征收制度，考虑到了税收的横向公平，同时累进税率制度又体现了纵向公平。2019 年实施的新《个人所得税法》包含费用扣除标准的提高和专项附加扣除的设计,显然越来越考虑老百姓的生活处境,体现个人所得税的人民性。

(3) 进一步引申思考和讨论

讨论1：国务院关于设立3岁以下婴幼儿照护个人所得税专项附加扣除的目的是什么？

讨论2：就税收公平来说,新《个人所得税法》有没有进一步完善的空间？若有,如何完善？

3. 案例总结

(1) 课程思政切入点总结

个人所得税的功能是课程思政的切入点。个人所得税有组织财政收入,调节收入分配,有助于实现社会公平和自动稳定器等作用。通过讲授个人所得税制度的演变历程,感受国家经济和个人收入的变化发展,从政府税收功能的变化中体会税收的公平性和人民性,深刻理解政府的意图。我国《个人所得税法》从1980年设立,到2019年1月1日实施新的《个人所得税法》,其间经过多次修正,政策变化反映了特定时期的财政政策需求和税收目标价值,呈现了阶段性的功能导向性。

(2) 教学目标落实情况总结

通过对上述案例的介绍,学生对个人所得税应有初步的认识,对我国个人所得税的由来、功能、纳税人和税率等方面有所了解和掌握。就税收功能来说,个人所得税具有调节国家和纳税人双方税收利益关系,促进社会公平的作用。而促进公平的程度如何,取决于税基、税率和征收模式等方面的规定。在税基确定方面,新《个人所得税法》增加了专项附加扣除。

就征税模式来讲,对劳务报酬所得、稿酬所得、特许权使用费所得和工资薪金所得实行综合征税,实行统一的七级超额累进税率计税,这在一定程度上考虑了个人的综合纳税能力。纳税能力强的纳税人多纳税,为国家多做贡献；收入低的纳税人少纳税甚至不纳税。

就征税方式来讲,主要有代扣代缴和自行纳税申报两种。为使得税收及时足额入库,离不开纳税人的诚实申报,作为税收学专业的学生,将来可能会从事税收方面工作,诚实守信更应牢记心中。

（七）教学过程

教学过程	教学内容设计	教学手段	时间分配
课程引入	回顾案例相关课程内容： (1) 所得税制具有的功能； (2) 一个税种涉及的税制要素。	讲授	3分钟
案例引入	案例1：http://tv.cctv.com/2019/05/22/VIDEEji2NnKre9tq7CJsiV9j190522.shtml； 案例2：我国税制改革取得历史性突破。	小视频播放与PPT展示	8分钟＋3分钟
案例讲解	与个税变革有关的历史背景及变化内容、具体问题的提出与应对、案例的启示等。	PPT展示与分析	12分钟
讨论环节	对我国个税所得的内容、不同阶段个税功能的侧重点、个税的税收公平、对新《个人所得税法》的某项专项附加扣除的想法等问题进行讨论。	讨论	12分钟
总　　结	对个税的税基、税率以及纳税人等基础知识进行总结,对个人所得税所体现的人民性和对学生的职业素养的要求进行总结。	学生回答,教师补充	5分钟
作业布置	思考新《个人所得税法》的实施效应,促进学生实干精神和提升学生独立自主解决问题的能力。	PPT展示	2分钟

5.2 《国际税收》课程思政案例

一、《国际税收》课程思政总体教学目标

实现思想政治教育与专业教育的融合,将价值塑造、知识传授和能力培养体现于国际税收课程的教学内容设计、教学方法使用、教学案例选择以及教学效果考核的全过程。

(一)知识目标

本课程立足中国国情,使学生在熟悉国际税收规则的基础上,掌握国际重复征税的产生原因及减除方法、国际避税的概念及常见的国际避税方法、转让定价税务管理及其他反避税措施、国际税收协定范本与主要内容等基础原理和方法。

(二)能力目标

引导学生学会从变化与发展的视角看待国际税收问题,开拓学生的国际视野,培养学生比较分析和批判性思维能力,培养学生在国际投资、国际贸易过程中处理跨国涉税业务、进行合理避税的能力,培养学生在全球一体化和经济数字化背景下进行税收管理与合作的能力。

(三)价值目标

引导学生认识我国在国际税收规则构建中的大国责任及对维护发展中国家共同利益的贡献,增强其政治认同,更加坚定理想信念、强化民族自豪感和责任担当;帮助学生树立依法治税、尊重国际规则的理念,增强其宪法法治意识;引导学生养成持续更新专业知识的习惯和终身学习保持专业胜任能力的职业理念。

二、课程思政与专业思政目标的对应关系

思政目标	税收学专业思政目标	《国际税收》课程思政目标
1. 政治认同	(1) 具有坚定的政治方向,拥护中国共产党的领导。 (2) 认同中国特色社会主义道路。 (3) 理解中国、了解国情、认同国家制度和改革发展成就。	(1) 立足中国特色社会主义制度和我国国情,避免脱离国情的制度比较,认同国家税收方针和政策,理解我国的国际税收制度和政策。 (2) 求同存异、兼容并包,构建人类命运共同体,促进税收利益在相关国家地区之间合理分配。
2. 社会主义核心价值观	(1) 经国济世的社会责任感和担当意识。 (2) 较强的公共意识。 (3) 敬业爱岗、团结协作。	(1) 关心公共问题,培养学生研究公共问题的能力、沟通公共各方的能力、制定公共规则的能力。 (2) 创造性提出新的税收利益分配原则,促进建成全球公平和现代化的税收体系。

续 表

思政目标	税收学专业思政目标	《国际税收》课程思政目标
3.宪法法治	(1) 法治观念牢固,法治意识强烈,具备运用法治思维和法治方式参与社会公共事务、维护自身权利和化解矛盾纠纷的意识和能力。 (2) 具有国际视野,熟悉国际、国内规则、制度,能够理解和遵守相关法律和规定。	(1) 理解国际税收规则,了解各国税收相关法律法规,培养学生运用国际规则、法律、法规维护服务对象税收利益和国家税收权益的能力。 (2) 了解国际税收协调发展历史,以国际税收协定为协调载体建立一个全球公平和现代化的国际税收体系。
4.道德修养	(1) 良好的思想品德、道德修养。 (2) 良好的职业道德,遵纪守法的品质,能自觉自愿地遵守职业道德规范。 (3) 具有较好的自主学习能力。	(1) 恪守独立、客观公正、诚信的原则。 (2) 具备和保持应有的专业胜任能力和职业判断能力。 (3) 履行保密义务。 (4) 保持终身学习的职业理念。
5.文化素养(中华优秀文化传统教育)	(1) 具有较强的环境适应能力。 (2) 具有较好的跨文化沟通、协调能力和语言文字表达能力,较高的人文素质。	(1) 中华优秀传统文化的当代价值,如讲仁爱、崇正义、尚和合、求大同在解决国际税收矛盾中的作用。 (2) 理解不同文化的差异,提升跨文化沟通、协调能力。 (3) 正心笃志、崇德弘毅,知荣辱、敢创新。

三、课程思政总体融入体系

教学章节	教学思政内容	教学思政知识点	教学思政方式	思政目标 1	2	3	4	5
第1章 国际税收导论	所得税国际竞争的弊端	所得课税领域国际税收发展趋势	讲授、讨论、课后作业	√		√		√
第2章 所得税的税收管辖权	不同的法律体系和判断标准,法治意识,跨文化沟通、内地和香港的不同税收制度	经营所得来源地的判断	讲授、案例讨论、课后作业	√	√	√		√
第3章 国际重复征税及其解决方法	我国税收饶让抵免政策在不同时期的选择	税收饶让抵免的含义、方法、影响	讲授、讨论、课后作业	√		√	√	

续 表

教学章节	教学思政内容	教学思政知识点	教学思政方式	思政目标 1	2	3	4	5
第4章 国际避税概论	全球著名避税天堂及其存在的原因、未来趋势	国际避税地的概念、类型和非税特征	讲授、讨论、视频资料播放、课后作业		√	√		
第5章 国际避税方法	美国苹果公司避税案	跨国公司的国际税务筹划	讲授、讨论、视频资料播放、课后作业		√	√	√	√
第6章 转让定价的税务管理	"成本节约""市场溢价"概念及理论依据	利润分割法	讲授、案例讨论、课后作业	√	√	√	√	
第7章 其他反避税法规与措施	各国共同打击逃避税与《多边税收征管互助公约》	加强反避税的双边或多边国际合作	讲授、讨论、课后作业	√	√	√		
第8章 国际税收协定	坚持所得来源国与居住国共享征税权、灵活对待税收饶让	我国对外谈判与签订税收协定所遵循的原则	讲授、讨论、课后作业	√	√	√	√	

四、部分章节教学展示

授课主题一：跨国公司的国际税务筹划*

（一）课程章节

第5章　国际避税方法

跨国公司的国际税务筹划

---

* 本主题参考了以下资料：

[1] 丁家辉,陈新.iTax——苹果公司的国际避税结构和双重不征税问题(上)[J].国际税收,2015(2)：27-32.

[2] 丁家辉,陈新.iTax——苹果公司的国际避税结构和双重不征税问题(中)[J].国际税收,2015(3)：26-30.

[3] 丁家辉,陈新.iTax——苹果公司的国际避税结构和双重不征税问题(下)[J].国际税收,2015(4)：27-31.

（二）教学内容

利用中介国际控股公司、许可公司和贸易公司避税；利用复合错配避税；美国税法的"打勾"规则；跨国公司的常见避税架构。

（三）建议教材

朱青：《国际税收（第十一版）》，中国人民大学出版社，2023年。

（四）教学目标

1. 知识目标

（1）掌握跨国公司利用中介国际控股公司、许可公司和贸易公司避税的基本原理。

（2）理解复合错配避税的原理。

（3）了解美国的"打勾"规则。

（4）掌握常见的跨国公司避税架构。

2. 能力目标

（1）通过苹果公司案例分析，理解实践中跨国公司实现国际避税的原理。

（2）从促进税制公平、实现世界经济包容性发展角度，思考税制的完善方向。

3. 价值目标

（1）政治认同：我国税务机关创造性地提出成本节约概念保护国家税收利益，是基于中国共产党的领导下推进改革与对外开放取得的显著成效，增强学生的"四个自信"。

（2）社会主义核心价值观：企业有追求利益最大化的权利，但同时也应承担社会责任，增强学生社会责任意识。

（3）法治观念：跨国公司避税和税务机关反避税必须在遵守国际税收规则和各国税收制度的前提下进行，强化学生法治意识和观念。

（4）职业道德：引导学生坚持客观、公正，与时俱进、持续学习，保持应有的专业胜任能力。

（五）教学重点和难点

教学重点：跨国公司利用中介公司进行国际避税的主要形式及

避税原理、常见的跨国公司避税架构。

教学难点：复合错配避税的原理、常见的跨国公司避税架构。

（六）教学案例

1. 案例简介

（1）案例背景知识

美国以注册地标准判断居民法人。2015 年以前，爱尔兰以"管理和控制中心机构所在地"标准来判定是否是爱尔兰居民法人（根据2015 年执行的爱尔兰税法 TCA97 第 23A 节规定："如果一家公司在爱尔兰注册成立，但是受另一个国家的公司管理和控制且该另一国依据公司的注册地确定居民身份，则该公司会被视为爱尔兰居民。"新规自 2015 年 1 月 1 日起施行，新旧规则过渡期截至 2020 年 12 月 31 日。）

美国受控外国公司法规主要是 F 分部立法，但同时存在"打勾"规则，允许居民企业用打勾的方式为其受控外国公司选择组织形式。

美国认可成本分摊协议。

（2）案例内容

谷歌（Google）在 2011 年把其当年全球利润的 80%（约 98 亿美元）转移至百慕大群岛的空壳公司，避税超过 20 亿美元。2012 年，亚马逊将其在英国实现的 33 亿英镑销售利润转移至卢森堡，未缴纳任何税款。

2012 年，《纽约时报》登载了一篇揭露苹果公司通过巧妙的手段成功避税数十亿美元的文章，引起了国际社会的广泛关注。2013 年 5 月 21 日，美国参议院发表报告称，2009—2012 年苹果公司的国际避税战略使其 440 亿美元的所得逃避了全球范围内的税收。苹果公司 2012 年末拥有的 1 450 亿美元现金或现金资产中，有 1 020 亿美元游离于美国海外，而且几乎没有缴税。为了有效避税，苹果公司搭建的组织架构图如图 5.2 所示。在这个架构中，苹果公司的一个核心子公司——爱尔兰子公司（Apple Sales International，以下简称"ASI"）2009—2011 年的税前收入为 380 亿美元，但只缴纳了 2 100

万美元的税款，税负仅为0.06%。通过精心的组织架构搭建，苹果公司充分利用爱尔兰和美国税制的差异，实现利润在关联公司间的转移，从而极大降低实际税负。具体利润转移路线见图5.3。

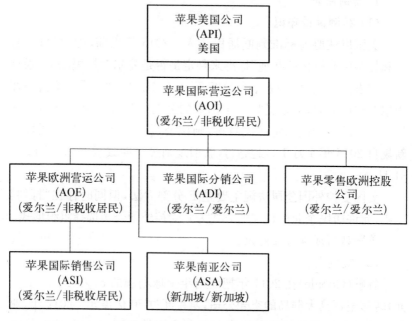

图 5.2　苹果公司组织架构图

（3）问题提出

问题1：苹果公司是如何实现避税的？

问题2：中国合约制造商在苹果公司的全球价值链体系中居于最底端的生产制造环节，留给中国公司的制造利润很少，这合理吗？

2. 案例分析

（1）问题应对

① 案例相关理论讲授

跨国公司利用中介国际控股公司、许可公司和贸易公司避税的基本原理，举例说明复合错配避税的原理，简单介绍美国的"打勾"规则。

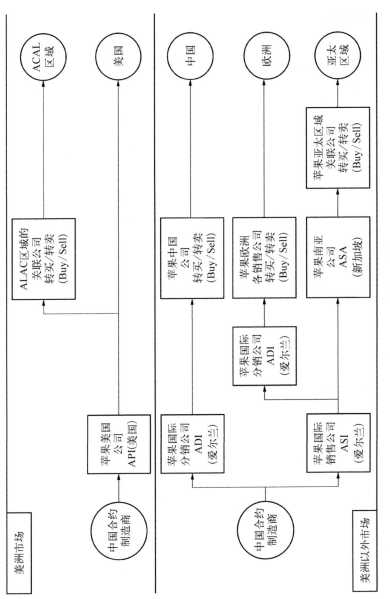

图 5.3 苹果公司利润实现和转移路线图

② 具体问题回应

回应问题1：

首先给出苹果公司的避税架构，并对每个公司的注册地进行居住国判断，接着分析苹果公司从销售收入实现到利润转移的过程，帮助学生理解其避税实现的原理。

通过图5.2理解苹果公司组织架构安排，避税主要通过三步得以实现：第一步，通过设立中介控股公司、转让定价等手段，利用不同国家法人居民判定标准的差异和成本分摊协议将巨额的跨国公司利润成功堆积在爱尔兰子公司；第二步，通过与爱尔兰政府达成协议，对在爱尔兰子公司实现的利润按照运营成本的一定比例征税，与收入金额无关，从而实现爱尔兰子公司的利润实际税负极低；第三步，通过"打勾"规则和受控外国公司特殊性条款规避受控外国公司规则，从而实现跨国公司利润大量、长期滞留海外低税率子公司，避免美国母公司的当期税收义务。

在这个避税实现过程中，有几个关键条件不可或缺：第一，爱尔兰、美国在判定居民法人时法律规定有差异；第二，爱尔兰的低所得税税率及免预提所得税的制度规定，爱尔兰政府与苹果公司达成的协议；第三，美国的受控外国公司制度及包含的"打勾"规则；第四，美国税法对成本分摊协议的认可。

回应问题2：

显然不合理。因为在价值分配中未给予中国合约制造商与价值贡献相匹配的利润，损害了我国企业的利益，同时也影响了我国的征税权实现。

中国具有很多特殊优势，为跨国企业集团的价值创造做出了贡献。我国税务机关在尊重国际税收规则的原则下，深入分析我国国情，以创新精神提出了两个被联合国转让定价指南认可的概念来分析我国企业的价值贡献。第一个概念是成本节约（Location Savings），我国企业可以享受以下因素带来的成本降低：人工工资相对较低，工人的养老、医疗和各种社会保险方面的负担相对较低；基础设施完善高效,社会稳定、安定,投资安全;丰富的自然资源,环境保护成本较低;坚实的教育体系和人才储备以及悠久的文化和人文气息等。第二个概念是市场溢价(Market Premium),具体包括:我国有全球最大和最有潜力的消费市场;市场的开放和自由程度;人民群众不断上升的购买力以及部分国人对国外品牌的追求等。成本节约和市场溢价都对跨国集团的价值创造做出了贡献,理应在利润分配中考虑我国企业应享有的对应利润权利。

(2) 案例启示

苹果公司能够实现避税有其非常重要的客观条件。美国和爱尔兰的居民法人判定规则、国内税法中的反避税相关制度漏洞,都给跨国公司的避税留下了巨大的空间,进而影响企业跨国竞争的公平性。苹果公司的避税方案尽管没有直接违反税收相关法律制度、规则,但该公司一味追求经济利益最大化而忽略企业的社会责任、操控利润在不同税收管辖权区域之间的分配,违背经济活动实质、损害发展中国家利益的做法是不符合公平原则的。跨国公司的过度国际避税是基于各国税收制度差异这一客观前提的,各国出于自身经济利益考虑而展开的国际税收竞争无疑给跨国公司提供了更多的机会,这既影响了全球范围内的税收公平,也对各国的整体税收利益产生了严重损害,发展中国家的税收利益受损尤其严重。尽管追求经济利益最大化是企业的权利,但是这个权利必须在不违反国际税收规则和相关国家的税收法律法规的前提下进行。企业应承担自己的社会责任,各国必须携起手来共同进行反避税,避免恶性税收竞争。

(3) 进一步引申讨论

美国政府和爱尔兰政府双方都没有完全反对苹果公司避税,甚至美国政府对修改其反避税方面漏洞百出的"打勾"规则也动力不足,这是为什么?

事实上,在 2016 年欧盟委员会裁定苹果公司向爱尔兰政府补缴 130 亿欧元税款后,爱尔兰政府并没有欢欣鼓舞而是表示不满。爱尔兰是一个极度依赖外资的经济体,一直将全欧最低的企业税率视为自己吸引外资的核心竞争力之一,依靠低税率吸引美国科技企业可以提升当地的经济和就业机会。美国财政部也表示,此举违背了美国与欧盟之间经济伙伴关系的重要精神。美国税法有推迟课税的规定,在将来美国公司将海外利润汇回美国时需要承担纳税义务,如果这些海外公司在国外缴税多了,势必导致将来在美国进行税收抵免,从而影响美国的税收利益,所以,美国政府也对补税表示反对。不反对大型跨国企业避税,甚至在税法中留下一些漏洞,其本质是爱尔兰和美国为了本国政府的利益不惜牺牲其他国家的利益和损害税制的公平性。

3. 案例总结

(1) 案例小结

数字经济背景下,类似苹果公司的避税案例并非个例。跨国大型科技公司避税案层出不穷,引发了国际社会的关注,各国开始采取措施应对税基侵蚀和利润转移,欧盟也开始针对这些大型跨国公司展开调查。本案例通过对苹果公司的避税安排进行分析,帮助学生结合实例理解跨国公司如何利用国家之间税收制度的差异、通过设立跨国中介公司和转让定价方法来实现有效税率的大幅降低。在充分理解避税安排的基础上,进一步分析利润在跨国公司全球价值链中的分配规则,将国际税收前沿问题融入案例教学,在引发学生思考的同时,实现价值引领,做到专业知识与课程思政的有机融合。

(2) 知识和能力目标的实现

通过对苹果公司避税架构和原理的介绍,以及提出问题和分析问题的过程,学生在真实案例中掌握跨国公司利用中介国际控股公司和贸易公司如何实现避税。本案例对在爱尔兰注册的多个子公司依据"打勾"规则否定子公司身份实现避税的分析,让学生了解美国的"打勾"规则。通过问题2的提出和解答过程,既引入成本节约和市场溢价的概念,又增强了政治认同,引导学生创新解决问题意识。再结合引申讨论和课后作业,本案例能充分实现设定的知识和能力目标。

(3) 价值目标的实现

① 通过讲解典型的跨国大型科技公司避税架构,让学生理解数

字经济给国际税收规则带来的新挑战,世界各国必须携起手来应对才能最终实现税制的公平和正义。而国际税收规则实际上是历史上各个国家政治和经济利益博弈的结果,引导学生思考我国应如何在新的国际税收规则制定中贡献中国方案、维护发展中国家的利益,展现大国的责任与担当。

② 通过讲解苹果公司避税案例中爱尔兰政府基于国际压力于2015年修改国内法规中关于居民纳税人判定的相关条款,让学生体会税务从业者必须与时俱进、持续学习、随时关注国际税收规则和相关国家税收法律法规的变化,才能保持应有的专业胜任能力,培养学生终生学习的习惯。

③ 通过分析中国合约制造商在苹果公司的全球价值链体系中居于最底端的生产制造环节、留给中国公司很低的制造利润的现象,引导学生思考,强化公平正义理念,形成正确的价值观。同时,结合我国税务机关创造性提出成本节约概念保护国家税收利益,是基于我国基础设施完善高效,社会稳定、安定,投资安全,环境保护成本低,坚实的教育体系和人才储备,悠久的文化和人文气息等,这些都是在中国共产党的领导下推进改革与对外开放取得的显著成效,增强学生的"四个自信"。

④ 通过谷歌、亚马逊和苹果等跨国公司过度避税逃避社会责任,最终引起了世界范围民众的反感;英国民众抗议星巴克公司过度避税、逃避社会责任,最终迫使其主动放弃扣除相关费用、缴纳所得税的例子,帮助学生增强社会责任意识。

(七)教学过程

教学过程	教学内容	教学手段	时间分配
课程回顾	回顾案例相关课程内容,为案例引入铺垫基础知识。	讲授	2分钟
案例引入	衔接授课内容,导入案例。通过《纽约时报》对苹果公司避税案例的报道引入本次课程内容。	PPT展示	3分钟

续 表

教学过程	教学内容	教学手段	时间分配
案例讲解	案例背景介绍、爱尔兰和美国的相关制度背景；苹果公司避税架构和避税原理；引出对两个问题的集中讲解。	PPT展示案例分析	30分钟
讨 论	在案例讲解的基础上，进一步启发学生思考。	讨论	7分钟
总 结	对案例内容进行总结，总结中注意依托专业知识进一步强化思政元素的展现。	讲授	3分钟
作业布置	课后作业"针对这种国际避税尤其是通过无形资产转让定价、成本分摊协议方式将利润转移出我国的居民企业，我国在制度规定方面应该如何应对？"促进对学生实干精神的培养和提升学生独立自主解决问题的能力。	PPT展示	2分钟

授课主题二：利润分割法的应用*

（一）课程章节

第6章 转让定价税务管理

利润分割法的应用

---

* 本主题参考了以下资料：

[1] 杜毅刚,孙栋栋,王祥军,徐乐.企业集团跨国经营与无形资产转让定价——基于中联重科的案例分析[J].管理会计研究,2021,4(5)：34-41+87.

[2] 国家税务总局广东省税务局国际税收课题组,刘丽,陈高桦,刘姝凉.BEPS行动计划背景下利润分割法在我国应用的探讨[J].国际税收,2019(11)：41-47.

[3] 郭心洁,张毅.转让定价中的地域成本节约问题——近期印度案例启示及基于国际经济理论的分析[J].国际税收,2015(8)：48-52.

[4] 廖益新.从Glaxo案看营销性无形资产转让定价规制问题[J].法学家,2010(1)：63-74+177-178.

[5] 邵平.一般利润分割法的实务探索与运用——基于N地A公司案例的分析[J].国际税收,2020(7)：78-81.

[6] 叶莉娜.营销性无形资产税基划分：从独立交易原则到市场溢价理论[J].社会科学,2019(7)：90-99.

[7] 周翙,吴焕琛.地域成本节约归属问题探讨——美国地域成本节约案例对中国转让定价工作的启示[J].涉外税务,2013(1)：21-25.

（二）教学内容

利润分割法的概念及原理；"成本节约""市场溢价"概念及理论依据；对利润分配的探讨。

（三）建议教材

朱青：《国际税收（第十一版）》，中国人民大学出版社，2023年。

（四）教学目标

1. 知识目标

(1) 了解利润分割法的适用前提。

(2) 掌握利润分割法操作的基本步骤。

2. 能力目标

(1) 能在实践中应用利润分割法进行关联企业利润分配。

(2) 理解利润分割法的缺陷和实践中的最新进展。

3. 价值目标

(1) 政治认同：我国税务机关勇于对新经济、新事物提出新观点，并努力为发展中国家发声，获得国际社会的认可。引导学生体会我国的大国担当，增强其民族自豪感。

(2) 社会主义核心价值观：在遵守国际税收规则的前提下提出中国新观点，有理有据，谋求合作共赢，不搞恶性税收竞争。帮助学生在学习转让定价税务管理时，应依据事实、基于客观信息，以证据为基础和交易参与方进行协商，体现征纳双方平等和实事求是的态度。

(3) 法治观念：推进依法治税需要完善的法律基础，增强学生规则意识，充分考虑国际规则对中国的影响，出台各种政策时要有前瞻性。

(4) 职业道德：引导学生持续学习，积极钻研创新，掌握数据分析方法，适应数字经济对涉税专业人员提出的要求。

（五）教学重点和难点

教学重点：利润分割法的概念及原理，利润分割法的适用条件，决定利润贡献的功能要素及权重确定。

教学难点：决定利润贡献的功能要素及权重确定，现实中利润分割的操作难点。

（六）教学案例

1. 案例简介

（1）案例背景知识

利润分割法是指根据企业与其关联方对关联交易合并利润（实际或者预计）的贡献计算各自应当分配利润额的方法，主要包括一般利润分割法和剩余利润分割法。一般利润分割法，通常根据关联交易各方所执行的功能、承担的风险和使用的资产，采用符合独立交易原则的利润分割方式，确定各方应当取得的合理利润；当难以获取可比交易信息但能合理确定合并利润时，可以结合实际情况考虑与价值贡献相关的收入、成本、费用、资产、雇员人数等因素，分析关联交易各方对价值做出的贡献，将利润在各方之间进行分配。剩余利润分割法，将关联交易各方的合并利润减去分配给各方的常规利润后的余额作为剩余利润，再根据各方对剩余利润的贡献程度进行分配。利润分割法一般适用于企业及其关联方均对利润创造具有独特贡献、业务高度整合且难以单独评估各方交易结果的关联交易。利润分割法的适用要体现利润应在经济活动发生地和价值创造地征税的基本原则。

（2）案例内容

A公司成立于2005年4月，由境外B公司100%出资设立，主要生产高技术含量的特种工业用缝纫机。A公司在2007年投产当年即进入获利年度，开始享受企业所得税"两免三减半"税收优惠政策。N地税务机关在综合分析A公司2007—2015年的经营状况时，发现企业在享受减免政策前后获利能力发生了显著变化，特别是2011年度优惠期结束后，利润指标遂呈断崖式下降，且此后盈利水平一直不高。在整体经营模式未发生重大改变的情况下，A公司人为控制利润水平的嫌疑较大，故N地税务机关对其进行反避税立案调查。

A公司的境外关联业务主要与B公司有关,B公司将A公司产品销往境外非关联第三方,因此关联交易利润链条主要集中在A公司和B公司之间。从功能定位来看,A公司主要承担制造功能,B公司主要承担研发、市场营销和客户维护功能,因此从整体交易流程看,两者功能密不可分。

(3) 问题提出

问题1:应采用何种转让定价方法?

问题2:如何在实践中运用这种方法?

问题3:具体如何操作?

问题4:通过该案例,有何启示?

2. 案例分析

(1) 问题应对

① 案例相关理论讲授

阐明利润分割法的概念及原理,利润分割的步骤,讲述方法背后的理论依据、关联交易计算整体利润的整体思想,理论依据的背后依然有国家利益的影响。

N地税务机关与纳税人多次沟通谈判,最终决定采用一般利润分割法对A、B公司之间的关联交易合并利润进行测算,以各自承担的功能和运用的生产要素为依据确定利润贡献率,再根据利润贡献率将合并利润在交易双方间进行合理分配。

② 利润分割的实践操作难点

经双方多次协商,N地税务机关最终将利润分割法的运用分为三个步骤:一是计算合并利润;二是根据功能要素对合并利润进行划分;三是合并利润分配的合理性测算及调整。N地税务机关首先对企业申报的关联交易数据的拆分情况进行核实,核实后的关联交易数据拆分遵循以下原则:一是依据成本将关联与非关联业务进行拆分,避免了因关联销售定价带来数据拆分的不准确性;二是数据的溯源性拆分,主要是将可以追溯到受益方的费用予以确认,无法追溯的再根据成本比例进行拆分,最大限度保证关联与非关联经营数据的合理性。

在合理拆分关联交易数据的基础上,N地税务机关着手计算合并利润。计算合并利润的总原则是以销往市场第三方的有形资产作为合并利润计算基数。关联交易合并利润确定后,将根据双方的贡献比例分配各自应得的利润。

③ 决定利润贡献比例的功能要素

通过该案例帮助我们理解在利润分割中如何认定地域优势的存在,如何在零和博弈中以理论创新、理性分析获得对方认可并最终实现合作共赢。

决定利润贡献比例的功能要素可以从两个方面考量：一是功能要素的选择,分别为研发、制造、营销、管理功能和资产,基本涵盖整条业务链,并反映双方承担的主要职能和风险;二是功能要素所占权重,税企双方一致认为五项功能要素在价值链上同等重要,共同形成合并利润,因此权重配比各占20%,避免因地域因素造成的价值贡献差异。通过对关联交易合并利润进行分割测算,N地税务机关发现A公司在调查期间(2007—2015年)未获得应有利润回报,决定对该部分予以调整。税企双方经多次谈判沟通,A公司最终调增企业所得税应纳税所得额3 900余万元,补缴企业所得税976余万元,加收利息260余万元。

(2) 案例启示

本案中,N地税务机关探索性地运用一般利润分割法,通过合理确认关联交易合并利润,结合关联交易各方功能风险定位和生产要素设置权重配比,根据各自贡献比例对关联交易合并利润进行合理分割。该方法丰富了税务机关转让定价调整方法的利用广度,开拓性地建立起一整套严密计算步骤。相较于超额利润分割法,一般利润分割法突破了其仅对无形资产、关联劳务等关联交易类型的利润分割,对有形资产所有权关联购销交易的利润分割进行了探索性尝试。

主管税务机关在特别纳税调查调整中应树立起多用、善用国际新规则的前瞻意识,充分体现成本节约、市场溢价等因素在价值创造中的贡献,代表发展中国家维护自身税收权益。

(3) 进一步引申讨论

本案例更多关注利润分割的操作细节。类似的案例有很多,有名的有葛兰素公司案例、美国康柏公司案例、美国 Sundstrand 公司案例等。葛兰素公司案例涉及英国母公司与美国子公司之间剩余利润的分配,英国母公司认为自己在美国市场上获得的巨额利润是英国母公司的研发性无形资产带来的,而美国 IRS(Internal Revenue Service)则认为是美国子公司在美国市场做了大量广告、推销等活动形成的营销性无形资产起了主要作用,所以在利润分配时英国母公司仅应分得无形资产法律所有权对应的合理特许权使用费,超额利润应少分配给英国母公司,最终开出了调整税额高达 34 亿美元的账单。案件经历了 16 年,在申辩过程中葛兰素公司也提出美国 IRS 在 1994 年拒绝其预约定价申请是税收歧视。

通过案例,思考影响美国等国家认定是否存在地域优势的主要影响因素是什么?我国应如何应对?

在引导学生讨论的基础上,总结出美国等国家更加认可的是无形资产享有剩余利润分配权,当地若对无形资产价值的提升做出贡献就更容易享有利润分割权。所以,将地域优势转化为无形资产能够更好地体现为被其他国家(地区)认可的利润分割影响因素,这也提示我国企业应该努力研发形成无形资产,提升我国子公司在全球价值链中的地位。近年来在国家支持企业研发创新政策指引下,跨国企业在华子公司的议价能力和竞争优势得到显著提高,这既能为在华子公司争取更多的利润分配权,也能保护国家税收利益。

3. 案例总结

(1) 案例小结

关于利润分割的影响因素,我们应既尊重国际规则,又实事求是、创新地提出中国观点,体现我国的大国担当。利润分割法所分割的共同利润是各国的共同税基,其本质是零和博弈。如何科学合理实现国家之间的利益分配、实现共赢？利润分割法在实践中的适用要考虑我国国情，提出中国方案，可以从四个方面展开：第一，要明确利润分割法在我国的适用范围，除了按现行选择最适合的方法这一规定外，还可以考虑明确规定不得适用利润分割法的情形；第二，要在利润分割法中充分考虑我国的地域优势，争取地域成本节约和市场溢价在利润分割时的体现，要保护国家税收利益，这不仅体现在一般利润的分割过程中，还包括剩余利润的分割；第三，完善相关法规细则，为依法治税做好制度准备；第四，利润分割涉及与他国税收利益分配，还应进一步完善地域优势相关的理论依据，使对方国家接受我们的分配方案，而不是仅停留在保护本国税收利益上，只有这样才能减少因不同国家之间对利润分割的观点不同导致跨国企业被双重征税的可能，做到国与国之间的合作共赢。

后 BEPS 时代，各国都处在应对数字经济对税收征管产生的影响的大背景下，我们还要注意税收制度改革和政策的前瞻性。深入研究 OECD 提出的支柱一和支柱二方案对我国的影响，在考虑国际规则对中国的影响的前提下提前做好应对。例如，在补贴和税收优惠两种措施之间如何选择，如何应对 GLOBE 规则，税收征管制度应做哪些对应调整等。学生在学习和将来的工作中也要充分考虑规则和外部因素的影响，提前做出对自己有利的应对。

(2) 知识和能力目标的实现

通过案例分析过程中的理论讲解，让学生充分了解利润分割法的适用前提，并通过 N 地 A 公司案例强化理解；通过 N 地 A 公司案例的利润分割计算过程，确保学生掌握利润分割法操作的基本步骤。

通过决定利润贡献比例的功能要素分析过程，帮助学生理解在实践中应用利润分割法的难点，并能通过理论创新、理性分析确定征纳双方共同认可的功能要素及权重，达成能力目标。

(3) 价值目标的实现

① 从利润分割影响因素出发，谈到关于地域优势的 OECD 观点和 UN 观点，并就 UN 转让定价手册中专门的中国实践部分，讲述我

国的努力和大国担当,从而增强学生的民族自豪感。

② 从我国的市场溢价提出的理论依据引出我们是在遵守国际税收规则的前提下提出了中国新观点,有理有据,谋求合作共赢,不搞恶性税收竞争。

③ 通过指出我国目前利润分割法相关法律法规的不完善之处,引出依法治税首先要有法可依,需要我们研究制定合理的规则,并在制定规则时考虑国际规则对中国的影响,制定各种政策时要有前瞻性,帮助学生树立规则意识和凡事"预则立"的理念。

④ 通过 N 地 A 公司案例的利润分割计算过程,引导学生持续学习、积极钻研,掌握数据分析等基本技能以适应数字经济时代的要求。

⑤ 课后作业要求全面阅读 UN 转让定价手册的中国实践部分,选取所面临的诸多挑战中的一个方面,畅谈自己的观点。通过完成作业,在强化学生发现问题和解决问题能力的同时进一步增强学生的民族自豪感。

(七) 教学过程

教学过程	教学内容	教学手段	时间分配
课程回顾	回顾案例相关课程内容,为案例引入铺垫基础知识。	讲授	2 分钟
案例引入	衔接授课内容,导入案例。	小视频播放	3 分钟
案例讲解	案例的背景知识、基本内容、具体问题的提出与应对、案例的启示等。	PPT 展示 案例分析	30 分钟
讨论	通过案例,归纳影响美国等国家认定是否存在地域优势的主要因素是什么?我国应如何应对?	讨论	7 分钟
总结	对案例内容进行总结,注意依托专业知识进一步强化思政元素的展现。	讲授	3 分钟
作业布置	通过课后作业引发学生进一步思考,促进对学生实干精神的培养和提升学生独立自主解决问题的能力。	PPT 展示	2 分钟

授课主题三：对外缔结税收协定*

（一）课程章节

第8章　国际税收协定

我国对外缔结税收协定的概况

（二）教学内容

我国对外缔结税收协定的进展情况；我国对外谈判与签订税收协定所遵循的基本原则；我国对外谈判与签订税收协定所遵循的具体原则；数字经济背景下税收协定的变化及应对。

（三）建议教材

朱青：《国际税收（第十一版）》，中国人民大学出版社，2023年。

（四）教学目标

1. 知识目标

（1）了解自20世纪80年代以来我国对外签订税收协定的情况。

（2）我国对外签订税收协定所遵循的基本原则和具体原则。

（3）理解自十八大以来我国税收协定工作所面临的新国际环境与国内形势。

2. 能力目标

（1）结合特定企业情况运用国际税收协定相关条款解决问题。

（2）根据具体情况分析我国"走出去"企业面临的协定相关风险。

---

* 本主题参考了以下资料：

[1] 陈莹,邓维维,董硕,李毓.中国正在走向国际税收舞台中央[J].中国税务,2016(6)：35-37.

[2] 李茂,刘思海.中国双边税收协定的变化趋势及应对策略[J].河南师范大学学报（哲学社会科学版）,2020,47(5)：45-55.

[3] http://www.chinatax.gov.cn/chinatax/n810219/n810724/c5180690/content.html.

[4] 王文静,巴·道丽玛,余泳欣.跨境互联网广告征税问题研究——基于谷歌案例视角[J].国际税收,2022(2)：32-38.

[5] 熊艳,张瑾.提高站位,服务大局——十八大以来我国税收协定工作回顾[J].国际税收,2017(11)：9-12.

[6] 助力浙商抓好"一带一路"机遇[N].浙江日报,2015-05-19.

3. 价值目标

(1) 政治认同：在中国共产党的领导下，我国税务机关配合国家发展大局，积极增强服务职能，使我国的营商环境得到优化，我国"走出去"企业的税负得到有效降低。

(2) 社会主义核心价值观：维护国家税基安全，避免滥用税收协定，营造公平的税收环境。遵守契约精神、履行义务。

(3) 法治观念：遵守国际规则，参与国际税收规则制定，利用规则解决争议，为跨国纳税人提供税收确定性和减少重复征税。完善税收协定，促进世界经济包容性增长。

(4) 职业道德：未来若在税务机关工作，应注重真心服务纳税人，为其增强税收确定性；若在行业工作，则应扎实专业知识，充分享受协定优惠，遇到跨国争议时可寻求国家税务机关帮助。

(五) 教学重点和难点

教学重点：我国对外签订税收协定所遵循的基本原则和具体原则，我国对外缔结税收协定的历史情况和未来趋势。

教学难点：数字经济背景下税收协定的变化及应对。

(六) 教学案例

1. 案例简介

(1) 案例背景

我国的税收协定谈判与签订工作是伴随着改革开放的进程逐步发展起来的，在不同的阶段，我国签订税收协定的基本原则一直是平等互利、友好协商。既要有利于维护我国的主权和经济利益，又要有利于吸引外资，引进先进技术，为发展我国国民经济服务。具体原则是坚持所得来源国与居住国共享征税权的原则、坚持税收待遇对等的原则，以及灵活对待税收饶让的原则。

(2) 案例内容

企业的跨境经营离不开良好的税收环境。作为国际税收管理的重要法律依据，税收协定签署生效后，可有效为纳税人跨境经营消除双重征税、提供税收确定性、减轻在东道国的税收负担。

案例一

河南新科隆电器有限公司负责人杨朝明介绍，中国和罗马尼亚等国家签署了税收协定，新科隆公司因此于2017年投资942万美元在罗马尼亚成立罗马尼亚科隆电器公司，并于2018年继续"走出去"到墨西哥和巴西。目前，罗马尼亚和墨西哥科隆电器公司均有序运营，巴西科隆电器有限公司正在建设中。

案例二

2015年2月，某"走出去"企业向税务机关反映，其在T国设立的子公司从我国一家政府全资拥有的银行（下称"某银行"）取得贷款并支付利息，贷款合同的包税规定使得相关利息的税收负担由某银行转嫁给了该"走出去"企业在T国的子公司。T国税务当局以该笔贷款不满足"由缔约国一方政府、地方当局或中央银行担保或保险"这一条件为由，拒绝按照两国税收协定对该笔利息给予免税待遇。国家税务总局就此案致函T国税务主管当局，向其提起相互协商，说明对方所要求的"由缔约国一方政府、地方当局或中央银行担保或保险的贷款而支付的利息"，并非利息享受免税待遇的必要条件，而只是两个或有条件之一，另一个或有条件为"（利息）支付给缔约国另一方的政府、地方当局、中央银行或者任何完全由政府拥有的金融机构"。本案中，贷款的提供方某银行为"完全由政府拥有的金融机构"，且为两国税收协定议定书中列名的免税金融机构，符合免税条件。最终，T国税务主管当局与我国达成一致，同意向某银行支付的利息可在T国享受税收协定免税待遇。我国"走出去"企业在T国的子公司避免了500余万美元的税收损失。

案例三

2014年，我国某航空公司驻K国办事处接到当地税务局通知，称中国和K国签署的航空运输协定尚未得到K国议会批准，不具法律效力，因此中方运输企业不能按照该协定享受免税待遇。该航空公司被要求补交过去4年的税款和滞纳金计1 000多万美元。经了解，中国和K国的航空运输协定自签字之日起生效，十几年来中方一直执行该协定，K国航空企业在中国一直享受免税待遇。经国家税务总局与K国税务主管当局反复沟通，双方以签署执行协议的方式妥善解决了这个问题，维护了航空运输协定的效力，保护了我国航空公司的利益。此后，中方又有一家航空公司在K国遇到同样问题，在向税务机关出示了上述协议后，该国税务机关放弃了征税要求。

案例四

谷歌印度私人有限公司（Google India Private Limited，以下简称"谷歌印度"）是一家在印度注册的居民企业，是谷歌国际有限责任公司（Google International LLC）的全资子公司。2005年，谷歌印度与谷歌爱尔兰签订了谷歌关键字广告分销协议。谷歌印度是谷歌爱尔兰的非独家授权分销商，为印度广告客户提供服务。谷歌印度向谷歌爱尔兰支付了购买广告位的款项，并认为该款项属于谷歌爱尔兰取得的销售所得，因此未在印度扣缴预提所得税。2012年，印度税务机关要求谷歌印度说明该款项不属于特许权使用费，否则需要补税。谷歌印度表示，谷歌关键字广告是标准化的广告产品而非复杂的计算机软件，谷歌印度仅参与广告产品的营销与分销，并没有获得谷歌关键字广告相关专利权、版权等特许权的使用权。谷歌印度仅负责对广告位进行分配，处理和显示广告则是由谷歌爱尔兰负责，谷歌印度的广告分销业务完全独立于其他信息技术支持服务，并没有使用属于谷歌爱尔兰的专利权，对谷歌商标的使用也只是基础性商业行为，因此该款项并不属于特许权使用费。但印度税务机关对此观点并不认可，税企双方对此产生争议。根据印度国内税法、印度与爱尔兰签署的税收协定的规定，印度班加罗尔所得税上诉法庭将谷歌印度向谷歌爱尔兰支付的款项性质认定为特许权使用费，认为应由谷歌印度代为扣缴预提所得税。2017年10月，印度班加罗尔所得税上诉法庭判决谷歌印度败诉。

问题1：案例中税收协定给我国"走出去"企业带来哪些好处？

问题2：我国对外签订税收协定的政策选择是什么？在不同阶

段是否有变化？

问题3：数字经济给税收协定工作带来哪些挑战？我国政府是如何应对的？

2. 案例分析

(1) 问题应对

回应问题1：

企业开展对外投资时，税收协定不仅可以帮助企业直接享受税收协定优惠待遇，还可以帮助企业消除双重征税、享受非歧视待遇、解决涉税争议。当企业直接适用协定优惠待遇遭遇困难时，我国税务机关还可以帮助企业与对方税务主管机关协商来解决问题。

回应问题2：

我国认为在税收协定谈判中，决定立场的因素应该是，针对各类所得来说，相对于对方国家，我们主要是处于来源国的地位，还是处于居民国的地位。在我国税收协定签订后的初始阶段，为了在吸引外资和维护国家税收权益之间取得平衡，尽可能多地采纳了UN范本的规定，以维护我国作为所得来源地的税收管辖权，但有极少采纳常设机构利润归属方面的引力原则的规定。随着我国企业"走出去"步伐的加快，在税收协定谈判与签订中更多地采取了维护居民国税收权益的政策或立场，当然这一政策是随时调整的，主要依据我国与对方国家的经济交往情况而定。进入新世纪后，经济全球化浪潮更加汹涌，跨国公司迅猛发展，各国在经济上的交往错综复杂，交融性和互补性更强，所得来源国和居民国的确定有时并不那么容易，国际逃税和避税的筹划花样翻新，这既给各国的税收征管带来巨大挑战，也给税收协定谈判与签订提出了更高要求，需要尽可能避免出现容易被跨国纳税人用来进行避税筹划的规定，因此协定谈判中有时难以确定单一的非此即彼（非来源国即居民国）的立场。此外，国家间日益紧密的税收政策协调和税收征管合作也在不断催生新的国际税收规范，而且进一步加强这些规范的趋势十分明显。在这种环境下，我国的税收协定谈判与签订工作在尽可能维护国家税收权益的同时,更多地反映了尊重和接受国际规范和国际惯例,加强国家间的税收征管协作,共同应对跨国逃避税,强增确定性等方面的内容。

我国税收协定的谈判与签订可以总结为三个阶段。

第一阶段为20世纪80年代,这是中国对外谈判与签订税收协定工作的起步阶段。在这一时期,我国共对外签署了24个税收协定,对象主要是日本、美国等发达国家,马来西亚、新加坡等东南亚新兴工业化国家,以及波兰、保加利亚等市场经济起步较早的东欧国家。20世纪80年代签订税收协定的主要目的在于吸引外资、引进先进技术。因此,与发达国家签署的税收协定中多含有税收饶让条款,以确保我国给予外商的税收优惠可切实为外国投资者所享受,促进外国资本和技术的输入。为促进科学文化交流和引进先进人才,在税收协定中大多包括教师和研究人员条款。

第二阶段为20世纪90年代,这是中国对外签订税收协定工作的快速发展阶段。这一阶段中国对外正式签署了39个税收协定,除与西方经济发达国家签署协定的阵容进一步扩大外,谈判与签订对象主要是发展中国家,以及部分东欧经济转轨国家,如匈牙利、俄罗斯、立陶宛等。20世纪90年代,中国在继续扩大吸引外资的同时,逐步开展对外投资,在中亚、非洲和拉美等一些国家开展承包工程,对外输出劳务,税收协定开始发挥为中国"走出去"企业和个人服务的作用。例如,在税收协定中规定在缔约对方从事建筑安装等活动构成常设机构的时间,由6个月放宽到12个月,部分税收协定更是延长至18个月或24个月,这可降低中国企业在这些国家的税收负担和遵从成本,提高竞争力。这一时期中国签订的税收协定中,股息、利息、特许权使用费的限制税率也有明显降低。

第三阶段为21世纪初至今,这是中国税收协定网络逐步扩大和修订阶段。此阶段税收协定谈判与签订的对象主要是发展中国家,谈判与签订工作围绕促进发展区域经济合作而展开,如在中国-东盟自由贸易区建立过程中,中国与东盟国家签订的税收协定进一步增加;为加强对外能源领域合作,中国加快了与海湾合作委员会成员国的税收协定谈判与签订步伐;在 2013 年之后税务部门加快"一带一路"沿线协定谈判与签订和修订进程。2013—2017 年我国共与 13 个国家和地区签署了 16 份税收协定、议定书、换函,其中,仅 2016 年就签署了 7 份税收协定。除谈判与签订新协定外,这一阶段的另一重点工作是对早年已签署协定进行修订和完善,以适应各国税制调整和国际经济环境变化。例如,与韩国等国家通过议定书的形式对税收协定的部分条文进行了修订;与波兰签署的国际航空运输服务互免增值税协议,进一步降低了两国国际航空运输企业税收负担;与巴基斯坦签署的第三议定书将帮助我国企业更好地参与"一带一路"旗舰项目中巴经济走廊的建设;与马来西亚签署的换函将大幅降低我国企业参加马来西亚重大项目马新铁路的融资成本等。

回应问题 3:

数字经济的发展给跨国企业提供了更多的逃避税工具,它们可以轻易实现所得在不同税收管辖权区域之间的重新分配,以往税收利益在国家(地区)之间分配的规则受到挑战,尤其是在不形成传统常设机构的条件下获取所得,这使得依据税收协定的常设机构条款判定所得来源地和进行相应征税权的划分受到极大挑战。

数字经济的发展使得跨国企业可以更为便捷地实现对税收协定的滥用。数字经济下与数字化服务相关的收入的性质界定变得不明确,在某些情况下很可能被判定按照特许权使用费进行征税,这可能导致双边协定适用时无法按照经营所得相关条款而是按照特许权使用费相关条款,这对跨国企业来说,增加了其税收协定适用的不确定性;对主管税务机关来说,增加了其与纳税人之间甚至与缔约国另一方主管税务机关之间的税收争议,从而加大协调成本。

我国政府积极参与国际税收新规则的制定、展开与有关国家(地区)的相互协商,适时修订税收协定或议定书,以期降低纳税人在东道国的税收负担和帮助其解决涉税争议,同时维护我国的税收权益不受侵蚀。我国在谈判与签订税收协定时积极借鉴国际税改成果,维护国家税基安全,尤其是近年来我国新签订的税收协定很多都纳入了BEPS成果中关于防止协定滥用的条款,体现了中国履行义务、落实BEPS最低标准的积极态度。

(2) 案例启示

通过案例一可以发现,国家税收协定的积极谈判与签订,为企业"走出去"解除了后顾之忧,提供了税收确定性,企业能够在世界范围放心展开跨国经营活动,既获得利润,又有利于东道国经济发展,真正实现共赢。

案例二展示了我国服务企业"走出去"并不是以税收协定的谈判与签订为终点,协定的执行过程中仍然坚持为跨国纳税人提供贴心、优质服务,通过致函给对方主管税务机关展开税务协商,用专业的条款解释赢得对方的认可,最终获得对方与我国达成一致意见,避免了我国"走出去"企业的巨额税收损失。

案例三展示了我国对外谈判与签订税收协定和协定执行过程中的灵活性,考虑到协定在国内得到审批生效往往需要经历较长甚至数年的时间,为了使"走出去"企业更快享受到协定带来的税收优惠待遇,我国与K国税务主管当局反复沟通,最后双方以签署执行协议的方式妥善解决了这个问题。这体现了我国尊重国际税收规则、遵从协议精神,也展现我国税务机关灵活处理合约生效问题。

案例四展示了数字经济给税收协定适用带来的新挑战,这个挑战既有政府层面的也有纳税人层面的。从政府层面更多考虑如何减少数字经济对本国税收利益的不利影响、维护本国居民的利益,从纳税人层面尽管数字经济给其提供了更多的逃避税工具,但同时也使他们的税收义务面临更多的不确定性。无论是政府还是纳税人都要积极主动提前应对这一新变化,在尊重国际税收规则、遵从税收协定的前提下解决问题。

(3) 进一步引申讨论

我国借鉴国际税改成果,在近年来签订的税收协定中增加了哪些相关条款?

跟前期相比,近年来税收协定在消除重复征税之外还突出了防止逃避税的目的。具体说来，常设机构条款扩大了常设机构的认定范围，新增了主要目的测试规则和利益限制条款，规定了缔约国国内一般反避税规则的适用，完善了信息交换条款并新增了税收征管协助条款。

学生在课后通过查阅税收协定原文，分析我国在不同阶段签订的税收协定中关于税收饶让条款有什么不同？思考这个变化是由什么原因导致的？

3. 案例总结

（1）案例小结

我国从 20 世纪 80 年代开始对外谈判与签订税收协定，截至 2023 年底，我国税收协定网络覆盖范围增至 114 个国家和地区，基本涵盖中国对外投资主要目的地以及来华投资主要国家和地区。这体现了我国在经济高速发展的同时营商环境也进一步优化，税收协定在推动外资"引进来"和内资"走出去"方面发挥了重要作用。从我国对外谈判与签订税收协定的几个阶段，可以看到我国一直坚持所得来源国与居住国共享征税权的原则、坚持税收待遇对等，尊重国际税收规则致力实现国家之间以及国家与跨国投资者的共赢。在不同阶段我国税收协定关注的侧重点和具体条款有所不同，都是为了解决不同发展阶段跨国纳税人的核心诉求，一直服务经济发展大局。面对数字经济带来的新挑战，我国政府积极应对、深度参与 OECD 和联合国税收协定范本修订，注重为跨境投资者提供确定性更强的税收环境和推动涉税争议的解决，助力营造一流营商环境。

（2）知识和能力目标的实现

通过四个小案例的介绍及提出问题和分析问题的过程，使学生清晰把握我国自 20 世纪 80 年代以来谈判与签订税收协定的三个阶段，通过具体案例来理解和体会我国对外谈判与签订税收协定所遵循的基本原则和具体原则在实践中如何把握。通过问题 3 和引申分析，引导学生思考和理解自十八大以来我国税收协定工作所面临的新国际环境与国内形势，在了解我国应对的基础上进一步思考解决对策,增强学生创新解决问题的专业能力。

(3) 价值目标的实现

① 从我国近四十年在税收协定谈判与签订方面取得的巨大进展,引导学生理解我国经济高速发展的背后原因之一就是国家政策制度的不断完善,包括政府转变职能、优化对企业的服务和营商环境,增强政治认同。

② 从我国坚持所得来源国与居住国共享征税权、灵活对待税收饶让等税收协定谈判与签订原则,引导学生树立规则意识,同时感受我国以包容共享的大国姿态和与时俱进、与人为善的精神推动国际合作。

③ 从我国在谈判与签订税收协定时积极借鉴国际税改成果,积极参与《实施税收协定相关措施以防止税基侵蚀和利润转移的多边公约》,引导学生理解我国在国际规则制定方面贡献中国智慧、在遵守国际规则方面采取实际行动体现的大国担当,增强学生的社会责任感和担当意识。

(七) 教学过程

教学过程	教学内容	教学手段	时间分配
课程回顾	回顾案例相关课程内容,为案例引入铺垫基础知识: (1) 税收协定的主要目的; (2) 税收协定的主要条款。	讲授	2分钟
案例引入	衔接授课内容,导入关于税收协定的新闻视频。	小视频播放	3分钟
案例讲解	对案例主要内容的简述、我国谈判与签订税收协定的政策选择及不同历史阶段、数字经济带来的影响及应对,讲解过程融入思政元素。	PPT展示 案例分析	30分钟
讨论	在案例讲解的基础上,进一步启发学生思考我国在税收协定工作方面是如何参与和借鉴国际税改成果的,让学生体会我国的大国担当和促进世界包容发展的理念,培养学生的终身学习意识、创新解决问题意识。	讨论	7分钟

续 表

教学过程	教 学 内 容	教学手段	时间分配
总 结	对案例内容进行总结,注意依托专业知识进一步强化思政元素的展现。	讲授	3分钟
作业布置	学生在课后通过查找资料,分析我国目前已经签订的112个双边税收协定(不含与我国台湾的协议和与中国香港、中国澳门的安排)在区域分布方面的特点,以及这与我国的国家战略安排有何关系?	PPT展示	2分钟

5.3 《涉税服务相关法律》课程思政案例

一、《涉税服务相关法律》课程思政总体教学目标

《涉税服务相关法律》是税收学专业的一门开放选修课,为税务师职业资格考试科目。本课程主要讲授涉税服务相关法律,包括行政法律制度、民商法律制度、刑事法律制度与诉讼法律制度的基本理论与基本规范。课程为培养拥护中国共产党的领导和中国特色社会主义制度、坚持社会主义核心价值观、有较强的社会责任和法治意识、较高职业道德的高素质应用型税务人才目标服务。具体教学目标体现在三个方面。

(一)知识目标

通过本课程的学习,学生应熟练掌握涉税服务中相关的行政法、民商法、刑法法律制度等基本的法律知识,以及税法的基本原理和法律框架。掌握税收政策的基本内容、目的、调整和制定的过程。熟悉税收法律法规体系,包括宪法、税收征管法、税收征收管理法等。

(二)能力目标

本课程培养学生具备运用涉税服务相关法律知识处理税收实务

问题的良好能力及职业素质。学生应具有从事企事业单位涉税专项服务的职业能力,包括但不限于涉税事项的分析、税务筹划、税务申报、税务审核等。

(三)价值目标

涉税服务法律制度的改革展现出"法治为民"的根本立场,培养学生认同中国特色社会主义道路,从而强化政治认同;培养学生诚实守信,明辨是非,守法护法,理解社会主义核心价值观对构建法治社会的引领作用;法律是经济社会良好运行的必要保证,增强法治观念,增强学生宪法法治意识;强化对职业道德、职业素养和能力的培养,尤其是培养税务从业者维护国家税收权益的责任担当;培养学生对中华民族优秀传统文化,如诚实守信、轻利重义、互帮互助等的价值认同,并自觉践行与传承;关注法律和制度背后所隐含的人类活动规律和社会运行法则,承续和接纳国家和民族的传统文化、传统智慧。

二、课程思政与专业思政目标的对应关系

思政目标	税收学专业思政目标	《涉税服务相关法律》课程具体思政目标
1. 政治认同	(1) 具有坚定的政治方向,拥护中国共产党的领导。 (2) 认同中国特色社会主义道路。 (3) 理解中国、了解国情、认同国家制度和改革发展成就。	(1) 了解国情、党情、民情,坚定政治立场。 (2) 我国法律制度的改革展现出"法治为民"的根本立场,培养学生认同中国特色社会主义道路。 (3) 树立中国特色社会主义法治的理论自信。
2. 社会主义核心价值观	(1) 经国济世的社会责任感和担当意识。 (2) 较强的公共意识。 (3) 敬业爱岗、团结协作。	(1) 法治为了人民、依靠人民,牢牢把握社会公平正义这一法治价值追求,用科学的思维方法统筹推进全面依法治国。 (2) 诚实守信,明辨是非,守法护法,理解社会主义核心价值观对构建法治社会的引领作用。

续　表

思政目标	税收学专业思政目标	《涉税服务相关法律》课程具体思政目标
3. 宪法法治	(1) 法治观念牢固,法治意识强烈,具备运用法治思维和法治方式参与社会公共事务、维护自身权利和化解矛盾纠纷的意识和能力。 (2) 具有国际视野,熟悉国际、国内规则、制度,能够理解和遵守相关法律和规定。	(1) 法律是经济社会良好运行的必要保证,增强法治观念,牢固法律意识。 (2) 具备法律思维和正确的价值判断标准,具有运用法律知识解决纠纷的能力。 (3) 具有时代精神与国际视野。
4. 道德修养	(1) 良好的思想品德、道德修养。 (2) 良好的职业道德,遵纪守法的品质,能自觉自愿地遵守职业道德规范。 (3) 具有较好的自主学习能力。	(1) 具有坚定的法律信仰与公平公正的职业操守。 (2) 增强职业责任感,公道正派,诚实守信,具有崇高的职业理想与职业道德。 (3) 深刻领会制度的历史发展和现代化进程,能够透过现象看本质,把握事物的发展规律。
5. 文化素养 (中华优秀文化传统教育)	(1) 具有较强的环境适应能力。 (2) 具有较好的跨文化沟通、协调能力和语言文字表达能力,较高的人文素质。	(1) 培养对中华民族优秀传统文化,如诚实守信、轻利重义、互帮互助等的价值认同,并自觉践行与传承。 (2) 关注法律和制度背后所隐含的人类活动规律和社会运行法则,承续和接纳国家和民族的传统文化、传统智慧。

三、课程思政总体融入体系

教学章节	教学思政内容	教学思政知识点	教学思政方式	思政目标					
				1	2	3	4	5
第1章 行政法基本理论	认同中国法治建设的成就,坚持走中国特色社会主义法治道路	行政法的基本原则,行政主体及其职权,行政行为程序与行政程序法	讲授、案例分析、讨论、课后作业		√	√		√

续 表

教学章节	教学思政内容	教学思政知识点	教学思政方式	思政目标 1	2	3	4	5
第2章 行政许可法律制度	法律保障社会秩序,防止权力滥用	行政许可法的基本原则,行政许可的监督检查和法律责任	讲授、案例讨论、课后作业	√	√	√		
第3章 行政诉复议法律制度	树立法治文化自信,培养法治思维,提高民主意识	行政复议法的基本原则,行政复议程序,税务行政复议	讲授、案例分析、讨论	√	√	√		
第4章 行政诉讼法律制度	践行公平正义,有效落实定纷止争,提高司法公信力	行政诉讼证据,行政诉讼程序,行政诉讼的执行与非诉行政案件的执行	讲授、讨论、视频资料播放、课后作业	√	√	√		
第5章 民法总论	弘扬社会主义核心价值观,传承中华优秀传统文化,坚持全面依法治国	民法的基本原则,民事主体与权利,民事法律行为和代理	讲授、讨论、案例分析、课后作业		√	√	√	√
第6章 物权法	理解立法目的,能够透过现象看本质,法律保护人民利益	物权的效力,物权法的基本原则,物权的变动规则	讲授、案例讨论、讨论、课后作业		√	√	√	√
第7章 债法	提升爱国、诚信、守法的法律素养,形成投身法治建设的时代责任感和使命感	债的发生原因及其效力,典型合同分类,侵权责任的归责原则	讲授、讨论、案例分析、课后作业		√	√	√	√
第8章 公司法	培养法律思维和素养,提升法律应用能力,践行诚信、自由、平等、公正的价值观,具有守正创新的精神	公司的类型及分类,公司的能力及其独立法人地位,公司的设立与运行	讲授、讨论、案例分析		√	√	√	
第9章 破产法	具备诚实品质与善意心态,尊重他人利益	破产债权,重整与和解程序,破产宣告与破产清算	讲授、讨论、案例分析		√	√	√	√

续 表

教学章节	教学思政内容	教学思政知识点	教学思政方式	思政目标 1	2	3	4	5
第10章 民事诉讼法	维护社会公平正义,增强规则意识	民事诉讼法的基本原则,民事诉讼证据和证明,民事诉讼程序	讲授、讨论、视频资料播放	√	√	√		
第11章 刑法	遵纪守法,维护国家利益,增强社会责任感与使命担当	刑法基本原则,犯罪构成,刑罚的种类及其适用,涉税犯罪	讲授、案例分析、讨论、课后作业	√	√	√		
第12章 刑事诉讼法	树立独立、客观、全面的程序主义观,切实维护平等、公平、正义,维护法律权威	刑事诉讼法的基本原则,辩护与代理	讲授、视频资料播放、案例分析、讨论	√	√	√		

四、部分章节教学展示

授课主题:刑法*

(一)课程章节

第十一章　刑法

(二)教学内容

犯罪构成;涉税犯罪。

(三)建议教材

全国税务师职业资格考试教材编写组:《涉税服务相关法律》,

---

* 本主题参考了以下资料:

[1] 雷鑫洪.智慧税警协作下的涉税犯罪治理研究[J].税务与经济,2021(1):30-40.

[2] 刘丽娜.涉税违法行为行刑认定的差异分析[J].税务研究,2021(9):102-107.

[3] 陈学智."两高"涉税犯罪新司法解释对税务工作的影响与启示[J].中国税务,2024(4):70-72.

[4] http://www.chinatax.gov.cn/chinatax/n810219/n810780/c5164252/content.html.

[5] https://www.sohu.com/a/483321962_121018625.

中国税务出版社,2023年。

(四)教学目标

1. 知识目标

(1)掌握犯罪构成的四个方面。

(2)熟悉涉税犯罪的种类。

(3)熟悉不同涉税犯罪的犯罪构成。

2. 能力目标

(1)涉税犯罪种类较多,学生应熟练掌握并具备良好的辨别力和判断力。

(2)具有运用涉税服务法律知识分析与处理现实问题的能力。

3. 价值目标

(1)宪法法治:增强法治观念,提升法律素养,维护国家利益和法律权威。

(2)弘扬社会主义核心价值观:以社会主义核心价值观为引领规范自身行为,诚实守信,爱岗敬业,遵纪守法,富有责任感与使命担当。

(3)提升辨别力与判断力:涉税违法不一定构成犯罪,同类违法行为可能构成不同的犯罪,需加强专业知识的学习,提升辨别力与判断力。

(五)教学重点和难点

教学重点:犯罪构成、涉税犯罪。

教学难点:不同涉税犯罪的区别与联系;罪与非罪的划分。

(六)教学案例

打击涉税犯罪维护国家税收利益

1. 案例简介

(1)案例背景

近年来,一系列减税降费政策让众多企业获得实际利益,但也有一些不法分子打起了歪主意,通过虚开发票、骗取退税甚至是骗取疫情防控税收优惠来谋取私利。打击涉税违法活动是一项长期而艰巨的任务,也是税务部门常抓不懈的一项重要工作。在国家税务总局统一部署下,各地税务部门联合公安等部门重拳出击,在开展打击虚开骗税违法犯罪行为专项行动中,破获多起虚开发票案件,净化了税收环境,对不法分子形成有力震慑,维护了正常的经济税收秩序。

(2) 案例内容

国家税务总局曝光了8起虚开发票违法典型案例。不法分子利用税收优惠政策、借助电子发票方便开具等虚开发票,扰乱税收经济秩序。具体来看,此次曝光的8起虚开发票违法典型案例,主要有三种类型。

第一类,利用企业发票富余额度,从事虚开发票犯罪活动。

北京税务稽查部门与公安部门联手,成功破获"8·27"虚开发票案。犯罪团伙直接或间接控制30余家虚开企业,针对客户多为个体工商户、个人且部分人员不需要发票的特点,将销售收入打入个人账户形成票货分离,利用大量发票富余额度,从事虚开发票犯罪活动。该团伙2013—2019年涉嫌对外虚开增值税专用发票7万余份,涉案金额109亿元;涉嫌对外虚开增值税普通发票2万余份,涉案金额3.23亿元。

第二类,利用电子发票开具方便等特点实施虚开发票违法行为。

在四川查处的"5·21"电子普通发票虚开案中,成都警税运用大数据分析技术,发现同一团伙利用疫情期间"非接触式"办税缴费便利措施,控制空壳企业919户,向全国31个省(区、市)21 821户下游企业或个人虚开增值税发票11万余份,虚开金额31亿多元,其中虚开电子普通发票2 807份,虚开金额1.05亿元。

在深圳查处的"护航1号"电子普通发票虚开案中,犯罪团伙控制了580余家注册在深圳的空壳企业,利用电子普通发票便利属性,采取异地开票的手段,对外虚开增值税普通发票15.8万余份,涉案金额10亿多元,其中虚开电子普通发票37 734份,虚开金额2.35亿元。

第三类,利用疫情期间税收优惠政策、软件产品税收优惠政策虚开发票。

2020年3月,上海市税务部门联合公安部门开展大数据分析筛查,发现一个虚开发票团伙利用疫情期间小规模纳税人减按1%征收率征收增值税的优惠政策及办税便利条件,大肆开展虚开犯罪活动。随即,上海市公安部门与税务部门组成联合专案组,对8个虚开犯罪团伙及122户受票企业开展集中收网,抓获犯罪嫌疑人121名。

2020年12月,江苏警税协同配合,成功破获某软件科技公司虚开发票案。该公司控制人利用国家对软件产品增值税实际税负超3%部分即征即退的优惠政策,以虚高的软件产品价格向当地37家实体企业开具增值税专用发票3 518万元,同时与受票单位勾结,共同制作虚假材料骗取当地工商部门鼓励企业技术升级的财政补贴。

(3) 提出问题

问题1:虚开发票可能构成哪些犯罪?

问题2:以虚开发票罪为例,分析其犯罪构成是什么?

2. 案例分析

(1) 问题应对

虚开发票可能构成虚开发票罪或者虚开增值税专用发票、用于骗取出口退税、抵扣税款发票罪。2011年5月1日施行的《中华人民共和国刑法修正案(八)》(以下简称《刑法修正案(八)》)规定:"虚开本法第二百零五条规定以外的其他发票,情节严重的,处二年以下有期徒刑、拘役或者管制,并处罚金;情节特别严重的,处二年以上七年以下有期徒刑,并处罚金。单位犯前款罪的,对单位判处罚金,并对其直接负责的主管人员和其他直接责任人员,依照前款的规定处罚。"虚开发票罪是指行为人违反税收管理法律法规,虚开增值税专用发票或者用于骗取出口退税、抵扣税款的发票以外的其他发票,情节严重的行为。

虚开发票罪的构成要件包括四个方面。第一,主体要件:虚开发票罪的主体为一般主体,即凡达到刑事责任年龄且具备刑事责任能力的自然人和单位都可以成为此罪的主体。在司法实践中,往往存在着单位以开具发票为其基本经营业务,赚取手续费、开票费的行为。最高人民法院《关于审理单位犯罪案件具体应用法律有关问题的解释》规定:"个人为进行违法犯罪活动而设立的公司、企业、事业单位实施犯罪的,或者公司、企业、事业单位设立后,以实施犯罪为主要活动的,不以单位犯罪论处。"因此,对于单位实施的此种行为,不能构成单位犯罪,应以自然人犯罪论处。第二,客体要件:虚开发票罪侵犯的客体为国家的发票管理制度和税收征收管理制度。该罪的犯罪对象为普通发票,是相对于增值税专用发票,或者用于骗取出口退税、抵扣税款的其他发票来说的,在购销商品、提供或者接受服务以及从事其他经营活动中,开具、收取的收付款凭证。第三,主观要件:虚开发票罪在主观方面表现为故意且为直接故意,即行为人明知虚开发票会造成国家税款的流失,仍然开具或者要求他人开具发票。如果行为人不是故意虚开,而是工作经验不足、疏忽大意而错开、漏开的,不应以本罪论处。第四,客观要件:《刑法》没有具体规定该罪客观行为的表现形式,只说明是虚开该法第二百零五条规定以外的其他发票,情节严重的行为,因此,对于《刑法》第二百零五条第三款规定的虚开行为同样是虚开发票罪的行为。《发票管理办法》第二十二条规定:"开具发票应当按照规定的时限、顺序、栏目,全部联次一次性如实开具,并加盖发票专用章。任何单位和个人不得有下列虚开发票行为:(一)为他人、为自己开具与实际经营业务情况不符的发票;(二)让他人为自己开具与实际经营业务情况不符的发票;(三)介绍他人开具与实际经营业务情况不符的发票。"据此可见,虚开发票罪的表现形式有四种类型:为他人虚开;为自己虚开;让他人为自己虚开;介绍他人虚开。

(2) 案例启示

违法犯罪害人害己,涉税犯罪还会侵害国家利益,扰乱经济秩序。人们在工作生活中需诚实守信,遵纪守法,增强法治观念,提升法律素养。

(3) 进一步引申思考和讨论

如何加强各部门协同合作,进一步提升打击涉税违法犯罪行为的精准度？

一是税务部门继续加强与公安、银行等部门在信息共享、联合办案等方面的协同，还可以针对企业类别进行分类，对不同类别的企业实施不同的监管政策，进一步提升打击涉税违法犯罪行为的精准度。

二是充分运用税收大数据、人工智能、云计算等现代信息技术，对纳税人涉税行为进行风险自动分析，根据风险分析结果，对具有低涉税风险的纳税人进行恰当提醒，对具有中高涉税风险的纳税人实施重点监管或开展调查。既以严格的标准依法防范逃避税，又避免影响企业的正常生产经营。

此外，可以结合增值税电子发票全面推行的时机，利用税收大数据技术，对发票开具、使用等进行全流程即时验证和监控。实现对虚开骗税等违法犯罪行为惩处从事后打击向事前事中精准防范转变，精准有效打击涉税违法犯罪行为，保障国家税收安全。

3. 案例总结

（1）案例小结

虚开发票的违法行为可能构成不同种类的涉税犯罪，其犯罪构成及刑罚适用不尽相同。通过案例分析，学生可以更清晰地认识涉税犯罪带来的危害，增强维护国家利益以及良好经济秩序的责任感与使命感；加强对专业知识的学习，提升职业素养与技能；以案例警醒自己践行社会主义核心价值观。

（2）知识和能力目标的实现

通过案例的介绍、讨论和分析，学生对涉税犯罪的罪名与犯罪构成有了更深刻的认识与理解，增强了对不同类型涉税犯罪的辨别力与判断力，能够运用理论知识分析和处理实际问题。

（3）价值目标的实现

案例启示学生在实际工作中要增强法治意识，提升法律素养，维护国家利益和法律权威。同时，应具备良好的职业道德，诚实守信，爱岗敬业，尊敬守法，更富有责任感与使命担当。

（七）教学过程

教学过程	教学内容	教学手段	时间分配
课程回顾	回顾案例相关课程内容： （1）犯罪构成的四个方面； （2）涉税犯罪的种类。	讲授与互动	3分钟
案例引入	衔接授课内容，导入前述案例。	PPT展示	2分钟
案例讲解	案例的背景知识、基本内容、具体问题的提出与应对、案例的启示等。	PPT展示 案例分析	20分钟
讨　论	虚开发票可能构成哪些犯罪？以虚开发票罪为例分析其犯罪构成是什么？如何加强各部门协同合作，进一步提升打击涉税违法犯罪行为的精准度？	讨论	15分钟
总　结	对案例背后的法律适用及原因进行总结，加深学生的正确认识。	提问与讲授	3分钟
作业布置	所有的虚开发票行为都构成犯罪吗？涉税犯罪包括哪些种类？学生课下可详细了解各种类型的涉税犯罪及其犯罪构成。	PPT展示	2分钟

5.4 《税务管理实务》课程思政案例

一、《税务管理实务》课程总体教学目标

实现思想政治教育与专业教育的结合，融汇价值塑造、知识传授和能力培养于税务管理实务课程的内容设计、教学环节组织、教学效果测评全过程。

（一）知识目标

使学生比较系统、完整地了解税务管理的基本概念、税收业务基础管理、税收行政管理、税收行政处罚、税收行政救济的基本内容。

（二）能力目标

熟悉中国税收征管程序及其操作实务，掌握税款征纳、发票管理、行政处罚与救济等问题。

（三）价值目标

党的十八大以来，中国税收改革的步伐不断加快，合作领域不断拓展，税收治理能力得到有效提升，税收管理工作取得丰富的经验和突出的成就，金税工程的信息化进程不断加快。与此同时，在纳税服务、税收执法、信息技术与大数据应用等方面对传统税收管理提出了系统的变革和创新要求，在税收管理实务课程的学习和实践中必须深刻把握新时代的税收治理特征。帮助学生客观认识理解税务管理中的中国国情、特色及地区之间的差异，更加坚定理想信念，强化民族自豪感和责任担当，能够充分认识到自己所肩负的大国复兴的历史使命。

二、课程思政与专业思政目标的对应关系

思政目标	税收学专业思政目标	《税务管理实务》课程思政目标
1. 政治认同	(1) 具有坚定的政治方向，拥护中国共产党的领导。 (2) 认同中国特色社会主义道路。 (3) 理解中国、了解国情、认同国家制度和改革发展成就。	(1) 结合中国改革开放实践，引领学生充分认识中国共产党正确领导的意义和社会主义制度的优越性。 (2) 为实现国家的富强、民主、文明与和谐，促进税收利益在纳税人和国家之间、中央政府和地方政府之间，以及不同地区之间的合理分配。
2. 社会主义核心价值观	(1) 经世济国的社会责任感和担当意识。 (2) 较强的公共意识。 (3) 敬业爱岗、团结协作。	(1) 通过课程的正能量传播，帮助学生建立和强化社会主义核心价值观。 (2) 通过业界访谈、实务专家进课堂、组织学生参观访问等，使学生切身感受国家的快速发展、机遇与挑战，引导学生将个人价值实现与民族复兴大业契合。 (3) 通过课堂教学组织设计和课程实践，鼓励学生进行团队合作，实现个人能力培养与集体智慧的结合，鼓励批判性思维，鼓励探索与创新。

续　表

思政目标	税收学专业思政目标	《税务管理实务》课程思政目标
3. 宪法法治	(1) 法治观念牢固，法治意识强烈，具备运用法治思维和法治方式参与社会公共事务、维护自身权利和化解矛盾纠纷的意识和能力。 (2) 具有国际视野，熟悉国际、国内规则、制度，能理解和遵守相关法律和规定。	(1) 熟悉、掌握和运用法律、规范、规则与政策，维护服务主体和民族国家利益。 (2) 税收法治意味着税法面前人人平等，要求自身作为纳税人务必依法纳税。
4. 道德修养	(1) 良好的思想品德、道德修养。 (2) 良好的职业道德，遵纪守法的品质，能自觉自愿地遵守职业道德规范。 (3) 具有较好的自主学习能力。	(1) 秉承诚信、敬业、职业精神。 (2) 构建激情、信念、规则为一体的处事行事能力与风格。 (3) 保持终身学习的职业理念。
5. 文化素养（中华优秀文化传统教育）	(1) 具有较强的环境适应能力。 (2) 具有较好的跨文化沟通、协调能力和语言文字表达能力，较高的人文素质。	(1) 领会中华优秀传统文化的当代价值，如讲仁爱、重民本、守诚信、崇正义、尚和合、求大同等在解决税收矛盾中的作用。 (2) 理解不同文化的差异，以"中国人"自豪，热爱和弘扬中华优秀的传统文化。

三、课程思政总体融入体系

教学章节	教学思政内容	教学思政知识点	教学思政方式	思政目标					
				1	2	3	4	5
第一章 税收管理概述	1994年进行分税制改革的原因背景和过程。	分税制改革是中国财政改革历程中的经典之作，它结束了之前财政体制摇摆不定的局面，但多年后其弊端也逐渐显现，因而出现大力推行"营改增"改革。	讲授、讨论、多媒体辅助、课后作业	√	√	√	√	√
第二章 税收法制管理	金税工程建设是增值税乃至新税制的"生命线"。	金税工程实施的背景与必要性。	讲授、讨论、多媒体辅助、课后作业	√	√	√	√	

续 表

教学章节	教学思政内容	教学思政知识点	教学思政方式	思政目标 1	2	3	4	5
第三章 税收基础管理	手工操作、传统落后的税收征管方式无法解决增值税专用发票的伪造、虚开、骗取抵扣税款等问题。	在1994年税制改革之初，我国的增值税建立在手工操作、传统落后的税收征管方式之上，虽然采取了一些普通的防伪措施，却无法从根本上解决遍及全国的增值税专用发票的伪造、虚开、骗取抵扣税款等问题，对税务系统内部人员不严格执行税法甚至参与犯罪活动的行为无法实施有效监控，这不仅造成了国家税款的大量流失，严重破坏了国家的经济和税收秩序，而且腐蚀了部分税务干部，影响极为恶劣。	讲授、讨论、多媒体辅助、课后作业	✓	✓	✓	✓	✓
第四章 税款征收	实施金税工程是加强增值税管理的重要举措。	利用计算机、微电子、光电技术以及数据加密等高科技手段建立起针对增值税专用发票开具、认证、交叉稽核、协查的严密监控系统，有效地制约各种伪造、虚开增值税专用发票、偷骗税等违法犯罪行为的发生，堵塞税收流失，改善税收秩序。	讲授、讨论、多媒体辅助、课后作业	✓	✓	✓	✓	✓
第五章 税务行政管理	实现税收科学化、精细化管理。	实施科学化、精细化管理，是税务部门贯彻落实严征管要求的具体举措。从征管工作的细微环节和具体问题入手，持之以恒，常抓不懈，是实现科学化、精细化管理的重要途径。	讲授、讨论、多媒体辅助、课后作业	✓	✓	✓	✓	✓

续 表

教学章节	教学思政内容	教学思政知识点	教学思政方式	思政目标 1	2	3	4	5
第六章 税务行政处罚	在税务执法过程中,处罚不是最终目的而是手段,强化税务管理才是真正目的。	税务行政处罚的目的是能够维护正常的征纳秩序,教育纳税人遵从税法规范,促进税收职能的最大化发挥。	讲授、讨论、多媒体辅助、课后作业	√	√	√	√	√
第七章 税务行政救济	对不当税务行政行为救济是全面促进依法行政的需要。	要建设社会主义法制社会,必须全面深入推进依法行政,加快建设法治政府,为此必须坚持严格、规范、公正、文明执法。而严格规范公正文明执法的重要内容之一,就是要监督和纠正不当行政行为。	讲授、讨论、多媒体辅助、课后作业	√	√	√	√	√

四、部分章节教学展示

授课主题一:1994 年进行分税制改革的原因背景和过程*

(一)课程章节

第一章 税收管理概述

(二)教学内容

税收管理的概念及内容;税收管理体系;税收征管法律体系;税收管理的原则。

---

* 本主题参考了以下资料:
[1] 朱为群.中国税制[M].北京:高等教育出版社,2020.
[2] 贾艳菊.税收征管实务[M].北京:清华大学出版社,2017.

(三)建议教材

吴旭东:《税收管理》,中国人民大学出版社,2019年。

(四)教学目标

1. 知识目标

(1)掌握税收管理的概念和内容,及税收管理体系的概念和内容。

(2)熟悉税收征管法律体系和税收管理体系。

(3)了解税收管理机构的设置、分税制的基本概念等。

2. 能力目标

(1)对税收管理涉及的一些基本概念和税收管理体系有所理解的基础上,具备进一步自行获取相关知识的能力。

(2)具有正确运用税收管理原则的能力。

3. 价值目标

(1)政治认同。通过案例讨论,帮助学生充分了解1994税制改革的背景。党的十四大确立社会主义市场经济体制改革目标后,经济体制开始由计划经济全面向市场经济转型。在中国共产党的正确领导下,我国在推进改革、促进经济发展方面做出了切实努力,取得了显著成效。

(2)社会主义核心价值观。1994年我国工商税制进行了全面性、结构性的改革。此次改革是改革开放30年来中国经济体制改革的一大亮点,是1949年以来规模最大、范围最广泛、内容最深刻的一次税制改革。通过案例讲述,帮助学生深化对社会主义核心价值观的认识,增强社会责任意识。

(3)文化自信。这次税制改革是在建立社会主义市场经济体制的历史背景下,参照国际惯例进行的。新税制建立起了与国际基本接轨、与国情基本吻合、与市场经济基本适应的税收体制平台,对于我国经济体制改革和经济社会的长远发展起到了重要保障和推动作用。

(4)法治观念。通过与学生讨论案例,研究1994年税制改革的指导思想,并将其概括为四句话、十六个字:统一税法、简化税制、公平税负、合理分权,以此帮助学生强化法制意识和观念。

(5)职业操守。通过案例分析与论述,使学生意识到良好的职业操守对个人和企业健康成长具有重要意义。市场经济的核心就是要促进竞争,只有竞争才能进步,而竞争必须要有公平规则,税法和税制就是人人都要遵守的规则。

(五)教学重点和难点

教学重点:税收管理体系的内容

教学难点:税收征管法律体系和税收管理体系;分税制的基本内容。

(六)教学案例

1. 案例简介

(1)案例背景

1994年税制改革:当时中国面临经济过热、通胀加剧、两个比重(财政收入占GDP比重、中央财政收入占全国财政收入比重)偏低、宏观调控能力脆弱等诸多财政经济风险,需要加大财税调控力度。

(2)案例内容

1993年4月,中央财经小组听取了国家税务总局关于税制改革的汇报,经过讨论原则同意税制改革的基本设想。1993年8月国务院常务会议通过了税制改革的实施方案,税制改革进入准备实施阶段,决定1994年1月1日起全面实施。1993年12月25日,国务院批示:"这项税制改革是中华人民共和国成立以来规模最大、范围最广泛、内容最深刻的一次税制改革,其目的就是为了适应建立社会主义市场经济体制的需要。这项改革必将有力地促进我国社会主义市场经济的持续、快速、健康发展。"

(3)问题提出

问题1:1994年税制改革的主要内容有哪些?

问题2:1994年税制改革的成效如何?

2. 案例分析

（1）问题应对

① 案例相关理论讲授

1994年税制改革的指导思想可概括为四句话、十六个字：统一税法、简化税制、公平税负、合理分权。

关于统一税法、简化税制的理由和必要性是众所周知的。之所以要特别强调公平税负，是因为原有的税收政策是按照不同所有制的企业，实行不同的税制和税率，外商投资企业和内资企业实行不同的税法和不同的税率，这在发展市场经济的情况下就不合适了，因为市场经济的核心就是要促进竞争，只有竞争才能进步，而竞争必须要有公平规则，税法和税制就是一个人人都要遵守的规则。强调合理分权，主要是理顺中央与地方的分配关系。我国地域辽阔，而地区间经济发展相当不平衡，因此，有必要适当改变过去过分强调集中税权，实际上又管不了、管不好的局面。

根据有利于调动中央和地方两个积极性的原则，在统一税法的前提下，将涉及贯彻国家宏观政策的税种划归中央掌握，凡属有关调节产业结构、产品结构等方面的税权集中在中央，对有利于地方政府调节本地区经济并因地制宜组织地方收入的税种，制定征收办法和管理征收的权限，乃至少数地方税的立法权都应交给地方。

这样既可以保证中央必须的财力和经济手段，又可使地方靠自身的努力去组织地方财源，发展地方经济。

② 具体问题回应

回应问题1：

1994年税制改革的主要有以下内容。

第一，全面改革商品劳务税。对产品的交易和进口普遍征收增值税；对不实行增值税的劳务服务行业征收营业税；选择部分消费品在征收增值税的基础上交叉征收消费税；取消产品税，原来征收产品税的应税农林牧水产品改征农业特产税和屠宰税；对外资企业停止征收原工商统一税；改革后的商品劳务税统一适用于内外资企业，实现内外商品劳务税制的统一。

第二,对内资企业实行统一的企业所得税。取消原来分别设置的国有企业所得税、国有企业调节税、集体企业所得税和私营企业所得税;国有企业不再执行企业承包上缴所得税的包干制;取消国营企业奖金税、集体企业奖金税、事业单位奖金税和国营企业工资调节税;实现企业所得税的对内统一。

第三,统一个人所得税。取消原个人收入调节税和城乡个体工商户所得税;对个人收入和个体工商户的生产经营所得统一实行修订后的个人所得税法;对劳动所得(除稿酬外)实行累进税率,对资本所得实行统一比例税率;保留部分涉外优惠规定。

第四,撤并、调整和开征其他一些税种。取消集市交易税、牲畜交易税、烧油特别税;合并有盐税并入资源税,特别消费税并入消费税;调整资源税、城市维护建设税和城镇土地使用税;开征土地增值税、证券交易印花税。

1994年改革后我国的税种设置由原来的37个减少为23个。

回应问题2:

1994年税改有以下主要成效。

第一,构建了基本税制框架。初步搭建了适应市场经济要求的税制框架,税种设置由原来的37个减少为23个,税制得以简化、规范和统一,主体税种——增值税趋于中性。

第二,扩大了财政规模。税改后的十年内,税收收入从5 000亿元迅速升到2万亿元,2012年税收超过10万亿元,税收收入占GDP的比重也由1993年的不足10%提高到2012年的接近20%。

第三,增强了中央宏观调控能力。中央财政收入占全国财政收入比重,税改前不足20%,税改后大幅提升到50%以上。

(2)案例启示

这次税收改革的意义,无论是涉及的范围还是变革的深刻性,都具有里程碑的性质,是中国税制发展史上重要的转折点,从此奠定了适应社会主义市场经济体制税收制度的基础。

(3) 进一步引申讨论

基于案例分析及结论,讨论"合理分权",主要是理顺中央与地方的分配关系。我国地域辽阔,而地区间经济发展相当不平衡,因此,有必要适当改变过去过分强调集中税权,实际上又管不了、管不好的局面。

3. 案例总结

(1) 案例小结

1994年的税制改革是我国开始努力摆脱以往靠放权来提高地方积极性,又靠收权来制止因放权而产生中央和地方关系的"怪圈"。此次改革解决了中央集权与地方分权问题,理顺了中央与地方的分配关系,调动了中央和地方两方面的积极性,加强了税收征管,保证了财政收入,增强了宏观调控能力。

分税制最首要的目的就是使中央集中足够大的财力,以加强中央宏观调控的能力。通过税种的调整改变了地方获取利益的结构,将维护国家权益和实施宏观调控所必须的税种列为中央税,与经济发展直接相关的主要税种列为共享税,加快了政府职能由行政干预经济到宏观调控、社会服务的转变,彻底改变了行政式经济,建立了政治经济"二元化"的社会结构。

此外,1994年的税制改革全面改革了流转税制,实行了以比较规范的增值税为主体,消费税、营业税并行,内外统一的流转税制;改革了企业所得税制,将过去对国营企业、集体企业和私营企业分别征收的多种企业所得税合并为统一的企业所得税;改革了个人所得税制,将过去对外籍个人征收的个人所得税、对中国公民征收的个人收入调节税和个体工商业户所得税合并为统一的个人所得税;对资源税、特别目的税、财产税、行为税等税种进行了大幅度的调整。

这些改革措施不仅理顺了税收关系,还为我国的经济发展和市场经济的建立奠定了坚实的基础。

(2) 知识和能力目标的实现

通过介绍1994年税制改革的背景提出相关问题,并在对问题1的分析解读过程中,使学生在真实案例中掌握基本税制框架、税收管理体系和税收关系等内容。通过问题 2 的提出和解答过程，增强学生对改革的效果认同，引导学生创新解决问题的意识，让学生具备进一步自行获取相关知识的能力。再结合引申讨论，充分实现设定的知识和能力目标。

（3）价值目标的实现

① 本案例与本章教学中涉及的税收管理体系相关内容，在讲授时势必会涉及 1994 年的中国税制改革。此次改革是中国财政改革历程中的经典之作，它结束了之前财政体制摇摆不定的局面，但多年后该制度的弊端也逐渐显现，因而出现了大力推行"营改增"改革。通过案例讨论，帮助学生充分认识 1994 税制改革的背景。这次税制改革是在建立社会主义市场经济体制的历史背景下，参照国际惯例进行的。新税制建立起了与国际基本接轨、与国情基本吻合、与市场经济基本适应的税收体制平台，对我国经济体制改革和经济社会的长远发展起到了重要保障和推动作用。在中国共产党的正确领导下，我国在推进改革、促进经济发展方面做出了切实努力，取得了显著成效。引导学生思考我国如何在新的经济规则中制定与时俱进的改革方案，展现大国的责任与担当。

② 通过案例的学习和讨论，使学生了解 1994 年税制改革构建了基本税制框架，初步搭建了适应市场经济要求的税制框架，税种设置由原来的 37 个减少为 23 个，税制得以简化、规范和统一，主体税种增值税趋于中性，从而让学生认识到此次改革是改革开放 40 年来中国经济体制改革的一大亮点。通过案例讲述，帮助学生深化对社会主义核心价值观的认识，增强社会责任意识。

③ 通过与学生讨论案例，研究 1994 年税制改革的指导思想，帮助学生强化法制意识和观念。

④ 通过案例分析与论述，使学生意识到良好的职业操守对个人和企业的健康成长具有重要意义。市场经济的核心就是要促进竞争，只有竞争才能进步，而竞争必须要有公平规则，税法和税制就是人人都要遵守的规则。

（七）教学过程

教学过程	教学内容	教学手段	时间分配
课程回顾	回顾案例相关课程内容： (1) 税收管理体系的概念内容； (2) 分税制的基本概念。	讲授与互动	10 分钟
案例引入	衔接授课内容，导入前述案例。	PPT 展示	5 分钟
案例讲解	案例的背景知识、基本内容、具体问题的提出与应对、案例的启示等。	PPT 展示 案例分析	20 分钟
讨论	基于案例分析及结论，讨论合理分权，主要是理顺中央与地方的分配关系。	讨论	5 分钟
总结	1994 年税制改革构建了基本税制框架，初步搭建了适应市场经济要求的税制框架，税种设置由原来的 37 个减少为 23 个，税制得以简化、规范和统一，主体税种增值税趋于中性。	提问与讲授	2 分钟
作业布置	整理案例，帮助学生深化对本案例的理解与认识，了解国家相关政策，获得专业使命感。	PPT 展示	2 分钟

授课主题二：实施"金税工程"是加强税收征收管理的重要举措*

（一）课程章节

第四章　税款征收

（二）教学内容

税款征收方式；税款征收措施；延期纳税和减免退税以及税款征收的法律责任。

（三）建议教材

吴旭东：《税收管理》，中国人民大学出版社，2019 年。

---

* 本主题参考了以下资料：
[1] 董根泰.税务管理(第 2 版)[M].北京：清华大学出版社,2020.
[2] 朱军.税收管理[M].南京：南京大学出版社,2020.

（四）教学目标

1. 知识目标

（1）了解税款征收的方式。

（2）掌握税款征收的具体措施：核定征税，减免税，纳税担保，税收保全措施，税收强制执行措施，欠税清缴，滞纳金，税款的退还和追征等。

（3）熟悉税款征收的法律责任。

2. 能力目标

（1）在对税款征收方式和具体措施有所理解的基础上，具备进一步自行获取相关知识的能力。

（2）具有正确理解税款征收法律责任的能力。

3. 价值目标

（1）政治认同。金税项目是国务院批准的国家电子政务"十二金"项目之一，是税务管理信息系统项目的总称。在中国共产党的正确领导下，我国在推进改革、促进经济发展方面做出了切实努力，取得了显著成效。

（2）社会主义核心价值观。"金税三期"工程于2008年9月24日正式启动，在全国范围进行了长时期的持续推动，坚持各个环节和流程的统筹协调，对解决信息的不对称性、税收征管流程的再造、提升国家财政治理能力等问题起到了至关重要的作用。通过案例讲述，帮助学生深化对社会主义核心价值观的认识，增强社会责任意识。

（3）法治观念。通过与学生研讨案例，帮助学生强化法制意识和观念。

（4）职业操守。通过案例分析与论述，使学生意识到良好的职业操守对个人和企业的健康成长具有重要意义。目前我国税制以增值税为主要税种，实行以专用发票为主要扣税凭证的增值税征管制度。金税的第三期建设阶段就是在"以票控税"的指导思想下，将全国所有发票信息统一到"金税三期"系统中，通过大数据分析发票的轨迹，监控所有企业的业务往来，防止犯罪分子利用假发票等手段逃避国家税收。

（五）教学重点和难点

教学重点：税款征收措施。

教学难点：税收保全措施、税收强制执行措施；税款征收的法律责任。

（六）教学案例

1. 案例正文

（1）案例背景

金税工程是经国务院批准的国家级电子政务工程，是国家电子政务"十二金"工程之一，是税收管理信息系统工程的总称。自 1994 年上半年到 2001 年上半年，先后经历了"金税一期"和"金税二期"建设阶段。2005 年 9 月 7 日，国务院审议通过"金税三期"工程项目建议书；2007 年 4 月 9 日，发改委批准"金税三期"工程可研报告；2008 年 9 月 24 日，发改委正式批准初步设计方案和中央投资概算，这标志着"金税三期"工程正式启动。

（2）案例内容

① 金税工程建设

"金税三期"系统是围绕"一个平台、两级处理、三个覆盖、四个系统"的总体目标设立的。所谓平台，是指基于互联网的纳税服务平台，目的是建立一个各级机关网络互联的、硬件和基础软件统一的技术平台。两级处理，是在上述纳税服务平台基础上建立税务总局和省局两级数据处理中心，并构建以省局为主、税务总局为辅的数据处理机制。三个覆盖，是指所有税种、税务管理的主要工作环节以及各级国、地税机关都要囊括在系统建设中。四个系统，是指征收管理系统（以税收具体日常业务为主要处理对象）、外部信息系统（与外部进行信息交换和沟通，以及为纳税人提供服务）、行政管理系统（以税收系统内部行政事务为处理对象）、决策支持系统（向各级税务机关提供税收经济分析、监控和预测）。总而言之，金税工程通过税收体系的业务重组和整体的优化规范完成了税收征管信息化。

② "金税三期"的设计理念

"金税三期"是解决信息不对称、税收征管流程再造、提升政府治理能力的重要抓手；发票控税向信息控税转化；促进企业纳税遵从；避免同类事件异地两罚；轻微违规首错不处罚；公平公正，用数据说话；稽查处理结果要公平，不能一类案件多种处罚结果。

③ 金税工程的功能特点

统一业务平台，为国税与地税合并奠定了基础；全覆盖现行税种、业务环节、机构；信息化岗责体系，标准化业务流程；数据总局、省局两级集中，内外交换共享；以风险管理为导向促进纳税遵从管理；以纳税服务为落脚点，提供信息化纳税服务；以涉税信息为出发点，推进全员建档管理；推进财产税一体化管理，房地产、车船税取得、开发、交易、保有环节一体化。

④ 金税工程的重要意义

一是优化纳税服务，通过信息网络为纳税人提供优质、便捷、全方位的税收服务，逐步实现纳税人足不出户轻松办税，从而大大减轻纳税人办税负担。

二是统一国税、地税核心征管应用系统版本，实现业务操作和执法标准统一规范，促进税务部门管理职能变革，实现全国数据大集中，及时利用全面准确的数据信息，提高决策的科学化水平和税收征管水平，有效降低税收成本。

三是有力推动国家电子政务建设，促进政府部门间信息共享和协作，为提高国家宏观经济管理能力和决策水平提供全方位支持，从而对国家的经济建设和社会发展产生积极而重要的作用。

（3）问题提出

问题1："金税三期"系统是如何实现信息管税功能的？

问题2：金税工程的实施成效如何？

2. 案例分析

（1）问题应对

① 案例相关理论讲授

"金税三期"系统是围绕"一个平台、两级处理、三个覆盖、四个系统"的总体目标而设立的，结合实际讲解"金税三期"的应用。

② 具体问题回应

回应问题 1：

通过两个案例讲解"金税三期"系统的信息管税功能。

案例 1：某商贸批发企业被发现开具的发票编码信息为钢材，但是取得进项抵扣编码信息为农产品，开票信息与抵扣信息比对不符，存在重大虚开发票疑点。这是"金税三期"系统上线后，基本的数据比对工作，类似的比对算法今后会陆续开发出来。

案例 2：山东某企业从事鞋业进出口贸易，在购进原材料时，供应商为降低成本，不提供专用发票。为使货物出口后能退税，法人张某想到找人虚开增值税专用发票的方法。他通过中间人找到一家虚开皮革公司，山东这家企业将开票所需资金转账到这家皮革公司账户，再由该公司将资金转账到张某自己个人账户。以此方法构成表面上的资金流转，一方开票，另一方付款。案件涉及虚开增值税发票价税金额合计 2 677 万余元，其中，税款达 389 万元。此案在稽查过程中，山东某企业的会计刘某称自己只是按照老板吩咐办理银行账户，并收取日常票据，对于虚开增值税专用发票的过程毫不知情。刘某的律师认为，刘某不属直接责任人，主观恶性较小，在过程中也没有犯罪所得，属初犯、偶犯，应从轻处罚。最终，法院在量刑时考虑了从轻处罚的辩护意见，会计刘某获刑 3 年。该案虚开发票过程非常隐蔽，但"金税三期"系统利用强大的大数据，纳税人的税号下进项发票与销项发票的行业相关性、同一法人相关性、同一地址相关性、数量相关性、比率相关性均在它的掌控之中。

案例具体分析：

第一，发票管理新系统中电子底账子系统的另一个重要作用就是通过采集企业开具增值税发票时选择的税收商品分类编码，并据以分析企业开具或取得的增值税发票是否存在问题。系统这一功能的主要实现方式是企业应选择正确的税收商品分类编码。税收商品分类编码必然是唯一的，税务机关可以通过"编码＋数量"的分析方法来判断企业是否存在异常开具发票行为，并作为判断虚开的重要证据。

第二,本案例中,山东制鞋企业从皮革公司取得了虚开专用发票,而税务机关的电子底账系统中,没有该开票公司购进皮革的相应发票数据,在初步确定疑点后,又通过商业银行得到了开票公司对山东制鞋企业老板的资金回流证据。结合运输及库存等信息,又将制鞋企业购进皮革的供应商指向了真正的皮革销售公司,从而证明山东制鞋企业老板确实存在虚开增值税专用发票行为。

第三,山东制鞋企业会计刘某尽管对此不知情,但他按照老板的要求,将其个人账户向真正的皮革销售公司进行了打款,而真正的皮革确实又来自这家皮革销售公司。企业财务人员有义务检查运输发票、库存商品(本例中皮革销售公司的外包装应当有相应证据),但刘某没有尽到会计的责任,不仅渎职,又因打款等原因涉嫌被动参与虚开发票。因此,刘某不是无辜被判刑,而是存在重大过错。

回应问题2:

信息不对称是一种常态,运用大数据技术,构建以税收征管基本流程、信息情报分析系统、风险管控系统三位一体的税收征管综合流程,这是从根本上缓解税收信息不对称问题、提升政府税收治理能力的重要途径。

(2)案例启示

企业财务人员是企业防控涉税风险,特别是虚开发票风险的最后一个环节。如果财务人员不尽到工作职责,不正常履行风险防控义务,那么他不仅会给企业带来极大的虚开风险,也会给自己带来惨痛的个人教训。所以,企业一定要建立内控机制,从法人到财务人员,从采购人员到销售人员,都要遵守国家法律法规。

(3)进一步引申讨论

在强大的增值税发票新系统(特别是电子底账系统)面前,应主动规避虚开风险,避免给企业及自己造成难以挽回的损失。

3.案例总结

(1)案例小结

金税工程是以计算机网络为依托,实现税务机关互联互通、相关部门信息共享,采用先进技术,覆盖税收各税种、各管理环节的信息管理系统工程的总称。该系统由一个网络、四个子系统构成。一个网络,是指国家税务总局与省、地、县国家税务局四级计算机网络;四个子系统,是指增值税防伪税控开票子系统、防伪税控认证子系统、增值税稽核子系统和发票协查子系统。金税工程实际上就是利用覆盖全国税务机关的计算机网络对增值税专用发票和企业增值税纳税状况进行严密监控的一个体系。我国已经明确提出以"信息化带动工业化"的经济发展战略方针。为适应这一进程,必须通过信息化、专业化重组政府业务流程,提高行政管理水平和效率,逐步建立廉洁、高效、廉价的现代化政府。税收工作作为社会经济生活的一个重要组成部分,实现信息化和全面网络化,可以更好地筹集财政收入,更好地为人民服务,改善党和政府形象。因此,把税收征管工作置于网络信息化的环境中运行,规划和实施好"金税三期"工程,于国于民都是一件大事。

(2) 知识和能力目标的实现

通过金税工程背景和内容的介绍提出相关问题,并在对问题1的分析解读过程中,使学生在真实案例中掌握金税工程的设计理念和功能特点等内容。通过问题2的提出和解答过程,增强学生对金税工程建设的效果认同,引导学生创新解决问题的意识,让学生具备进一步自行获取相关知识的能力。再结合引申讨论,充分实现设定的知识和能力目标。

(3) 价值目标的实现

① 本案例与本章教学中所涉及的税款征收管理内容相关,在讲授时势必会涉及利用计算机、微电子、光电技术以及数据加密等高科技手段建立起针对增值税专用发票开具、认证、交叉稽核、协查的严密监控系统,有效地制约各种伪造、虚开增值税专用发票、偷骗税等违法犯罪行为的发生,堵塞税收流失,改善税收秩序。在中国共产党的正确领导下,我国在推进改革、促进经济发展方面做出了切实努力,取得了显著成效。

② "金税三期"工程对解决信息的不对称性、税收征管流程的再造、

提升国家财政治理能力等方面起到了至关重要的作用。通过案例讲述，帮助学生深化对社会主义核心价值观的认识，增强社会责任意识。

③ 通过案例的介绍、讨论和分析，使学生了解运用大数据技术构建以税收征管基本流程、信息情报分析系统、风险管控系统三位一体的税收征管综合流程，这是从根本上缓解税收信息不对称问题，提升政府税收治理能力的重要途径。

④ 通过案例分析与论述，使学生意识到良好的职业操守对个人和企业的健康成长具有重要意义。目前，我国税制以增值税为主要税种，实行以专用发票为主要扣税凭证的增值税征管制度。金税的第三期建设阶段就是在"以票控税"的指导思想下，将全国所有发票信息统一到"金税三期"系统中，通过大数据分析发票的轨迹，监控所有企业的业务往来，防止犯罪分子利用假发票等手段逃避国家税收。学生在研讨案例的过程中，强化法制意识和观念。

（七）教学过程

教学过程	教学内容	教学手段	时间分配
课程回顾	回顾案例相关课程内容： （1）税款征收方式； （2）税款征收措施。	讲授与互动	10分钟
案例引入	衔接授课内容，导入前述案例。	PPT展示	5分钟
案例讲解	案例的背景知识、基本内容、具体问题的提出与应对、案例的启示等。	PPT展示 案例分析	20分钟
讨论	基于案例分析及结论，讨论"金税三期"建设相关内容。	讨论	5分钟
总结	信息不对称是一种常态，金税工程运用大数据技术，构建以税收征管基本流程、信息情报分析系统、风险管控系统三位一体的税收征管综合流程，这是从根本上缓解税收信息不对称问题，提升政府税收治理能力的重要途径。	提问与讲授	2分钟
作业布置	整理案例，查找金税工程相关应用，深化学生对本案例引入与讲述目的的理解与认识。	PPT展示	2分钟

授课主题三：对不当税务行政行为救济是全面促进依法行政的需要*

（一）课程章节

第七章　税务行政救济

（二）教学内容

税务行政复议；税务行政诉讼；税务行政赔偿。

（三）建议教材

吴旭东：《税收管理》，中国人民大学出版社，2019年。

（四）教学目标

1. 知识目标

（1）掌握税务行政复议、税务行政诉讼、税务行政赔偿的概念和程序。

（2）掌握税务行政法律救济相关内容。

2. 能力目标

（1）在对税务行政复议、税务行政诉讼、税务行政赔偿有所理解的基础上，具备进一步自行获取相关知识的能力。

（2）具有正确运用税收征管法律法规的能力。

3. 价值目标

（1）政治认同。通过案例讨论，帮助学生充分认识在税收领域实行依法行政，就是要全面推行依法治税，而依法治税的本质要求，在实体法上就是要全面落实税收法定，在程序法上就是做到"有权利必有救济"。

（2）社会主义核心价值观。对于纳税人的权利救济方式主要有税务行政复议、税务行政诉讼、税务行政调解和税务行政赔偿，这些

---

* 本主题参考了以下资料：

[1] 董根泰.税务管理(第2版)[M].北京：清华大学出版社，2020.

[2] 朱军.税收管理[M].南京：南京大学出版社，2020.

[3] 贾艳菊.税收征管实务[M].北京：清华大学出版社，2017.

救济方式在解决税务行政争议,保护纳税人救济权利方面发挥了积极重要的作用。通过案例讲述,帮助学生深化对社会主义核心价值观的认识,增强社会责任意识。

(3) 文化自信。在全面推进税收体系现代化和依法治税背景下,迫切需要尽快建立健全税务行政争议救济制度,确保税务机关在税收征管过程中秩序的稳定和高效。良好的税务行政争议救济制度可以降低纳税人的维权成本,同时也可以减少纳税人的抵触情绪,提高纳税人的纳税遵从度。

(4) 法治观念。通过研讨案例,强化学生法制意识和观念。

(5) 职业操守。通过案例分析与论述,使学生意识到良好的职业操守对个人和企业的健康成长具有重要意义。

(五) 教学重点和难点

教学重点:税务行政复议,税务行政诉讼。

教学难点:税务行政复议程序;税务行政诉讼程序。

(六) 教学案例

1. 案例正文

(1) 案例背景

我国现行税务救济体系已基本形成,主要依据有《税收征管法》及其实施细则、《行政复议法》《行政诉讼法》《国家赔偿法》《税务行政复议规则》等,但都散见于各部门法中,税务行政法律救济的统一性和规范性不强,与法治化建设还有很大差距。因此,税务行政法律救济制度的确立势在必行,这也是法治背景下对依法治税的要求。

(2) 案例内容

某纳税人已一年未经营,人去楼空,电话关机。某税务机关对该纳税人出具了一份欠税缴纳通知书和责令限期改正通知书,苦于无人在送达回证上签字,税务机关直接采用公告送达的方式送达,且公告期为30天。公告期结束后,对该纳税人采取了强制执行措施。后来,该纳税人以税务机关程序不合法为由提起行政诉讼:一是认为税务机关没有穷尽其他送达方式就采取了公告送达方式不对；二是认为税务机关30天的公告期不合理。

(3) 问题提出

问题1：案例中纳税人提出的两个观点是否正确？

问题2：在对税法的理解不同而产生纳税争议事件时，该如何应对？

2. 案例分析

(1) 问题应对

① 案例相关理论讲授

对不当税务行政行为救济是全面促进依法行政的需要。要建设社会主义法制社会，必须全面深入推进依法行政，加快建设法治政府，为此必须坚持严格、规范、公正、文明执法。而严格、规范、公正、文明执法的重要内容之一，就是要监督和纠正不当行政行为。

② 具体问题回应

回应问题1：

根据《行政强制法》规定，催告书、行政强制执行决定书应当直接送达当事人。当事人拒绝接收或者无法直接送达当事人的，应当依照《中华人民共和国民事诉讼法》的有关规定送达。《中华人民共和国民事诉讼法》规定的公告期限为60天，《税收征管法》规定的公告期限为30天，两者属于同一层级的新的一般法和旧的特别法之间的关系，纳税人提出公告期应为60天，理由正当。在现实的征税过程中，送达问题是税务机关的一个难题，要举证穷尽了其他送达方式也较难，税务机关可能面临败诉风险。

回应问题2：

近几年来，因对税法的理解不同而产生纳税争议的事件时有发生。一旦发生涉税行政诉讼，法院对规章是参照适用，对规范性文件效力待定，还需要对所涉规范性文件的合法性、合理性进行审查，致使税务机关败诉的案件逐年增多。税收规章或者规范性文件与上位法相冲突的现象较多，执法风险加剧。

(2) 案例启示

税务行政法律救济,是依法治国的具体要求,也是"有权利必有救济"的具体体现。它的确立有利于真正贯彻依法行政和保障人权的要求,有利于防范税收执法风险与保障纳税人权益,有利于建立稳定的社会秩序和提高税务行政效率。

(3) 进一步引申讨论

税务行政法律救济措施中,税务行政复议与税务行政诉讼的区别。

3. 案例总结

(1) 案例小结

本案例与本章教学中所涉及的税务行政复议、行政诉讼、行政赔偿内容相关,在讲授时势必会涉及要建设社会主义法制社会,必须全面深入推进依法行政,加快建设法治政府,为此必须坚持严格、规范、公正、文明执法。严格、规范、公正、文明执法的重要内容之一,就是要监督和纠正不当的行政行为。

(2) 知识和能力目标的实现

通过案例背景和内容的介绍提出相关问题,在对问题1的分析解读过程中,学生在真实案例中可以了解严格、规范、公正、文明执法的重要性。通过问题2的提出和解答过程,增强学生对税务行政法律救济意义的理解和效果的认同,引导学生创新解决问题的意识,让学生具备进一步自行获取相关知识的能力。结合引申讨论,充分实现设定的知识和能力目标。

(3) 价值目标的实现

① 通过对案例的介绍、讨论和分析,使学生了解一切工作都必须依靠法治建设。在税收领域就是要坚持依法治税,而依法治税就要做到依法行政。纵向来说,涉及征管查所有环节;横向来看,又关系基层税务机关的执法风险、税务干部和纳税人的权利和救济等问题。在实体法上要全面落实税收法定,在程序法上做到"有权利必有救济"。

② 通过案例讲述,介绍纳税人的权利救济方式主要有税务行政复议、税务行政诉讼、税务行政调解和税务行政赔偿。这些救济方式

在解决税务行政争议、保护纳税人救济权利方面发挥了积极且重要的作用。帮助学生深化对社会主义核心价值观的认识,增强社会责任意识。在研讨案例的过程中,强化学生法制意识和观念。

③ 在全面推进税收体系现代化和依法治税背景下,迫切需要尽快建立健全税务行政争议救济制度,确保税务机关在税收征管过程中秩序的稳定和高效。良好的税务行政争议救济制度可以降低纳税人的维权成本,同时也可以减少纳税人的抵触情绪,提高纳税人的纳税遵从度。在案例的分析与讨论中,让学生意识到良好的职业操守对个人和企业的健康成长具有重要意义。

(七)教学过程

教学过程	教学内容	教学手段	时间分配
课程回顾	回顾案例相关课程内容,包括税务行政复议;税务行政诉讼;税务行政赔偿。	讲授与互动	5分钟
案例引入	衔接授课内容,导入前述案例。	PPT展示	5分钟
案例讲解	案例的背景知识、基本内容、具体问题的提出与应对、案例的启示等。	PPT展示 案例分析	15分钟
讨 论	结合实际,讲述在法治大背景下,一切工作都必须依靠法治建设。在税收领域就是要坚持依法治税,而依法治税就要做到依法行政。如何做到"有权利必有救济"是税务系统面临的新问题,也是依法治税的本质要求。	讨论	5分钟
总 结	税法在施行过程中与其他行政执法行为相比技术含量较高。税法设计越具体,管理制度越精细,就越依赖于执法人员的能力和素质。目前,由于税法本身的缺陷、税务体系建设问题以及税务执法人	提问与讲授	2分钟
总 结	员素质良莠不齐等因素,经常会出现基层税务机关风险加剧、税务执法人员正当权益受损、纳税人的权利得不到保障等现象。因此,税务行政法律救济制度的确立势在必行,这是法治背景下对依法	提问与讲授	2分钟

续　表

教学过程	教　学　内　容	教学手段	时间分配
总　　结	治税的要求。它的确立有利于真正贯彻依法行政和保障人权的要求、有利于防范税收执法风险与保障纳税人权益、有利于建立稳定的社会秩序和提高税务行政效率。	提问与讲授	2分钟
作业布置	整理案例,深化学生对本案例引入与讲述目的的理解与认识。	PPT展示	2分钟

5.5 《涉税服务实务》课程思政案例

一、《涉税服务实务》课程思政总体教学目标

《涉税服务实务》是财经类高校税收学专业的一门专业主干课程。本课程主要围绕税务代理行业所从事的业务展开,内容包含税务代理的范围、税务师事务所和税务师的职责、税收征收管理法、发票制度、代理建账建制、涉税会计的处理、货物劳务税、所得税及其他税种的审核与申报、涉税鉴证、税务咨询、税务行政复议或诉讼代理等。教学重点是涉税会计和各税种的纳税审核与申报。

（一）思政育人目标

在本课程的学习过程中,通过将社会主义核心价值观和作为税务师从业人员应具备的诚信、守法等素质要求结合起来,为学生从事税务相关工作奠定良好的职业道德和思想基础;树立服务意识,只有掌握过硬的专业能力才能胜任和完成高质量的服务,大到国家建设,小到个人成长,都离不开专注努力和学习积累。

（二）知识目标

通过本课程的学习,学生应熟悉税务代理的范围、税务师事务所和税务师的职责,了解我国的税收征收管理法,熟悉发票制度和发票

的管理办法,能够完成企业的代理建账建制,能够进行流转税、所得税及其他税种的纳税申报和审核。

（三）能力目标

掌握涉税会计和各税种的纳税审核,以及鉴证、策划业务,还有税务行政复议的相关处理流程,为学生进行税务师考试和从事税务代理及相关工作打下良好的知识与技能基础。

（四）价值目标

要有全局意识和长期规划思维,在完成某个具体项目的时候,既要着眼于当下,又要有前瞻性的考量,特别是对国家政策和方针的理解以及国内外财税政策的学习要及时准确。

二、课程思政与专业思政目标的对应关系

思政目标	税收学专业思政目标	《涉税服务实务》课程思政目标
1. 政治认同	(1) 具有坚定的政治方向,拥护中国共产党的领导。 (2) 认同中国特色社会主义道路。 (3) 理解中国、了解国情、认同国家制度和改革发展成就。	(1) 立足中国特色社会主义制度和中国式现代化进程,理解我国税收制度和政策改革背后的国情,从意识形态的角度引领学生。 (2) 认同国家税收方针和政策,认识涉税服务在推动国家治理能力和治理体系现代化中的重要作用。
2. 社会主义核心价值观	(1) 经国济世的社会责任感和担当意识。 (2) 较强的公共意识。 (3) 敬业爱岗、团结协作。	(1) 将个人发展与国家利益进行统一。 (2) 将个人价值与社会核心价值观有机融合。
3. 宪法法治	(1) 法治观念牢固,法治意识强烈,具备运用法治思维和法治方式参与社会公共事务、维护自身权利和化解矛盾纠纷的意识和能力。 (2) 具有国际视野,熟悉国际国内规则、制度,能够理解和遵守相关法律和规定。	(1) 税收治理是国家治理能力的重要组成部分,涉税服务为我国法治建设,构建法治社会具有重要的现实意义。 (2) 参与国际税收治理和相关立法。

续 表

思政目标	税收学专业思政目标	《涉税服务实务》课程思政目标
4. 道德修养	(1) 良好的思想品德、道德修养。 (2) 良好的职业道德,遵纪守法的品质,能自觉自愿地遵守职业道德规范。 (3) 具有较好的自主学习能力。	(1) 形成独立、公正、诚信的职业道德,履行保密义务。 (2) 增强专业能力和素养,具备较强的专业判断能力。 (3) 保持终身学习并学以致用。 (4) 关注行业前沿、热点问题的职业敏锐度。
5. 文化素养（中华优秀文化传统教育）	(1) 具有较强的环境适应能力。 (2) 具有较好的跨文化沟通、协调能力和语言文字表达能力,较高的人文素质。	(1) 熟悉外国税制和国际税收规则,增强我国在国际税收规则建立中的话语权,积极参与国际税收治理。 (2) 随着高质量对外开放的推进,加强跨境交流和合作,讲好中国税收故事。 (3) 正确面对各种挑战,积极创新。

三、课程思政总体融入体系

教学章节	教学思政内容	教学思政相关知识点	教学思政方式	思政目标					
				1	2	3	4	5
第1章 导论	税务师行业宣传片《追梦人——中国注册税务师行业诞生30周年暨中税协成立20周年巡礼》	我国涉税专业服务的发展状况	讲授、讨论、课后作业	√	√	√		√
第2章 税收征收管理	智慧税务建设	税务管理信息化	讲授、视频资料播放、讨论、课后作业		√	√	√	√
第3章 涉税专业服务程序与方法	上海市税务部门依法对郑爽偷逃税案件进行处理	所得税纳税审核方法	讲授、讨论、视频资料播放、案例讨论、课后作业	√	√	√		√

续 表

教学章节	教学思政内容	教学思政相关知识点	教学思政方式	思政目标 1	2	3	4	5
第4章 涉税会计核算	名同实不同,公允价值概念存在税会差异	会计与税法一般性差异	讲授、案例讨论、课后作业	√	√	√	√	√
第5章 纳税申报代理服务	个人所得税专项附加扣除政策梳理	代理扣缴申报	讲授、讨论、视频资料播放、课后作业	√	√	√	√	
第6章 涉税鉴证与纳税情况审查服务	研发费用税前扣除政策沿革	研发费用加计扣除鉴证服务	讲授、讨论、视频资料播放、课后作业	√	√	√	√	√
第7章 税务咨询服务	翻开"减税账本":税费负担减少了,创新动能更足了	享受税收优惠的咨询	讲授、案例讨论、课后作业	√	√	√		
第8章 其他税务事项代理服务	常设机构的判定——新加坡Y公司的综合案例	国际税收代理服务	讲授、讨论、课后作业	√	√	√	√	√
第9章 其他涉税专业服务	上海设立全国首家专门税务审判庭	税务行政诉讼代理	讲授、讨论、课后作业	√	√	√		√

四、部分章节教学展示

授课主题一:会计与税法一般性差异*

(一)课程章节

第4章 涉税会计核算

会计与税法一般性差异

---

* 本主题参考了以下资料:

[1] 禾未.名同实不同——公允价值概念存在税会差异[N].中国税务报,2024-06-04.

[2] 张馨予.公允价值计量与税收核定权之博弈——以广州德发案为例[J].金融法苑,2018(3):103-111.

（二）教学内容

会计制度与税收制度的目的不同、基本前提和遵循的原则存在差异；会计与税法对相同经济行为的处理存在差异；常见主要业务差异；资产差异、收入差异及其主要内容。

（三）建议教材

全国税务师职业资格考试教材编写组：《涉税服务实务》，中国税务出版社，2024年。

（四）教学目标

1. 知识目标

（1）掌握会计与税法差异的具体体现。

（2）理解会计与税法差异的原因。

（3）了解会计与税法差异的具体业务。

（4）掌握会计与税法差异的会计处理和税务处理。

2. 能力目标

（1）能通过公允价值的案例讨论理解会计与税法差异的相关立法意图。

（2）能准确处理会计与税法差异问题，进而延伸思考不同涉税相关制度之间如何高效协同。

3. 价值目标

（1）政治认同。党的二十大报告强调，要"建设具有强大凝聚力和引领力的社会主义意识形态"，通过案例的讲解和分析，让学生认识到我国税收制度和会计制度改革的历程，从税收管辖权和国家税收利益的角度理解我国取得的诸多成效，以增强民族自豪感和意识形态的引领，坚定维护中国共产党的领导。

（2）树立正确的价值观。从处理好企业利益和国家税收利益的角度，理解税会差异的价值和意义，客观、公正、深入地看待实务中的问题。

（3）职业道德。税会差异的处理需要过硬的专业判断，引导学生爱岗敬业、终身学习，从现象看本质，增强数据素养，强化遵纪守法的法制观念。

(五)教学重点和难点

教学重点：公允价值确定中的税会差异。

教学难点：公允价值的税务处理、会计处理。

(六)教学案例

1. 案例正文

(1)案例背景

公允价值(Fair Value)，也称为 Mark-to-Market。美国财务会计准则委员会(FASB)在《美国财务会计准则(公告)》(SFAS)第 157 号中将公允价值定义为："在计量日市场参与者之间的有序交易中,卖出资产所收到或转移负债所支付的价格。"我国在 2014 年《企业会计准则第 39 号——公允价值计量》中将原本会计准则中"在公允价值计量下,资产和负债按照在公平交易中,熟悉情况的交易双方自愿进行资产交换或者债务清偿的金额计量"的规定,更改为"在公允价值计量下,资产和负债按照市场参与者在计量日发生的有序交易中,出售资产所能收到或者转移负债所需支付的价格计量"。从上述定义中,可以把握公允价值的两个主要特征。一是公允性。符合公允的要件为熟悉情况、自愿的交易双方,以及市场中的有序交易。由于公允价值是理性双方自愿达成的交易价格,所以其确定并不在于业务是否真正发生,而在于交易双方是否基于公平交易,并在此信息对称的基础上自愿达成价格共识,这个价格共识即为公允价值。二是动态时态观。公允价值反映的是市场当下对资产或负债的价值认定,由于市场价格的形成受到许多因素的影响,公允价值随着交易时间、地点、数量、政策波动等不同而变动。

(2)案例内容

2006 年 9 月 18 日至 2009 年 9 月 16 日,广州税稽一局(以下简称"稽查局")对广州德发房产建设有限公司(以下简称"德发公司")2004—2005 年地方税费缴纳情况进行检查。检查中发现,德发公司委托穗和拍卖行拍卖其自有房产一套,由于约定的拍卖保证金高达

6 800万港元，导致只有一个竞买人——盛丰实业有限公司（香港公司），于2004年12月19日，通过拍卖，以底价1.3亿港元（折合人民币1.38亿元）竞买了部分房产，面积为59 907.092 1平方米，平均销售单价为2 307.82元/平方米，该价格不及市场价的一半，严重偏低。

检查组通过将同期的市场交易数据与德发公司委托拍卖的房产交易价格进行比较、分析，认定德发公司委托拍卖的房产交易价格明显低于市场交易价格，核定德发公司委托拍卖的房产交易价格为人民币3.12亿元，并以此为标准核定应缴纳营业税1 558.39万元，扣除已缴纳的691.28万元，应补缴867.12万元；应缴纳堤围防护费28.05万元，扣除已缴纳的12.44万元，应补缴15.61万元。

上述事实有以下证据证明：

① 房屋管理部门查询取得的2003—2005年的使用性质相同的房产交易档案材料；

② 同期的市场交易价值数据；

③ 德发公司拍卖合同中对总面积为63 244.794 4平方米的房产估值金额为5.3亿港元。

稽查局送达了税务处理决定书，德发公司不服，向广州市地方税务局申请行政复议。广州市地方税务局经复议后于2010年2月8日作出行政复议决定，维持了稽查局的处理决定。

德发公司不服复议决定，向人民法院提起诉讼，请求撤销稽查局的税务处理决定，并退回已缴税款、滞纳金以及堤围防护费、滞纳金，赔偿相应的利息损失、案件诉讼费。

一审、二审法院认为稽查局作出的税务处理决定，认定事实清楚，证据充分，适用法律正确，分别作出驳回德发公司的诉讼请求、驳回上诉的决定。德发公司不服，向广东省高级人民法院申请再审，被驳回。德发公司不服，向最高人民法院申请再审。

（3）问题提出

问题1：公允价值税会差异的应用场景是什么？

问题2：公允价值税会差异处理过程中适用哪些技术方法？

2. 案例分析

（1）问题应对

① 案例相关理论讲授

基于案例的介绍，阐释公允价值计量作为数字时代不可或缺的估值依据，税法对待市场公允价值的态度影响着未来房地产税和金融税制的税收征管，进而也是影响我国金融创新、市场自由不容忽视的力量。伴随着2006年《企业会计准则》对公允价值计量的大面积使用及2014年《企业会计准则》对公允价值的修订，税法上税收核定、历史成本与收入实现等理念都将进一步扩大会计与税法差异。

② 具体问题回应

回应问题1：

公允价值税会差异的应用场景不同。应用公允价值确认企业所得税计税价格，主要针对已发生交易、未用货币计量的情况，如取得实物、股权、劳务等，需要量化收入；或者通过捐赠、投资、非货币性资产交换、债务重组等取得资产，需要量化计税基础。其中也包括极少情况下，对特定业务拟制发生交易而需要使用公允价值，如根据有关财税文件规定，股权收购、资产收购、存续分立的一般性税务处理，债转股、非货币性资产出资等，都要使用公允价值。

相比之下，会计上应用公允价值的范围要广得多。按照《企业会计准则第39号——公允价值计量》及其他相关准则，会计上除了未用货币计量的交易，还涉及许多实际并无交易发生的情形，如根据财政部会计司编写的《企业会计准则应用指南汇编2024》，部分金融工具、投资性房地产、生物资产、资产减值、企业合并中的后续会计计量等都要使用公允价值。同时，会计上的公允价值一般不考虑税法视同交易的情形。

会计上，公允价值计量是在交易发生前确认浮盈、浮亏，调整相关非货币性资产、负债的价值，并计入当期利润或其他综合收益。这实质上源于金融分析的需求，其制度环境是金融市场高度发达的地区。另外，公允价值在实务中广泛应用，导致会计处理的复杂性加剧、可理解性下降,这在会计理论上不无争议。计税是将具体纳税义务量化为"真金白银",与会计确认、计量、信息披露的"纸面富贵"相比,其公允价值的应用场景完全不同,不宜直接使用会计准则的公允价值概念。

回应问题2:

我国税法对计税依据的确认,不同领域适用不同的技术方法。

在价格层面,根据《企业所得税法实施条例》的规定,比较系统的方法主要有:关联交易规定了可比非受控价格法、再销售价格法、成本加成法、交易净利润法、利润分割法、其他符合独立交易原则的方法;在单行税种法规中,一般都有自身可比价格、外部可比价格、成本加成价格等类似方法。在税额层面,法定方法有参照可比税负水平、按照成本加成或收入利润水平、按照原材料或能耗水平推算,以及其他方法。相比而言,我国税法对一般非货币计量的转换,总体使用简单易行的技术方法,只有在反避税领域,受OECD《转让定价指南》等国际经验影响,明确了更系统且复杂的技术方法。

会计准则的公允价值与税法的公允价值大不相同。基于与国际趋同的政策框架,我国与国际会计准则相似,采纳了一整套较复杂的技术方法。根据《企业会计准则应用指南汇编2024》,会计上公允价值有四个特点:其一,公允价值假设的是出售或转移场景,即所谓脱手价格,与税法要求按照市场价格确定计税价格不完全一样;其二,公允价值假定的是有序交易,即具有惯常市场活动的交易,与清算等特殊场景不一样;其三,公允价值假设的是市场参与者视角,是会计主体以外的主要市场中非关联的、熟悉情况的、有能力且自愿的交易者,税法公允价值通常会考虑特定企业视角;其四,会计准则的公允价值准则允许仅按市场法、收益法和成本法等估值技术之一来计算价格,而税法确定公允价值可以参照《资产评估法》的规定,可以选择两种以上估值技术综合分析。另外,会计上还有其他技术性规则。在实务中,会计上计量公允价值需要较多复杂的职业判断,因而往往邀请专业评估机构和评估人员对公允价值进行评估,中国资产评估协会为此专门制定《以财务报告为目的的评估指南》予以指导。

以常见的有活跃市场、公开报价的股票资产为例。假设在股权收购业务中，被收购企业持有一个上市公司10%的流通股，如该收购不适用特殊性税务处理，按照《财政部 国家税务总局关于企业重组业务企业所得税处理若干问题的通知》（财税〔2009〕59号）要求，"被收购方应确认股权、资产转让所得或损失"。那么，这里10%的流通股股票的公允价值怎么判断？根据证监会对大股东减持的限制规则，正常情况下，该股票若"有序交易"减持，需较长周期。按照我国资产评估准则对企业价值评估的要求，其市场价值须打流动性折扣。但如按照会计准则及相关指南要求，该减持限制是对持有者，并非对股票资产本身，因而不在公允价值的资产特征考虑范围内。根据《企业会计准则应用指南汇编2024》，会计上公允价值不考虑"大宗持有因素"的溢折价，本质上是会计准则对资产特征的独特认识，这方面与税法公允价值适用的资产估值原理已有很大差别。

（2）案例启示

公允价值在于对企业财务状况进行实时性的调整与披露。在活跃市场中，有大量同类产品可以进行价格比较，第三方评估数据也是参考市场价值的重要标准。一方面，市场价值的公开性和实时性对于申报涉税价格和应纳税额起到有效的监督作用；另一方面，在公允价值计量中，企业只要稍稍改变估价过程就可有效地操纵盈余，仅仅通过税法的监控难以识别此类税收风险，但通过认识并重视公允价值计量方法，理顺税法、会计和资产评估中各类"公允价值"的关系，有助于税务机关更好地发现获取公允价值过程中的瑕疵和问题，准确定位常见避税安排。事实上，我国税法也在一定程度上与会计的计量方式进行协调。例如，《企业所得税条例》规定购买权益性证券、投资者投入、接受捐赠、非货币性资产交换、债务重组取得的投资资产，按该投资资产的公允价值和应支付的相关税费作为计税基础。积极利用税会间共同的计量方式，对于减少因技术隔阂而带来的避税空间无疑具有不容忽视的力量。

(3) 进一步引申讨论

税法的公允价值和会计准则的公允价值,在政策意图、使用场景、技术方法均不同的情况下,应用结果必然不同。会计准则在相当程度上只是国际资本市场发展、投资者导向、会计准则趋同等一系列因素推动的结果,对增强会计信息可比性、促进国际资本流动有积极意义。但是,会计准则意义上的公允价值并非真正唯一"公允"的价格,有些情况下会计准则的公允在税法上甚至不见得公允。会计公允价值技术性的规则,与税法上公平、合理量化税基的内在要求,存在不一致、不协调的地方。在我国当前的计税价格规则体系下,更加合理可行的确定公允价值的方式是:结合资产评估法要求,在税法专门性规则的基础上,参照资产评估行业规范,必要时借助评估专业人士的意见。

3. 案例总结

(1) 案例小结

公允价值的税法规定和会计制度的立法目的不同。税收立法者使用企业会计准则中的公允价值概念,又对其进行不同界定。这符合我国税收立法独立于会计立法的原则,并且有深层原因。会计准则与税法规则分别服务于不同的使用者。

(2) 知识和能力目标的实现

公允价值计量与税法理念存在冲突。事实上,税法的目的更在于对企业当下纳税义务的核算,而非着眼于对企业未来经营状况的预测。当企业发生重组等交易,如果会计上已按评估价值或公允价值对相关资产的入账价值进行调整,但资产隐含的增值并没有在税法上得到确认,就会形成资产的计税基础与账面价值的差别。因此,税法采用公允价值计量调整资产只适用于收入不公允的情况,且由于几乎不考虑货币资金在未来可能的变动,因此并不具备会计当中可变现净值或现值的计量需求。

(3) 价值目标的实现

① 通过讲解案例中关于公允价值的确认,让学生理解税法与会计差异背后的逻辑基础。引导学生应精于业务,时刻关注前沿动态,

把握财税政策的变化,紧跟时代发展的脚步,把好职业判断关,实事求是地处理会计业务和税收业务。

② 通过案例的学习,公允价值的确定具有较强的主观性,因市场环境复杂多变。在活跃市场下,公允价值往往是同类交易的价格;在非活跃市场下,公允价值计量更多地依靠专业人员的估值判断。因此,这给企业提供了利用公允价值进行盈余管理从而达到避税目的的有效途径。

③ 通过案例分析,让学生认识到公允价值的确定这一税法执行中的问题,引申至涉税服务关系、市场与政府之间的关系以及提升国家治理能力和治理体系现代化中的作用。各国公司所得税法规定企业转让、销售资产时,坚持历史成本原则扣除资产成本,而非依照会计准则对资产负债表中不符合现实公允价值的项目进行调整,其原因就在于防止企业通过账面价值变动将资产的增值逃逸到征税范围以外。因此,对于不具有正当理由或无合法商业目的的计税依据明显偏低情形,税务机关对其进行合理调整,是为维护国家税收管理秩序和税基稳定所必不可少的征管程序。

(七) 教学过程

教学过程	教 学 内 容	教学手段	时间分配
课程回顾	回顾与案例相关的课程内容,为案例引入铺垫基础知识。	讲授	2分钟
案例引入	衔接授课内容,导入案例。 通过广州德发案引入本次课程内容。	PPT展示	3分钟
案例讲解	以公允价值的税会差异,引出税会差异的表现,税会差异的常见业务及相关处理。	PPT展示 案例分析	30分钟
讨 论	在案例讲解的基础上,进一步启发学生思考税会差异的原因及制度背景。	讨论	7分钟
总 结	对案例内容进行总结,总结中注意依托专业知识进一步强化思政元素的展现。	讲授	3分钟

续 表

教学过程	教学内容	教学手段	时间分配
作业布置	通过课后作业"在涉税服务实务中,如何更好地处理税会差异相关问题?请举例说明",启发学生对税会差异的具体业务进一步深入学习,注重深入思考,提升独立发现问题、解决问题的能力。	PPT展示	2分钟

授课主题二：国际税收代理服务*

（一）课程章节

第8章　其他税务事项代理服务

跨国税收代理服务

（二）教学内容

国际税收事项代理的含义；国际税收事项；关注事项。

（三）建议教材

全国税务师职业资格考试教材编写组：《涉税服务实务》，中国税务出版社，2024年。

（四）教学目标

1. 知识目标

（1）掌握国际税收事项代理的含义。

（2）理解国际税收事项的具体内容。

（3）掌握国际税收代理服务中具体事项的处理。

2. 能力目标

（1）通过新加坡Y公司的案例分析理解国际税收事项代理中具

---

* 本主题参考了以下资料：

[1] 高金平.常设机构的判定——新加坡Y公司的综合案例[J].国际税收,2020(4)：71-74.

[2] 陈艺婧.虚拟常设机构原则在课税权判断中的应用——基于经济存在的数字化发展[J].税务研究,2021(2)：89-93.

[3] 邵朱励.从"戴尔案"看常设机构认定标准的适用[J].国际税收,2022(10)：62-69.

体事务的处理方法。

(2) 从税收管辖权的角度思考如何维护我国的税收利益。

3. 价值目标

(1) 政治认同。在国际税收代理业务中,让学生理解维护国家税收利益在改革开放推进过程中的重要性,在中国共产党领导下我国改革开放四十多年所取得的成就,增强学生对中国共产党的领导和中国特色社会主义道路的认同。

(2) 社会主义核心价值观。所学专业知识,可以助力企业更好地"走出去",避免不必要的税收成本,从而实现自身的社会责任。

(3) 法治观念。在国际税收代理服务过程中,要以国际税收规则、国内税法等相关法律及规则为依据,树立学法、懂法、守法的法治观念。

(4) 职业道德。引导学生养成持续关注、及时掌握、准确理解国内外涉税相关规定,保持客观、公正、独立的职业道德和素养。

(五) 教学重点和难点

教学重点:国际税收代理服务中的关注事项。

教学难点:关于常设机构的认定标准。

(六) 教学案例

1. 案例简介

(1) 案例背景

常设机构,是指一国的税收居民企业取得的跨境营业所得(利润)只应在居民国一方被征收所得税,如果该企业通过设在来源地的常设机构进行营业,则归属于该常设机构的利润可以在该来源地一方被征收所得税。随着经济全球化的推进,"走出去"企业越来越多,而企业在海外运营可能产生的常设机构相关税务风险,已成为实务中重要的问题之一。

2004年,经济合作与发展组织(OECD)提出增设"电子虚拟常设机构"联结度标准,并就虚拟固定营业场所、虚拟代理人以及本地营业存在三项替代方案予以释义。但OECD技术咨询小组认为,电子商务和新通信技术滋生的商业模式本身并不足以撼动现行利润分配规则,且没有实际证据表明资本输入国的税收因互联网通信效率的提升而大幅减少。因此,除非具有明显优于当前规则的替代方案,否则无须对现行税收协定网络作出根本性修订。随着税基侵蚀和利润转移(BEPS)项目行动计划的日趋深入,OECD 在 2015 年发布的《BEPS 第 1 项行动计划——应对数字经济的税收挑战》中对 2004 年提出的虚拟常设机构方案进行了重述,并对增设数字交易项下预提所得税类型以及新联结度等根本性变革方案展开了讨论,但并未对是否将虚拟常设机构作为一项国际标准发表意见。

(2) 案例内容

新加坡一家环保公司 Y,主营楼宇空气净化系统设备装置生产销售、空气质量检测服务、家居空气净化处理等业务。Y 公司在深圳成立了办事处,主要负责搜集中国地区潜在客户的名单和联系方式,以及 Y 公司高管人员的商务接待和国内行程安排等内部事务。为便于中国地区客户的设备销售及安装,Y 公司在上海自贸区长期租用仓库,用于存放各类小型家用空气净化设备、楼宇净化系统设备和零部件。Y 公司在上海设立全资子公司 A,主要负责向 Y 公司的中国客户及代理商提供业务咨询、产品培训等有偿服务。Y 公司 2019 年在中国境内发生的业务包括以下四项。

业务一:Y 公司与中国某酒店集团公司签署合作框架协议,Y 公司为该酒店集团在国内各地的 50 家子公司提供空气净化系统设备并负责安装,该酒店集团享受市场价格的 95 折优惠。2019 年,Y 公司实际完成了两笔业务:2019 年 2 月 1 日至 6 月 30 日,Y 公司为该酒店集团的北京子公司实施设备安装工程,设备销售及安装合同由 Y 公司与该酒店集团北京子公司签署,项目如期完工;2019 年 8 月 1 日至 11 月 30 日,Y 公司为该酒店集团的哈尔滨子公司实施设备安装工程,设备销售及安装合同由 Y 公司与该酒店集团哈尔滨子公司签署,项目如期完工。哈尔滨子公司聘请新加坡 R 公司提供工程监理服务,R 公司自 2019 年 8 月 1 日入场监督安装过程,并检测空气净化效果,于 2019 年 12 月 15 日完成各项检测后撤离。

业务二:Y 公司于 2019 年派驻工程师甲、乙分别为中国境内几十家大型医院、展馆、学校提供空气质量环境检测与咨询,每个客户检测与咨询需要 1 周左右时间,合同分别由 Y 公司与各客户签订。工程师甲于 2019 年累计在华提供检测服务 100 天,工程师乙 2019 年累计在华提供检测服务 90 天,其中,工程师乙有一次以旅游签证入华,停留时间 10 天。

业务三:随着人们对于家居空气质量的要求日益提高,近几年 Y 公司研发生产的小型家用空气净化设备在中国地区的销售量与日俱增。为进一步拓展中国市场,Y 公司与上海 X 销售公司(非关联方)签订独家代理协议,约定由 X 公司负责中国地区小型家用空气净化设备的销售。具体模式为:X 公司向 Y 公司进口设备,并以 X 公司的名义对外销售,货物由 Y 公司在上海自贸区的仓库发出,X 公司的销售价格执行 Y 公司确定的标准,未经 Y 公司书面许可,X 公司不得擅自进行折扣等促销活动,如涉及质量问题方面的违约责任,由 Y 公司负责质量检修及退换货。X 公司除代理 Y 公司空气净化设备外,还代理其他两家外国品牌水处理设备在中国地区的销售,X 公司 2019 年 90% 以上的收入来源于 Y 公司的设备销售。

业务四:Y 公司与上海子公司 A 签订咨询服务协议,并派遣员工丙担任上海子公司 A 的高级技术顾问。Y 公司每季度向 A 公司收取服务费 40 万元。2019 年每月 20 日至 30 日,丙均来华在上海工作,其他时间在新加坡工作;Y 公司每月支付丙工资薪金 6 万元,2019 年 12 月末,Y 公司根据丙当年的工作绩效支付其年终奖 10 万元。

(3)问题提出

问题 1:Y 公司在深圳成立的办事处、在上海自贸区租用的仓库,是否构成固定场所型常设机构?

问题 2:Y 公司为北京酒店、哈尔滨酒店进行空气净化系统设备安装活动,是否构成工程型常设机构?

问题 3:Y 公司派驻工程师为中国境内几十家医院、展馆等场所提供空气质量环境检测与咨询服务,是否构成劳务型常设机构?

问题4:上海X销售公司是否构成非独立代理人常设机构?

问题5:Y公司派遣员工丙担任上海全资子公司高级技术顾问,是否构成劳务型常设机构?

2. 案例分析

(1) 问题应对

① 案例相关理论讲授

国际上常设机构的认定标准,国际税收代理中的注意事项。

② 具体问题回应

回应问题1:

根据《国家税务总局关于印发〈《中华人民共和国政府和新加坡共和国政府关于对所得避免双重征税和防止偷漏税的协定》及议定书条文解释〉的通知》(国税发〔2010〕75号,以下简称"中新协定及其议定书解释")第五条,常设机构包括办事处,但不包括缔约国一方企业在缔约国另一方仅由于仓储、展览、采购及信息收集等活动的目的设立的具有准备性或辅助性的固定场所。从事"准备性或辅助性"活动的场所通常具备以下特点:一是该场所不独立从事经营活动,并且其活动也不构成企业整体活动基本的或重要的组成部分;二是该场所进行第四款列举的活动时,仅为本企业服务,不为其他企业服务;三是其职责限于事务性服务,且不起直接营利作用。

Y公司在深圳设立的办事处,主要负责搜集国内潜在客户的名单和联系方式,以及Y公司高管人员的商务接待和在我国境内的行程安排等内部事务。办事处只为本企业服务,其业务性质与总机构不同,也不构成总机构业务的重要组成部分,办事处的活动不具备"经营性",办事处虽然构成为本企业提供服务的固定营业场所,但这些服务活动对Y公司的利润贡献可忽略不计,难以将任何利润归属于这些活动。因此,应将办事处定性为"为本企业提供的准备性或辅助性活动的固定营业场所",不构成常设机构。

同样,Y公司在上海自贸区长期租用的仓库,仅为本企业在中国地区销售的设备、零部件等发挥储存功能,其活动具备"准备性或辅助性",不具有"经营性",不构成常设机构。

回应问题2:

关于Y公司为上述某酒店集团旗下两家子公司提供空气净化系统设备安装是否构成常设机构,一种观点认为,北京子公司与哈尔滨子公司的安装虽不在一个工地施工,但均属于一个酒店集团的项目,而且Y公司与酒店集团签订了合作框架协议,应视为一项工程。从北京项目起始时间2月1日起至哈尔滨项目结束时间11月30日止,工程连续时间已超过6个月,因此,构成中国境内的常设机构,Y公司需就取得安装所得在中国缴纳企业所得税。另一种观点认为,Y公司在中国境内实施的空气净化系统设备安装是否属于一个工程,关键看北京项目与哈尔滨项目在商务关系和地理位置上是否属于不可分割的整体,是否具有相关联性。鉴于Y公司的设备安装工程分别与该酒店集团的北京子公司与哈尔滨子公司签署,两个项目是独立的,其中任何一个工程的施工情况均不影响另一个工程,两者在地理位置与商务关系上均不具有相关性。Y公司与酒店集团签署的合作框架协议,Y公司并非合同义务的主体,实际执行应以Y公司与北京子公司、哈尔滨子公司签署的合同为依据。因此,应将两笔安装业务视为两个独立的工程作业。因每个工程作业连续时间均未超过6个月,故不构成中国境内的常设机构。

依据中新协定及其议定书解释,工程型常设机构是指建筑工地,建筑、装配或安装工程,或者与其有关的监督管理活动,但仅以该工地或工程连续工作6个月以上的为限。如果新加坡企业在中国一个工地或同一工程连续承包两个及两个以上作业项目,应从第一个项目作业开始至最后完成的作业项目止计算其在中国进行工程作业的连续日期,不以每个工程作业项目分别计算。所谓为一个工地或同一工程连续承包两个及两个以上作业项目,是指在商务关系和地理位置上是同一整体的几个合同项目,不包括该企业承包的或者是以前承包的与本工地或工程没有关联的其他作业项目。比如,一个建筑工地从商务关系和地理位置上形成不可分割的整体时，即使分别签订几个合同，该建筑工地仍为单一的整体。

新加坡R公司属于独立的监理企业，其监督管理活动需视为独立的项目，根据中新协定，对于缔约国一方企业在缔约对方的建筑工地、建筑、装配或安装工程，或者与其有关的监督管理活动，仅在此类工地、工程或活动持续时间为6个月以上的，构成常设机构。未达到该规定时间的则不构成常设机构。R公司为哈尔滨酒店提供监理活动的持续时间未超过6个月，因此，不构成常设机构。

回应问题3：

根据中新协定，缔约国一方企业派其雇员或其雇佣的其他人员到缔约对方提供劳务，仅以任何12个月内这些人员为从事劳务活动在对方停留连续或累计超过183天的，构成常设机构。在判断若干个项目是否为关联项目时，应考虑的因素包括：这些项目是否被包含在同一个总合同里；如果这些项目分属于不同的合同，这些合同是否与同一人或相关联的人所签订，且前一项目的实施是否是后一项目实施的必要条件；这些项目的性质是否相同；这些项目是否由相同的人员实施；等等。

鉴于Y公司为境内各场所提供的空气质量环境检测和咨询服务，合同与客户分别签订，且不在一个总合同里，虽然服务内容相同，且由相同的人员实施，但由于客户之间不具有关联性，每个合同的实施与否均不影响其他合同的履行。因此，每一份合同均应作为一个独立的项目。由于每个项目的服务时间仅为一周左右，故不构成常设机构。

此外，对于工程师乙以旅游签证入华，如果其在华期间仍以为客户提供空气检测与咨询服务为主，则需计入Y公司派遣人员在华提供劳务的累计时间。

回应问题4：

根据中新协定，缔约国一方企业通过非独立代理人在另一方进行活动，如果代理人有权并经常行使这种权力以该企业的名义签订合同，则该企业在缔约国另一方构成常设机构。缔约国一方企业通过独立代理人在缔约国另一方进行营业时，不应因此视其代理的企业在缔约国另一方构成常设机构。关于 X 销售公司是否构成 Y 公司的非独立代理人问题，税务机关内部一种观点认为，X 公司向 Y 公司采购设备并以自己的名义对外销售，且同时代理其他水处理品牌在中国地区的销售，X 公司的利润来自商品价差，并非佣金收入，虽然 X 公司对外签署的销售合同的定价、违约责任均是按照 Y 公司的要求，但承担合同义务的主体是 X 公司而不是 Y 公司，如果产品质量出了问题，客户只能要求 X 公司承担责任，而不能直接要求 Y 公司承担责任。因此，不能将 X 公司对外签署的合同理解为"以 Y 公司名义签订"，X 公司不符合非独立代理人身份，不能认定为 Y 公司的常设机构。

另一种观点认为，根据中新协定及其议定书解释，对"以该企业的名义签订合同"应做广义理解，包括不是以企业名义签订合同，但其所签合同仍对企业具有约束力的情形。X 公司与客户签订的销售合同、销售价格等均由 Y 公司确定，未经 Y 公司书面许可，X 公司不得擅自进行折扣等促销活动，这意味着 Y 公司对于 X 公司所签合同的重要条款均具有决定权。另外，X 公司所销售的空气净化设备如涉及质量问题方面的违约责任，均由 Y 公司负责质量检修及退换货等，意味着 X 公司对外签署的合同对 Y 公司具有约束力。X 公司虽然还代理另两家水处理设备在中国地区的销售，但其 90% 以上的收入来源于代理 Y 公司的设备销售，意味着 X 公司与 Y 公司在商业和财务上有密切依附关系。以上事实表明，X 公司的代理人身份不具有独立性，应认定为 Y 公司的常设机构，X 公司的商品价差应理解为 Y 公司通过 X 公司在境内实现的利润的扣除项，鉴于 Y 公司的其他营业成本在境外，可采取核定利润率方式计算企业所得税。

Y 公司认为，X 公司在法律上和经济上独立于 Y 公司。第一，X 公司的商务活动具有较大自由度，X 公司通过自身的努力招揽客户，Y 公司对 X 公司对外销售价格的约定，只是为了维护其产品市场价格的稳定，Y 公司并无派遣人员在 X 公司任职，Y 公司对 X 公司的日常经营不存在全面控制;第二,X公司商务活动的风险由X公司承担,X公司如果卖不出商品却发生了较大的管理费用、营销费用导致亏损,Y公司不承担补偿责任;第三,虽然X公司主要代理Y公司产品销售,并且X公司主要收入来源于代理Y公司产品的销售,但Y公司并不反对X公司经销其他公司的产品;第四,X公司对Y公司专业知识的依赖程度不高,其涉及的专门知识或技术只是Y公司向市场公开的产品说明书;第五,X公司对外签订的合同及其他商务活动均以X公司自己名义,无须征求Y公司意见,Y公司除授权X公司在中国境内独家代理销售产品外,并未授权X公司代表Y公司对外签约。

基于Y公司的上述观点,税务机关重新审核了Y公司与X公司的代理合同、Y公司与X公司的销售合同、X公司与客户的销售合同,进一步核实了X公司的股东及高管人员与Y公司无关联关系,调阅了X公司的章程、内控制度,并通过抽查有关原始凭证进一步了解X公司的决策程序,认为Y公司反映的情况真实,最终认定X公司符合独立代理人,不构成Y公司的常设机构。

回应问题5:

根据中新协定及议定书解释,母公司通过投资设立子公司,拥有子公司股权等形成的控制或被控制关系,仅凭此项事实不会使子公司构成母公司的常设机构。但母公司派遣人员到子公司工作,符合下列标准之一时,可判断这些人员为母公司工作,构成母公司在境内的常设机构:母公司对上述人员的工作拥有指挥权,并承担风险和责任;被派往子公司工作的人员的数量和标准由母公司决定;上述人员的工资由母公司负担;母公司因派人员到子公司从事活动而从子公司获取利润。

Y公司派遣丙员工至上海子公司A兼任高级技术顾问,Y公司从子公司取得服务收入,Y公司负责考核评估丙员工的工作业绩,并承担丙员工薪酬,这些事实表明丙员工为Y公司服务。因此,如果丙员工在境内停留时间在任何12个月中连续或累计超过183天的,丙员工的服务活动构成Y公司在境内的常设机构。

(2) 案例启示

常设机构以固定性、持续性、经营性为基本特征,一般性常设机构(或称固定场所型常设机构)相对简单,对于为工程项目提供劳务与承包工程作业的区分关键看是否承担施工作业。对工程和劳务型常设机构的判定,应根据缔约国居民企业在境内开展业务的实质,分析工程劳务是否具有相关性,是否需整合为一个项目进行考量,重点关注企业是否通过合同拆分、机构场所的辅助性功能定位等方式来规避常设机构的判定。实务中,独立代理人的判断是一个难点,不能局限于合同等形式要素,要结合代理人与被代理人的权利义务、风险责任等实质性内容分析代理人是否具有独立性。

(3) 进一步引申讨论

随着数字经济的发展,常设机构原则面临哪些变化?

在传统的经济活动中,非居民企业往往需要通过物理存在型常设机构,实现在来源地市场履行功能、实现价值并创造利润的经济目的。随着数字经济的深入,虚拟存在正逐渐取代物理存在,企业可以通过市场数据等无形资产赚取高额收益。此时,前述基于物理存在的课税权判断标准便难以良好运行。在相关国际税收制度层面,常设机构的规定主要包括以"实体性"营业场所和以"活动性"代理人为要素的两大类型。如果坚持这些基于物理存在形成的判断标准,则虚拟实体所衍生的经济存在将被排除于来源地的税收管辖权之外,这无疑会对数字化产品与服务的输入国或市场辖区造成巨大的税基侵蚀,基于此,对应传统意义上的"实体性"常设机构,"虚拟常设机构"的概念应运而生。

3. 案例总结

(1) 案例小结

鉴于各国(地区)税收实务和制度存在显著差异,在企业"走出去"之前,必须做好涉税事项的事前规划,深入了解目标投资国家或地区的税收制度和体系,进行细致的风险评估和预防措施的制定。特别是随着数字经济的发展,传统常设机构面临诸多挑战。工业主导向服务主导的产业升级，导致传统常设机构原则与新型产业、移动产业的关联度和匹配度有所下降，这使得企业与其常设机构之间难以再完全仰赖经济忠诚原则加以联结。对此，为保障来源地可以公平地分享到跨境交易产生的应税所得，可行的办法之一是在双边税收协定中纳入常设机构的虚拟因素，对现代常设机构的定义予以重塑，即电子商务项下对利润来源课税的管辖标准应运用"虚拟常设机构"方法，征税联结度应被定义为"持续的重要营业活动通道"而非传统的固定营业场所。根据上述理论，如非居民企业以虚拟运作方式在一国持续地进行实质性经营活动，且与该国具有有效和紧密的经济联系，在满足一定条件的前提下，应赋予来源地就虚拟常设机构优先课税的权利。

（2）知识和能力目标的实现

通过案例提出的问题并分析，涉及国际税收代理中常设机构的不同判定，能够帮助学生理解国际税收事项代理的含义、国际税收事项的具体内容，掌握国际税收代理服务中常设机构所涉及税收问题的处理，达到设定的知识和能力目标。

（3）价值目标的实现

① 通过该案例中关于常设机构不同情况的判断，让学生认识到国际税收代理服务中的复杂性，引导学生坚定政治立场，维护国家税收利益。

② 通过案例的引申提问和思考，让学生充分了解当前的国际形势和国内外经济发展状况，特别是数字经济背景下，国际税收规则的变化，启发学生终身学习的重要性和职业要求。

（七）教学过程

教学过程	教学内容	教学手段	时间分配
课程回顾	回顾案例相关课程内容，为案例引入铺垫基础知识。	讲授	2分钟
案例引入	衔接授课内容，导入案例。 通过企业"走出去"过程中面临的问题，引入本次课程内容。	PPT展示	3分钟

续 表

教学过程	教学内容	教学手段	时间分配
案例讲解	包含背景介绍、常设机构原则；引出案例讲解。	PPT展示案例分析	30分钟
讨 论	在案例讲解的基础上，进一步启发学生思考"面对常设机构等国际税收实务中比较复杂的问题，你如何做出正确的专业判断？"	讨论	7分钟
总 结	对案例内容进行总结，总结中注意依托专业知识进一步强化思政元素的展现。	讲授	3分钟
作业布置	课后作业"随着数字经济发展，常设机构国际税收规则应该如何调整？"促进学生关心当下国际税收规则，进而深入思考并提高解决问题的能力。	PPT展示	2分钟

5.6 《纳税评估》课程思政案例

一、《纳税评估》课程思政总体教学目标

近年来，双随机系统、风险管理系统、税收大数据平台陆续上线，稽查工作日益规范，纳税评价体系也日益完善，税收风险管理日益精进，重大税案频频揭露，成效显著。2021中办、国办印发《关于进一步深化税收征管改革的意见》，明确要实现从"以票管税"向"以数治税"分类精准监管转变。2021年4月，国家税务总局稽查局贯彻上述意见的精神，各地税务部门以税收风险为导向精准实施税务监管，这预示着税收风险监管步入了一个新的时代。现代化的税收风险管理以税收征管信息化平台为依托、以风险管理为导向、以分类分级管理为基础，推进征管资源合理有效配置，实现外部纳税遵从风险分级可控、内部主观努力程度量化可考的现代税收征管方式，这是税收征管体制改革的方向。

企业管理和发展与涉税业务安排越来越相关、越来越受到企业

投资者和管理层的重视。企业风险管控意识不强，没有规范的税收风险管控制度，各类业务处理不合规，没有专业的税务管理人才将严重制约企业健康发展，企业亟须具备税收风险管控总体观念和意识；掌握税收风险管控和纳税评估方法、指标、模型；有税收风险排查、分析、应对和管控能力的人才。

课程目标是人才培养方案的具体化，相对于基础课程，专业课程更能够体现学校和专业的人才培养定位，以及对所培养对象知识、能力和素质的要求。上海商学院作为商科特色的应用型本科院校，着力于培养具有社会责任、富有时代特征和创新精神，具有系统扎实的基础知识，具有较强实践能力和专门技能的高素质应用型税务人才。不同的专业课程在承载人才培养功能方面的着力点是不同的，《纳税评估》课程对于培养学生的实践能力、风险控制能力、遵纪守法依法纳税能力，以及解决问题能力方面，有着得天独厚的优势。

（一）知识目标

理解纳税评估的概念，并掌握纳税评估在税收领域中的重要性和应用；了解纳税评估指标相关的概念，包括税收负担、纳税弹性、税务合规度等；掌握企业所得税、增值税等评估指标的计算方法，包括税基、税率、税收减免等概念和计算公式；了解不同行业的纳税评估指标，包括行业特征、税收政策差异等因素对纳税评估的影响；熟悉纳税评估的相关法律法规和准则，如《税收征管法》《企业所得税法》《增值税暂行条例》《消费税法》《个人所得税法》等。

（二）能力目标

能够运用纳税评估的概念和方法，分析和评估企业的税务负担和税收合规度；能够应用纳税评估指标，对企业所得税、增值税等税种进行准确计算和应用；能够分析不同行业的纳税评估指标，提出相应的应对策略，优化税务管理和税收规划；能够独立收集和整理相关法律法规和准则，准确进行纳税评估，并提供相应的决策支持和建议；能够进行纳税评估研究，撰写高质量的评估报告和学术论文，为实际税收政策和管理提供参考。

（三）价值目标

《纳税评估》课程用于介绍国家的税收政策和纳税风险评估指标和原理，与思政有着天然的联系。在教学过程中将知识传授、能力培育与价值引领相结合，讲大势、传大道，在知识传授中强调价值引领，在价值传播中凝聚知识底蕴，将思想政治教育（德育）融入该课程教学和改革的各环节、各方面。

二、课程思政与专业思政目标的对应关系

思政目标	税收学专业思政目标	《纳税评估》课程思政目标
1. 政治认同	（1）具有坚定的政治方向，拥护中国共产党的领导。 （2）认同中国特色社会主义道路。 （3）理解中国、了解国情、认同国家制度和改革发展成就。	（1）立足中国特色社会主义制度和我国国情，避免脱离国情的制度比较，认同国家税收方针和政策，理解我国的纳税评估制度和政策。 （2）求同存异、兼容并包，构建人类命运共同体，促进税收利益在相关国家地区之间合理分配。
2. 社会主义核心价值观	（1）经国济世的社会责任感和担当意识。 （2）较强的公共意识。 （3）敬业爱岗、团结协作。	（1）关心公共问题，培养学生研究公共问题的能力、沟通公共各方的能力、制定公共规则的能力。 （2）创造性提出新的税收利益分配原则，促进建成全球公平和现代化的税收体系。 （3）强调税收公平和社会公正的重要性，使学生意识到税收制度对社会经济发展和社会公共服务的重要支撑作用。
3. 宪法法治	（1）法治观念牢固，法治意识强烈，具备运用法治思维和法治方式参与社会公共事务、维护自身权利和化解矛盾纠纷的意识和能力。 （2）具有国际视野，熟悉国际、国内规则、制度，能够理解和遵守相关法律和规定。	（1）培养学生的法治精神和法律意识，使其了解税收法律制度的重要性和约束力，并能够自觉遵守税法规定，维护税收秩序和社会稳定。 （2）培养学生正确的纳税意识和税收道德观念，使其认识到纳税是公民的义务和责任。 （3）培养学生对税收制度的理解和认同，使其能够积极配合税务机关的税收征管工作，自觉遵守税法规定，避免违法行为。

续 表

思政目标	税收学专业思政目标	《纳税评估》课程思政目标
4. 道德修养	(1) 良好的思想品德、道德修养。 (2) 良好的职业道德，遵纪守法的品质，能自觉自愿地遵守职业道德规范。 (3) 具有较好的自主学习能力。	(1) 培养学生社会责任感和公共利益意识，使其能够认识到自己的纳税行为对社会发展和改善公共服务的重要影响，积极参与公益事业和社会公共事务。 (2) 培养学生的创新意识和批判思维，使其能够主动关注和分析税收政策的合理性和公正性，提出改进建议，并参与公共讨论和决策过程。
5. 文化素养（中华优秀文化传统教育）	(1) 具有较强的环境适应能力。 (2) 具有较好的跨文化沟通、协调能力和语言文字表达能力，较高的人文素质。	(1) 中华优秀传统文化的当代价值，如讲仁爱、崇正义、尚和合、求大同在解决纳税评估矛盾中的作用。 (2) 理解不同文化的差异，提升跨文化沟通、协调能力。 (3) 正心笃志、崇德弘毅，知荣辱，敢创新。

三、课程思政总体融入体系

教学章节	思政教学内容	思政教学相关知识点	思政教学方式	思政目标 1	2	3	4	5
模块一 基础理论教学	纳税评估政府文件	纳税评估基本原理、评估指标等介绍	讲授、讨论、课后作业	√		√		√
模块二 交通运输业纳税评估	交通运输业典型企业案例风险点判断与结论、风险特征分析计算、风险信息排除确认、风险应对策略	交通运输业行业发展现状、行业风险点	讲授、案例分析、点评、总结归纳与知识拓展、课后作业	√	√	√	√	√
模块三 建筑业纳税评估	建筑业典型企业案例风险点判断与结论、风险特征分析计算、风险信息排除确认、风险应对策略	建筑业行业发展现状、行业风险点	讲授、案例分析、点评、总结归纳与知识拓展、课后作业	√	√	√		√

续 表

教学章节	思政教学内容	思政教学相关知识点	思政教学方式	思政目标 1	2	3	4	5
模块四 商超行业纳税评估	商超行业典型企业案例风险点判断与结论、风险特征分析计算、风险信息排除确认、风险应对策略	商超行业发展现状、行业风险点	讲授,案例分析、点评、总结归纳与知识拓展,课后作业	√	√	√	√	√
模块五 食品加工行业纳税评估	食品加工行业典型案例风险点判断与结论、风险特征分析计算、风险信息排除确认、风险应对策略	食品加工行业发展现状、行业风险点	讲授,案例分析、点评、总结归纳与知识拓展,课后作业	√	√	√		√
模块六 软件行业纳税评估	软件行业典型企业案例风险点判断与结论、风险特征分析计算、风险信息排除确认、风险应对策略	软件行业发展现状、行业风险点	讲授,案例分析、点评、总结归纳与知识拓展,课后作业	√	√	√		√
模块七 医药行业纳税评估	医药行业典型案例风险点判断与结论、风险特征分析计算、风险信息排除确认、风险应对策略	医药行业发展现状、行业风险点	讲授,案例分析、点评、总结归纳与知识拓展,课后作业	√	√	√	√	√
模块八 物流行业纳税评估	物流行业典型案例风险点判断与结论、风险特征分析计算、风险信息排除确认、风险应对策略	物流行业发展现状、行业风险点	讲授,案例分析、点评、总结归纳与知识拓展,课后作业	√	√	√	√	√

四、部分章节教学展示

授课主题一:交通运输业纳税评估

(一)课程章节

第 2 章 交通运输业纳税评估

（二）教学内容

引入交通运输业典型企业案例；交通运输业行业发展现状、行业风险点；案例情境和基本信息介绍；案例分析包括交通运输业典型企业案例风险点判断与结论、风险特征分析计算、风险信息排除确认、风险应对策略；案例点评、总结归纳与知识拓展。

（三）建议教材

高涓、尹淑平著：《纳税风险评估与管控实务》，复旦大学出版社，2023年。

（四）教学目标

1. 教学要求

（1）掌握交通运输业行业纳税评估的基本理论、基本方法和技巧，以及各税种的检查要点及方法。

（2）加强课堂练习和课后练习。为了训练和培养学生的实际操作能力，必须要求学生进行案例分析和课后作业练习。

2. 知识目标

（1）理解纳税评估的概念，并掌握纳税评估在交通运输业企业的重要性和应用。

（2）了解交通运输业纳税评估指标相关的概念，包括税收负担、纳税弹性、税务合规度等。

（3）掌握企业所得税、增值税等评估指标的计算方法，包括税基、税率、税收减免等概念和计算公式。

（4）了解交通运输业的纳税评估指标，包括行业特征、税收政策差异等因素对纳税评估的影响。

（5）熟悉交通运输业纳税评估的相关法律法规和准则，如《税收征管法》《企业所得税法》《增值税暂行条例》《消费税法》《个人所得税法》中对交通运输业的特殊规定等。

3. 能力目标

（1）能够运用纳税评估的概念和方法，分析和评估企业的税务负担和税收合规度。

(2) 能够应用纳税评估指标,对企业所得税、增值税等税种进行准确计算和应用。

(3) 能够分析不同行业的纳税评估指标,提出相应的应对策略,优化税务管理和税收规划。

(4) 能够独立收集和整理相关法律法规和准则,准确进行纳税评估,并提供相应的决策支持和建议。

(5) 能够进行纳税评估研究,撰写高质量的评估报告和学术论文,为实际税收政策和管理提供参考。

4. 价值目标

(1) 政治认同。通过交通运输业纳税评估,培养学生对国家税收政策和税务机关的政治认同。学生将理解交通运输业在国家经济中的战略地位,以及税务机关支持该行业发展的重要作用。引导学生意识到税务领域是国家治理的一部分,通过课程的学习提升政治认同。纳税是公民的义务,也是一种表达对国家的认同和支持的方式。通过学习纳税风险评估,学生能够深入了解纳税的重要性和影响,从而增强对国家税收制度的认同感,积极参与国家建设和发展。

(2) 社会主义核心价值观。纳税风险评估课程的另一个价值目标是培养学生的社会主义核心价值观。社会主义核心价值观强调公平、公正、诚信等价值观念。纳税是履行公民义务的重要方式,也是社会公平和公正的基石之一。通过学习纳税风险评估,学生能够深入了解税收制度对社会公平和公正的重要作用,培养诚信纳税意识,形成遵守纳税法律法规和规范纳税行为的良好习惯。

(3) 法治观念。课程将强调依法治税的法律基础的完善,以及法治观念的重要性。学生将学习如何推进依法治税,理解法律对纳税风险评估的指导作用。纳税是在法治框架下进行的,涉及税法律法规的遵守和执行。通过学习纳税风险评估,学生能够深入了解税法律法规的基本原则和规定,培养遵守法律法规、规范纳税行为的意识,增强法治观念,为社会稳定和可持续发展作出贡献。

(4) 职业道德。税收从业人员在纳税风险评估工作中承担着重要的责任和使命,需要具备高度的职业道德。通过本课程,学生将培养职业道德,如持续学习、积极钻研创新的态度;掌握数据分析方法,以满足数字经济对专业人员的更高要求;培养诚信、专业、独立、公正的职业素养和道德品质,为纳税服务和税收管理提供专业、可靠的支持。

(五) 教学重点和难点

1. 教学重点

(1) 纳税评估的概念和重要性。重点介绍纳税评估在税收管理中的作用,使学生了解其在税收政策制定、税务征管和税收合规等方面的重要性。

(2) 纳税评估指标的理解和应用。重点讲解纳税评估指标的定义、计算方法和应用,包括纳税评估通用分析指标、纳税评估分税种指标、纳税评估综合分析指标等,使学生能够熟练掌握评估指标的计算和应用。

(3) 交通运输业行业的纳税评估指标分析。重点分析交通运输业行业的纳税特点和评估指标,帮助学生了解纳税评估在不同行业的应用和相关政策措施。

(4) 纳税评估的方法和工具。重点介绍纳税评估的方法和工具,包括统计分析、数据处理、模型建立等,培养学生的数据分析和评估能力。

2. 教学难点

(1) 理论与实践的结合。纳税评估是一个复杂的实践过程,难点在于如何将理论知识与实际案例相结合,使学生能够灵活运用理论知识进行实际纳税评估工作。

(2) 数据收集和处理的难度。纳税评估需要大量的数据支持,而交通运输业行业数据的收集和处理常常面临困难,特别是相关数据的获取和真实性验证,需要学生具备科学的研究方法和数据处理技巧。

(3) 跨学科知识的整合。纳税评估涉及财政学、税收、产业经济学等多个学科领域的知识,难点在于学生如何将不同学科的知识整合起来,进行综合分析和评估。

(4)案例分析和实际操作的难度。教学难点在于如何组织交通运输业行业实际案例分析和操作实践,以便学生能够深入理解纳税评估的过程和方法,并能够独立进行实际评估工作。

(六)教学案例

1. 案例正文

(1)案例背景

① 行业介绍

公路货物运输既是现代运输主要方式之一,也是构成陆上货物运输的两个基本运输方式之一。它在整个运输领域中占有重要的地位,并发挥着愈来愈重要的作用。

② 行业特点

第一,混合经营形式普遍存在。同一纳税人的应税劳务既有自运、联运,也有代理,这在物流企业极其普遍。

第二,车辆挂靠方式复杂。一是车辆不过户,仅收取管理费,为车主代办保险、代交各项规费的挂靠;二是车主将车辆过户到公司,公司收取管理费,代办保险、代交各种税费,但收支均不纳入财务核算的挂靠;三是车主将车辆过户到公司,将公司承揽的运输业务取得的收入入账,车主自己承揽的业务就不入账等。

第三,主管部门较多。因规费收取利益驱动导致跨区域办理车辆登记。

第四,驾驶员工资主要采取包干制。纳税人与驾驶员约定,一项运输业务完成后,公司向驾驶员支付定额费用,节约归己。费用支付方式为驾驶员提供油费、过路费等发票到公司报销。

(2)交通运输行业税收风险描述及防控建议

① 多开运输发票抵扣进项税额的风险

情景再现

某煤炭洗选企业 A 公司,于 2016 年 7 月采购原煤 800 万吨,其中 90% 左右的原煤从关联企业 B 公司购买且由 A 公司负责运输,

10%左右从其他非关联企业购买并由销售方负责运输。A公司从运输企业C公司取得运输发票302份,金额8 800万元,运输发票载明运输数量累计780万吨,超出与B公司交易数量近60万吨。该企业取得的所有运输发票在当年已申报抵扣,存在多开运输发票抵扣进项税额,少缴税款的风险。

风险描述

企业取得不规范的运输发票,或采取多开运输发票的抵扣进项税额,从而少缴增值税税款。

防控建议

● 企业应实行有计划和预算的采购机制,严格进行审核审批,杜绝不签订采购合同或不执行采购合同的做法。

● 建立相应的制度对合同、实物、票据和付款进行核实比对并进行记录,保证取得的票据与实物的金额数量和支付的货款相符。

● 采购环节应注意过磅数量、入库数量与运输发票上载明的运输数量的一致性。

● 生产环节应注意生产数量、过磅数量与运输发票上载明的运输数量的一致性。

● 销售环节应注意出库数量、增值税专用发票销售数量与运输发票上载明的数据的关联性。

政策依据

《中华人民共和国增值税暂行条例》第九条:"纳税人购进货物或者应税劳务,取得的增值税扣税凭证不符合法律、行政法规或者国务院税务主管部门有关规定的,其进项税额不得从销项税额中抵扣。"

《中华人民共和国发票管理办法》第二十二条:"开具发票应当按照规定的时限、顺序、栏目,全部联次一次性如实开具,并加盖发票专用章。任何单位和个人不得有下列虚开发票行为:(一)为他人、为自己开具与实际经营业务情况不符的发票;(二)让他人为自己开具与实际经营业务情况不符的发票;(三)介绍他人开具与实际经营业务情况不符的发票。"

② 虚开发票的风险

情景再现

省内某交通运输有限公司提供交通运输服务给上海某实业有限公司,2023年销售收入967.94万元,2024年销售收入1 033.23万元。经核实,属虚开发票、虚构销售业务行为。

风险描述

大量的货运客户不需要发票,形成富余票,为交通运输企业虚开发票提供便利。

防控建议

财务部门要把握好发票开具关,建立健全发票开具的税务内控机制。认真核实提货单、缴款凭据等凭证,严格按照发票管理规定开具发票。

政策依据

《中华人民共和国发票管理办法》第二十二条:"开具发票应当按照规定的时限、顺序、栏目,全部联次一次性如实开具,并加盖发票专用章。任何单位和个人不得有下列虚开发票行为:为他人、为自己开具与实际经营业务情况不符的发票;让他人为自己开具与实际经营业务情况不符的发票;介绍他人开具与实际业务情况不符的发票。"

《国家税务总局关于纳税人虚开增值税专用发票征补税款问题的公告》指出:"纳税人虚开增值税专用发票,未就其虚开金额申报并缴纳增值税的,应按照其虚开金额补缴增值税;已就其虚开金额申报并缴纳增值税的,不再按照其虚开金额补缴增值税。税务机关对纳税人虚开增值税专用发票的行为,应按《中华人民共和国税收征收管理法》及《中华人民共和国发票管理办法》的有关规定给予处罚。纳税人取得虚开的增值税专用发票,不得作为增值税合法有效的扣税凭证抵扣其进项税额。"

(3)案例情境

① 企业基本信息

纳税人名称:杭州长运货运有限公司(以下简称"杭州长运")

统一社会信用代码：913301097384125000

公司成立时间：2009年7月1日

经济性质：其他有限责任公司

注册资金：1 000万元

注册地址：杭州市滨江区南环路375号

经营范围：普通货物运输；商品汽车运输；仓储服务（不含化学危险品）；设备租赁；物流信息咨询；企业管理。

杭州长运的集团总部在杭州，2009年7月注册成立并开始经营，2009年11月被认定为增值税一般纳税人，企业所得税由地税征管。

杭州长运的员工共64人，其中，总经理1人，经理3人，司机50人，普通员工10人。

② 企业经营模式

公司化经营：负责车辆的管理、调度以及司乘人员的招聘、培训、考核、监督、安全工作的管理，经营者按照定期定线、定线不定期、定区不定期三种方式运营。

承包经营：将具备线路经营权的车辆承包给外部经营者，与公司外部经营者签订相关《承包经营合同》，承包经营方可根据合同约定自行管理车辆或遵守货运企业管理，并根据合同约定向货运企业缴纳承包费用。

挂靠经营：挂靠车主出资购买车辆，以道路客运企业的资质和名义进行经营，并向企业支付相应的管理费或有偿服务费，经营中的风险和安全责任全部由车主承担。

联运业务：纳税人向货主统揽一项运输业务，利用自备车辆承运一段路程，然后转给其他公司(个人)，纳税人向货主统一收取运费，联运合作方将发票开给纳税人，纳税人再将运费支付给合作方。

③ 企业经营数据

企业财务报表、纳税申报表等数据(略)。

(4) 问题提出

问题1：风险点判断和结论。

问题 2：风险特征分析计算。

问题 3：风险信息排除确认。

问题 4：风险应对经验策略。

2. 案例分析

（1）问题应对

① 根据利润表，该企业营业外收入一季度为 15 万元，而二季度增加了 25 万元。企业营业外收入金额较大，存在搭载收入不入账、少报收入的可能。

② 公司主营运输业务在黄河以南，出现了山西的车辆通行费收据，存在虚增过路费、桥票的可能。

③ 企业预付账款变动幅度较大，存在加油票抵减收入的可能。

④ 公司与合肥市德邦物流有限公司比较频繁的签订委托合同，存在虚签合同、虚增联运业务、少报收入的可能。

⑤ 仓储合同未进行申报或者用运输合同税率进行错误申报，肯定少交印花税款、税金及附加费用。

（2）案例启示

① 公司与合肥市德邦物流有限公司比较频繁的签订委托合同，检查票据车牌号与结算车牌号比对，确定联运业务申报的真实性。

② 由于油费占成本比重同比增长大于收入增长比，需逐笔检查油费购买、使用情况，是否存在虚抵进项税。

③ 企业预付账款金额较大，需要检查预付账款发生的原始凭证，检查业务的真实性，确定是否存在部分加油票抵顶运费未确认收入的行为。

④ 检查过路费、过桥票与运输收入途经地对比，确定费用发生的真实性，如相关票据。

⑤ 由于企业实际申报收入低于测算收入，按照企业的运输能力负荷，核实企业实际运能。

⑥ 2017 年进项税额变动率大于销项税额变动率，需要逐笔检查每笔抵扣的进项税情况。

⑦ 企业申报增值税税负率低于同行业增值税税负率,重点检查生产经营、经营方式、运输车辆等,检查申报的合理性。

⑧ 逐笔核实营业外收入,检查是否有增值税应税收入未申报纳税。

(3) 进一步引申讨论

① 杭州长运公司案例点评

本案例选择了运输行业中的代表为评估对象,在评估分析环节,通过调取企业的基本情况表、财务报表和纳税申报表等有关申报资料和企业备案的相关资料,向企业了解各种经营信息,利用财务分析、纳税调整,并结合企业自身特点,有针对性地进行纳税评估。通过本案例的评估,进一步分析、归纳、总结,以便找准运输行业的纳税评估对象。

风险应对人员以企业的财务报表分析、纳税申报表为基础,运用纳税评估相关指标,结合运输行业特点展开分析,查找企业存在的疑点,经过再次核查,在翔实的数据面前,长运公司坦承对代理业务按联运业务申报,主要是考虑到联运业务税负比代理低,税务机关又很难发现收取的部分发票存在不合理、不规范的地方;同时,为了达到少缴税款的目的,采取了部分加油票抵顶运费未确认收入的行为,也存在部分配载收入不入账、零星业务少计收入而过路费、过桥票等费用却在税前扣除的情况。该公司表示愿自查补缴相应税款。

通过本案例的评估,分析行业特点,查找存在的税收风险点,利用税负率、毛利率、费用率等筛选指标扫描货运企业税收风险,结合对运输类纳税人经营及纳税情况测算分析,确定纳税评估对象。对重点税源实行精细化、专业化管理,充分发挥纳税评估的作用,加强对道路运输企业的监控管理,对于确定纳税评估对象是具有可操作性和现实意义的。

② 交通运输业常见问题

交通运输企业中"找票"抵扣的现象相当普遍,在交通运输业的经营过程中常存在以下问题:

第一,成品油抵扣比例高。在正常情况下,运输企业燃油成本应占运输成本的 30%—35%,一般不超过 40%。

第二,成品油进项税发票来源地异常。一些企业长期在异地运输,可加油开具的增值税专用发票却显示在本地;一些企业运输路线在本地,可加油开具的增值税专用发票却显示在外地。

第三,修理费发票比例低,配件发票比例高、配件类型单一,虚构维修车辆、更换配件,进行进项税额抵扣。

现实中一些交通运输业纳税人既从事货物运输,又从事港口码头服务、场站服务、货物运输代理、仓储和装卸搬运等物流辅助业务,还有将自有的车辆机械设备租赁业务。因交通运输业发票开具品目和规定税率不一致,纳税人可通过所谓的税收筹划混淆税目,达到少缴税款的目的。例如,签订虚假的出租汽车合同,将实质交通运输业务适用税率混淆为动产租赁等。

道路货物运输业普遍存在个人车辆挂靠运输企业的"挂靠经营"。挂靠经营中,大多数挂靠人只是将企业承揽的运输业务取得的收入入账,自行承揽的业务不入账。而实际对挂靠户财务不能进行有效的财务核算,往往造成企业核算混乱,存在少计其他业务收入和营业外收入的风险。再者,有挂靠行为往往存在管理费收入,由于车辆有强制报废规定,所以有固定资产清理收入,经常性维修则有废电瓶、废机油、废轮胎处理收入,部分企业还有大型机械设备而有租赁收入等。

现实中运输费用大多不通过银行结算,难以准确认定纳税人营业收入,这都给企业取得不正常利润、收取非法利润留下了空间。

3. 案例总结

(1) 案例小结

本案例主要介绍了交通运输业纳税评估的相关内容。通过引入交通运输业企业典型案例,分析了交通运输业行业的发展现状和风险点。案例分析中涉及风险点判断与结论、风险特征分析计算、风险信息排除确认、风险应对策略等内容。教学目标包括掌握交通运输业行业纳税评估的基本理论、方法和技巧,了解纳税评估指标的相关概念和计算方法,熟悉交通运输业的纳税评估指标以及相关法律法规和准则。能力目标包括运用纳税评估的概念和方法,分析和评估企业的税务负担和税收合规度,应用纳税评估指标进行准确计算和应用,分析不同行业的纳税评估指标并提出应对策略,独立收集和整理相关法律法规和准则,进行纳税评估研究并撰写评估报告和学术论文。

(2) 知识和能力目标的实现

本课程旨在培养学生的法治精神和法律意识,使其了解税收法律制度的重要性和约束力,并能够自觉遵守税法规定,维护税收秩序和社会稳定。通过教学内容的引入交通运输业企业典型案例、交通运输业行业发展现状和风险点的介绍,以及案例分析和风险应对策略的讨论,学生能够运用纳税评估的概念和方法,分析和评估企业的税务负担和税收合规度。同时,学生还能够应用纳税评估指标,对企业所得税、增值税等税种进行准确计算和应用。通过课程的学习,学生能够掌握相关法律法规和准则,从而提高税收管理和纳税评估能力。

(3) 课程思政切入点

本课程介绍国家的税收政策和纳税风险评估指标和原理,这与思政有着天然的联系。在教学过程中,强调培养学生正确的纳税意识和税收道德观念,使其认识到纳税是公民的义务和责任。同时,强调税收公平和社会公正的重要性,使学生意识到税收制度对社会经济发展和社会公共服务的重要支撑作用。通过培养学生的创新意识和批判思维,使其能够主动关注和分析税收政策的合理性和公正性,提出改进建议,并参与公共讨论和决策过程。此外,还强调培养学生的社会责任感和公共利益意识,使其认识到自己的纳税行为对社会发展和改善公共服务的重要影响,积极参与公益事业和社会公共事。通过这些切入点,课程能够全面培养学生的思想政治教育,使其具备良好的法治精神和社会责任感。

(七) 课堂教学规划

教学过程	教学内容	教学手段	时间分配
课程回顾	纳税评估政府文件、基本原理、评估指标。	讲授	15分钟
案例引入	引入交通运输行业典型企业案例。	PPT展示	5分钟

续 表

教学过程	教学内容	教学手段	时间分配
案例讲解	交通运输行业发展现状、行业风险点。	PPT展示 列举法	20分钟
讨 论	案例情境和基本信息介绍； 交通运输行业典型企业案例风险点判断与结论、风险特征分析计算、风险信息排除确认、风险应对策略。	学生分析、讨论 教师引导	50分钟
总 结	案例点评、总结归纳与知识拓展。	教师对学生的讨论结果进行补充、总结、拓展	15分钟
作业布置	分组制作PPT，进行案例分析结果展示。	PPT展示	30分钟

5.7 《中国财政思想史和赋税史》课程思政案例

一、《中国财政思想史和赋税史》课程总体教学目标

实现思想政治教育与专业教育的结合，融汇价值塑造、知识传授和能力培养于中国财政思想史和赋税史课程内容设计、教学环节组织、教学效果测评的全过程。

（一）知识目标

使学生比较系统、完整地了解丰富的中国古代税收思想，了解赋税的产生、税收地位与作用、税制结构和体制等。

（二）能力目标

引导学生熟悉在理论和实践上都有积极意义、对社会发展有推动作用的政治家、思想家所宣传或采取的财税改革措施，培养和提高学生正确分析和解决问题的能力，以适应税务专业的需要。

(三)价值目标

在财税史上,中国财税因政权性质的不同,而各具不同性质,所起的作用也各不相同。中华人民共和国结束了几千年来财政对广大劳动人民进行超经济剥削的历史,成立了取之于民、用之于民、为人民谋福利的新型财政。赋税史课程的学习能够让学生客观认识理解中国国情、特色,坚定理想信念,强化民族自豪感和责任担当,充分认识到自己所肩负的大国复兴的历史使命。

二、课程思政与专业思政目标的对应关系

思政目标	税收学专业思政目标	《中国财政思想史和赋税史》课程思政目标
1. 政治认同	(1) 具有坚定的政治方向、拥护中国共产党的领导。 (2) 认同中国特色社会主义道路。 (3) 理解中国、了解国情、认同国家制度和改革发展成就。	(1) 结合中国改革开放实践,引领学生充分认识中国共产党正确领导的意义和社会主义制度的优越性。 (2) 将人类命运共同体理念作为培养学生现代思维的出发点。
2. 社会主义核心价值观	(1) 经国济世的社会责任感和担当意识。 (2) 较强的公共意识。 (3) 敬业爱岗、团结协作。	(1) 通过课程的正能量传播,帮助学生建立和强化社会主义核心价值。 (2) 通过课堂教学组织设计,鼓励学生进行团队合作,实现个人能力培养与集体智慧的结合,鼓励批判性思维,鼓励探索与创新。
3. 宪法法治	(1) 法治观念牢固,法治意识强烈,具备运用法治思维和法治方式参与社会公共事务、维护自身权利和化解矛盾纠纷的意识和能力。 (2) 具有国际视野,熟悉国际、国内规则、制度,能够理解和遵守相关法律和规定。	熟悉、掌握和运用中国赋税史和财政思想史知识,维护服务主体和民族国家利益。
4. 道德修养	(1) 良好的思想品德、道德修养。 (2) 良好的职业道德,遵纪守法的品质,能自觉自愿地遵守职业道德规范。 (3) 具有较好的自主学习能力。	(1) 秉承诚信、敬业、职业精神。 (2) 构建激情、信念、规则为一体的处事行事能力与风格。 (3) 保持终身学习的职业理念。

续 表

思政目标	税收学专业思政目标	《中国财政思想史和赋税史》课程思政目标
5.文化素养（中华优秀文化传统教育）	(1) 具有较强的环境适应能力。 (2) 具有较好的跨文化沟通、协调能力和语言文字表达能力，较高的人文素质。	(1) 领会中华优秀传统文化的当代价值，如讲仁爱、重民本、守诚信、崇正义、尚和合、求大同等。 (2) 理解不同文化的差异，以"中国人"自豪，热爱和弘扬中华优秀的传统文化。

三、课程思政总体融入体系

教学章节	教学思政内容	教学思政知识点	教学思政方式	思政目标 1	2	3	4	5
第一章 夏、商、周时期的赋税	我国夏、商、周时期的土地制度和赋税制度	夏"贡"、商"助"、周"彻"的制度比较分析，形成文字材料，培养学生的归纳总结能力。	讲授、讨论、多媒体辅助、课后作业	√	√	√	√	√
第二章 春秋战国时期的赋税	春秋战国时期各国进行的财政改革	春秋战国时期各国进行财政改革，这些改革的历史意义和对我们的启示。改革代表人物管仲、商鞅等的施政思想。	讲授、讨论、多媒体辅助、课后作业	√	√	√	√	√
第三章 秦汉时期的赋税	坚持"一个中国"的原则	秦始皇统一中国，建立历史上第一个统一的中央集权封建专制国家，激发学生的爱国主义精神，维护民族统一和国家统一，坚持"一个中国"的原则。	讲授、讨论、多媒体辅助、课后作业	√	√	√	√	√

续 表

教学章节	教学思政内容	教学思政知识点	教学思政方式	思政目标 1	2	3	4	5
第四章 魏晋南北朝的赋税	北魏均田制改革	北魏孝文帝的均田制改革,按人口分配土地,促进了北方民族大融合。增强学生的民族团结意识,使学生充分认识民族大融合和加强各民族经济交流的重要意义。	讲授、讨论、多媒体辅助、课后作业	√	√	√	√	√
第五章 隋唐时期的赋税	隋初财政富裕的原因	透过现象分析事物的本质原因,休养生息的政令,轻徭薄赋和财政节约的理念。	讲授、讨论、多媒体辅助、课后作业	√	√	√	√	√
第六章 宋辽金时期的赋税	王安石的税制改革思想	王安石执政期间税制改革的内容和财政思想分析,讨论其变法失败的原因以及启示,改善税收秩序。	讲授、讨论、多媒体辅助、课后作业	√	√	√	√	√
第七章 元代的赋税	元代的"包税制"	元代大量临时性的税收制度安排,与稳定、固定性的现代财税制度进行对比。	讲授、讨论、多媒体辅助、课后作业	√	√	√	√	√
第八章 明代的赋税	"一条鞭法"改革延续了明王朝的统治,开启富国强兵的新局面。	探讨财税改革与社会进步的关系。以史为鉴,使得学生能够客观认识世界,正确认识制度变革。	讲授、讨论、多媒体辅助、课后作业	√	√	√	√	√
第九章 清代的赋税	从"永不加赋"的政策,到实施"摊丁入亩"制度,勾勒出清代减赋节用、涵养税源的赋税理念。	引入当前阶段,以减轻人民群众负担为主线的大规模减税降费政策,并进行理论与实践分析。	讲授、讨论、多媒体辅助、课后作业	√	√	√		√

四、部分章节教学展示

授课主题：春秋战国时期各国进行的财政改革及启示[*]

（一）课程章节

第二章 春秋战国时期的赋税

（二）教学内容

春秋时期的赋税改革；战国时期的赋税改革；春秋战国时期的赋税和管理机构、管理制度；先秦财政思想。

（三）建议教材

马金华：《中国赋税史》，清华大学出版社，2018年。

（四）教学目标

1. 知识目标

（1）熟悉春秋时期的政治经济情况和赋税改革。

（2）熟悉战国时期的政治经济和赋税改革。

（3）掌握先秦时期的主要财政思想。

2. 能力目标

（1）在对春秋战国社会、经济、政治、文化背景有所理解的基础上，具备进一步自行获取相关知识的能力。

（2）具有理解和分析春秋战国财税改革的能力。

3. 价值目标

（1）政治认同。马克思曾经说过："赋税是国家的经济基础，而不是其他任何东西。"财政税收是与国家的产生和发展相伴相生的，并随着政治格局的跌宕起伏和经济市场的发展而相应产生变更。中国社会存续的几千年历史，也是中国财政税收逐步发展的发展史。

---

[*] 本主题参考了以下资料：

[1] 孙翊刚.中国赋税史[M].北京：中国税务出版社，2007.

通过案例讨论,帮助学生充分认识在中国共产党的正确领导下我国取得了显著成效,国家兴旺发达,人民安居乐业。

(2) 社会主义核心价值观。在中国五千年灿烂文明的长河中,税收制度在整个经济制度中占有十分重要的地位。虽然税收制度只是诸多制度中很小的一种,但对国家政治经济发展的影响可谓巨大。税收制度直接关系一个国家的兴衰治乱。通过案例讲述,帮助学生深化对社会主义核心价值观的认识,增强社会责任意识。

(3) 文化自信。中国古代税制的演变蕴含着古人的智慧,打下了时代的烙印。循着这些制度点滴,可以探寻当时社会经济发展的种种迹象,"以史为鉴,可以知兴替",纵观中国古代税制发展的脉络轨迹,提取精华,得到的经验对于今天的税制改革工作依然有很好的借鉴意义。

(4) 法治观念。通过研讨案例,帮助学生强化法制意识和观念。

(5) 职业操守。通过案例分析与论述,使学生意识到良好的职业操守对个人和企业的健康成长具有重要意义。

(五) 教学重点和难点

教学重点:春秋时期的政治经济情况和赋税改革、战国时期的政治经济和赋税改革。

教学难点:赋税改革的背景和启示;先秦时期的主要财政思想。

(六) 教学案例

1. 案例正文

(1) 案例背景

春秋战国时期,是中国古代社会发生剧烈变动的时期。在经济上,铁器和牛耕得到了使用和推广,水利事业也得到了迅速发展;土地关系发生了变化,开始出现土地自由买卖;手工业和商业产生了变革,出现了独立的手工业部门和私人手工业者阶层;商品货币关系日趋发达,城市逐渐繁荣。在政治上,周初的分封局面被诸侯间的兼并战争打破,诸侯割据称霸,各种制度和等级秩序遭到破坏。分裂割据的政治局面,极不适应生产力的发展,为了早日结束这种现状,完成大一统,各诸侯国纷纷涌现社会变革和变法运动的浪潮。意识形态领域出现百家争鸣的局面。这些经济、政治、思想领域里的变化,预示着社会正经历一场深刻的变革。管仲改革和商鞅变法就是在这种社会背景下应运而生,并发挥了巨大的历史价值。

(2) 案例内容

① 春秋时期齐国管仲改革

公元前658年,齐桓公任用管仲改革,实行相地衰征政策,即根据土地好坏远近分若干等级,按不同等级征收田赋。

管仲最重要的制度创新,是盐铁专营。它的影响荡漾两千余年,迄今犹存,几乎成为中国式中央集权制度的经济保障。齐桓公与管仲多次切磋富国之策,齐桓公建议对房屋楼台、树木、六畜、人口征税,管仲一一否定。在管仲看来,税收是有形的,直接向人民收取财物,自然会招致人民的不满,最好、最理想的办法是"取之于无形,使人不怒"。据此,管仲提出"寓税于价"的办法,即把税收隐蔽在商品里,实行间接征收,使纳税者看不见、摸不着,在不知不觉中就纳了税,还不至于造成心理上的对抗。在具体的办法上,管仲给出简单的七个字:"唯官山海为可耳",即只要把山、海的资源垄断起来就可以了,山上出铁矿,海里产海盐,这就是盐铁专卖制度。

② 战国时期秦国商鞅变法

变法措施:废除西周以来的井田制;建立县制;统一度量衡;按户按人口征收军赋;迁都咸阳。

(3) 问题提出

问题1:管仲改革治齐的重要历史经验有哪些?

问题2:秦国商鞅变法的税制改革思想是什么?

2. 案例分析

(1) 问题应对

① 案例相关理论讲授。

让学生熟悉春秋时期的政治经济情况和赋税改革、战国时期的政治经济和赋税改革。

② 具体问题回应

回应问题1：

在农耕时期，盐和铁是最重要的两大支柱性产业，无一民众可以须臾离开。管仲对盐和铁的专卖收入做过举例说明，万乘之国的人口约为千万，如按成人征人头税，应缴纳者约为一百万人，每人每月征三十钱，为三千万钱；如果进行盐的专卖，每升盐酌量提价出售，每月可得到六千万钱，就可望得到一倍于征人头税的收入。在表面上，政府确实不曾征税，不仅对内如此，对外可运盐出口而获取重利，这等于煮沸取之不尽的海水就可以迫使天下人向齐国纳税，即"煮沸水以籍天下"。

铁的专卖也是一样。管仲说，大凡一个农户，无论是从事耕作还是女工，都需要针、刀、耒、耜、铫、锯、锥、凿等铁制工具，只要在一根针上加价一钱，三十根针就可收三十钱，即是一人应缴的人头税，以此类推，则全国收入总数亦不下于人头税的征收总额。表面上，国家并没征税，实际是"无不服籍者"。管仲提倡的盐铁专营，不是主张政府亲自下场。比如盐业，管仲实行的是专卖政策，开放盐池让民间自由生产，再由国家统一收购。由于国家控制了盐业的销售和产量，进而控制了价格，如齐国的盐销售到国外去，价格可以抬高到成本的40倍，国家和商贾都得利颇丰。在冶铁业上，管仲实行的是国有民营。他首先严厉地强调了国家对所有矿山资源的垄断，"泽立三虞，山立三衡"。他出台法令宣布，只要一发现矿苗，就马上要由国家保护和封存起来。之后，政府又控制了铁器的定价权，并对生产出来的铁器进行统购统销。在这些前提之下，管仲开放冶铁作坊业，允许民间商人自主经营，其增值部分，民商得七成，政府得三成，相当于征收30%的所得税。由政府控制资源所有权，把经营权下放给民间商人，再以一定比例分配利润，这就是后世非常流行的"资产国有、承包经营"的雏形。

管仲治齐有三条重要的历史经验：其一，通过价格、财政、税收整体配套改革,第一次形成了系统性的国民经济治理体系;其二,盐铁专营政策,作为国家干预经济的经典模式,影响力持续至今;其三,齐国的经济制度,是中国古典市场经济体制的雏形。

回应问题2:

战国时期秦国商鞅变法税制改革思想可归纳为三个方面。

第一,"赋税平"的平均税负思想。商鞅的这项措施主要是针对地主阶级上层人士大量隐瞒田产而采取的,他要求对一切耕地重新丈量,按亩征税。只有清丈出隐瞒的田产,迫使隐瞒者按照国家规定纳税,才能真正做到按耕地面积公平负担税率,这使得地主阶级不再依赖其所拥有的地位和特权而逃税漏税,达到税负公平。"昔粟而税,则上壹而民平",即量粟征产量税,公平负担,这是对"为田,开阡陌封疆,而赋税平"的补充规定,相同面积的土地肥沃程度往往不同,必须"管粟而税",按产量不同折成标准亩。这在当时对封建地主阶级和贵族是一个沉重的打击。

第二,不同的阶层征收不同数量的赋税。商鞅对于赋税徭役轻重的规定,完全是从是否有利于农战政策的推行角度考虑的,赋税、徭役的数量必须能保证战争及国家其他财政力量的需要。因此,他反对无差别的轻徭薄税,采取农轻商重的原则。对于从事农业生产的农民,主张减少农业税,禁止滥兴劳役。商鞅不主张农业征税过多,他认为这会直接损害农民的利益,从而影响他们从事农业生产的积极性。减少劳役,保证农民有充足的劳动时间开垦荒地,扩大农田面积,增加粮食产量。同时,为鼓励其他诸侯国的农民来秦国垦荒,商鞅主张"不起十年征",即免税十年。对于广大的工商业阶层和一切非农业活动,他主张重征商税,"重关市之赋"。由于从事商业获利很高且不费多大力气,这会诱导许多农民放弃农业生产去经商,那么,农田就会荒废,粮食产量也会减少,不利于农战政策的实施,因而国家必须采取重税的措施抑制商业活动。在徭役方面,要做到"农逸而商劳"。

第三,赋税一律用粮食缴纳。商鞅认为粮食是代表财富的唯一形式,即使手里有大量货币,也要用来购买粮食。所谓"昔粟而税",就是只收粮食,不收货币及其他形式。这实质上是驱使全体人民务农,也是推行农战政策的一项有力措施。赋税一律纳粟,既可以使国家税收政策达到统一,又可以保证纳税制度的公平,同时还可以促进农业生产的发展。

商鞅变法的实施,废除了井田制,建立了封建主义土地私有制度,并为秦国日后兼并诸侯、统一六国奠定了坚实的基础。他关于赋役制度的改革,将赋税征收从劳役形式变为实物征收,征收对象主要针对田地,不再刻意强调人头税,这是人身依附关系较农奴制松弛的一种表现。在赋税与经济的关系问题上,商鞅较其他人看得更深刻,他不认为赋税只是有损于百姓利益、有损于经济发展的消极事物,而是将赋税政策看作是国家宏观调控经济的一种能动性工具,是国家用来充实财政、发展经济的重要手段。

(2) 案例启示

管仲变法之后,中国的政府收入由税赋收入和专营收入两项构成,后者的实现,正是通过控制战略性的、民生必需之物资,以垄断专卖的方式来达成的。

商鞅实行赋税措施,主要是为农战政策服务,最终达到富国强兵、统一天下的目的。针对这一点,他不主张无差别的薄赋敛,而是根据农战的需要来决定赋税的轻重,对农业活动薄赋,对一切非农业活动尤其是商业加征重税,这对于促进封建经济主要部门——农业的发展,巩固封建主义的经济基础是有一定积极作用的,但过分极端地采取重税打击工商业、抑制工商业的发展,严重影响了商品货币经济的发展,这正是中国古代商品货币经济发展非常缓慢的一个重要原因。

(3) 进一步引申讨论

管仲曾说:"取于民有度,用之有止,国虽小必安;取于民无度,用之不止,国虽大必危。"作为国家来说,如果对人民征收有度并且又有节制的话,那么,就算国家再小,也一定会安宁和乐;如果对人民征收无度而财政支出又没有节制的话,那么,就算国家再大,也会趋于灭亡。这些都深刻地反映了我国古代思想家对税收激励作用的认识。其中所蕴含的深意,对于税制改革和税收理念的形成以及贯彻落实,都有很强的指导意义。如今,我国将税收的本质特征定位于"取之于民,用之于民"。

3. 案例总结

(1) 案例小结

本案例与本章教学中所涉及的春秋战国时期赋税内容相关。春秋战国是中国历史上一段新旧矛盾相互交织的复杂时期,原有奴隶制下的政治和经济制度开始被各诸侯国改革下的新制度所替代。随着耕地面积的扩大、农业生产效率的提高,土地从公共占有逐步向私人占有过渡已成为不可阻挡的历史趋势,这也为后来一系列针对土地兼并的土地和赋税改革奠定了基础。这段时期也是人才辈出、百家争鸣、思想十分活跃的时代,诸子百家提出各自学派的财税思想与主张,有些思想付之于各诸侯国的改革实践当中。例如,管仲"相地而衰征"的改革,主张土地应当根据肥瘠程度不同划分为不同等级,按照等级征收赋税,打破了西周时期只对公田征收赋税的制度,避免了税收畸轻畸重的现象。又如,战国时期,商鞅辅佐秦孝公积极实行变法,使秦国的经济与军事实力得到极大增强。商鞅以法令的形式废除了旧的土地制度(即井田制),重新丈量土地并且估计土地亩产量,再按照实际土地的占有情况征收赋税。

(2) 知识和能力目标的实现

通过案例背景和内容的介绍提出相关问题,在对问题1的分析解读过程中,使学生在真实案例中了解春秋时期的政治经济情况和赋税改革。通过问题2的提出和解答过程,增强学生对战国时期的政治经济和赋税改革的了解,引导学生掌握先秦时期的主要财政思想,让学生具备进一步自行获取相关知识的能力。再结合引申讨论,充分实现设定的知识和能力目标。

(3) 价值目标的实现

① 通过对案例的介绍、讨论和分析,使学生了解春秋战国时期主要的财政改革和其成就、意义,并熟悉先秦财政思想的主要内容。马克思曾经说过:"赋税是国家的经济基础,而不是其他任何东西。"财政税收是与国家的产生和发展相伴相生的,并且随着政治格局的跌宕起伏和经济市场的发展而相应产生变更。中国社会存续的几千年历史,也是中国财政税收逐步发展的发展史。通过案例讨论,帮助学生充分认识到在中国共产党的正确领导下,我国取得了显著成效,国家兴旺发达,人民安居乐业。

② 在中国五千年灿烂文明的长河中,税收制度在整个经济制度中占有十分重要的地位。虽然,它只是诸多制度中很小的一种,但对于国家政治经济发展的影响可谓巨大。税收制度直接关系到一个国家的兴衰治乱。通过案例讲述,帮助学生深化对社会主义核心价值观的认识,增强社会责任意识。

③ 中国古代税制的演变蕴含着古人的智慧,打下了时代的烙印。循着这些制度点滴,我们可以探寻当时社会经济发展的种种迹象,"以史为鉴,可以知兴替",纵观中国古代税制发展的脉络轨迹,提取精华,总结经验,这对于今天我们的税制改革工作依然有很好的借鉴意义。

(七) 教学过程

教学过程	教 学 内 容	教学手段	时间分配
课程回顾	春秋时期的政治经济情况和赋税改革;战国时期的政治经济情况和赋税改革。	讲授与互动	5分钟
案例引入	衔接授课内容,导入前述案例。	PPT展示	5分钟
案例讲解	案例的背景知识、基本内容、具体问题的提出与应对、案例的启示等。	PPT展示 案例分析	25分钟
讨 论	基于案例分析及结论,讨论春秋战国时期的财政改革带给我们的启示。	讨论	5分钟

续 表

教学过程	教学内容	教学手段	时间分配
总　结	中国的税收文化传统有着世界最悠久的历史,而且体制完备,内容丰富。它是中华民族传统文化的重要组成部分,也是世界税收文化的一大宝藏。税收文化传统既是历史的沉淀和轨迹,又是未来的起跑线和瞭望台。今天的税收体制改革、税收法律的完善,吸纳人类税收文明优秀成果,都离不开这一基础。了解税收文化传统,对于当前税制改革至关重要。	提问与讲授	2分钟
作业布置	整理案例,深化学生对案例的理解与认识,了解国家相关政策,有专业的使命感。	PPT展示	2分钟

授课主题：王安石的税制改革思想*

（一）课程章节

第六章　宋辽金时期的赋税

（二）教学内容

两宋的田赋和徭役、工商税收、专卖制度和赋税管理,辽和金的赋税；宋辽金时期的财政思想概要。

（三）建议教材

马金华：《中国赋税史》,清华大学出版社,2018年。

（四）教学目标

1. 知识目标

（1）掌握两宋时期田赋、徭役、工商杂税和赋税管理。

（2）熟悉宋辽金时期的财政思想。

2. 能力目标

（1）对两宋时期社会经济政治文化背景有所理解,具备进一步

---

* 本主题参考了以下资料：

[1] 孙翊刚.中国赋税史[M].北京：中国税务出版社,2007.

[2] 齐海鹏,孙文学.中国财政思想史略[M].大连：东北财经大学出版社,2010.

自行获取相关知识的能力。

(2) 具有正确理解和分析宋辽金时期的财税改革和财政思想的能力。

3. 价值目标

(1) 政治认同。通过案例讨论,帮助学生充分认识到在中国共产党的正确领导下,我国取得了显著成效,国家兴旺发达,人民安居乐业。

(2) 社会主义核心价值观。税收制度直接关系一个国家的兴衰治乱。通过案例讲述,帮助学生深化对社会主义核心价值观的认识,增强社会责任意识。

(3) 文化自信。纵观中国古代税制发展的脉络轨迹,提取精华,总结经验,这对于今天的税制改革工作依然有很好的借鉴意义。

(4) 法治观念。通过研讨案例,帮助学生强化法制意识和观念。

(5) 职业操守。通过案例分析与论述,使学生意识到良好的职业操守对个人和企业的健康成长具有重要意义。

(五) 教学重点和难点

教学重点:两宋的田赋和徭役、工商税收、专卖制度和赋税管理,该时期的财政思想概要。

教学难点:两宋的田赋和徭役;宋辽金时期的财政思想和财税改革。

(六) 教学案例

1. 案例正文

(1) 案例背景

王安石,唐宋八大家之一,在宋仁宗时期开始做官,并上书陈述其改革政治经济的主张,但未被采纳;宋神宗时期,得到支持,开始实行变法。王安石变法在历史上影响很大,他被称为"中国十一世纪的改革家"。

(2) 案例内容

王安石进行经济改革的指导思想很明确,就是"因天下之利以生天下之财,取天下之财以供天下之费",这也是他赋役改革思想的核心。这包含三重含义:生财、聚财和用财,即开发利用各种资源,发展生产,增加整个社会财富。从赋税角度看,是在增加生产的基础上增加国家的赋税收入。王安石的赋税改革几乎都是从这一观点出发,并贯穿改革全过程。

王安石推行的变法,主要有青苗法、免役法、均输法、市易法、方田均税法、农田水利法等。这里主要介绍影响最大的青苗法和免役法。

① 青苗法

青苗法是由封建政权在青苗时期贷款予以农民和部分城市居民,以限制、打击地主和商人的高利贷活动的新法。青苗法又名常平法,大致内容是将常平、广惠仓的粮米换成现钱,在青黄不接时由民户自愿请贷,归还时可还现钱或折还粮米,并在还本之外加征利息。

青苗法的实行,打击了私人高利贷者对农民的盘剥。政府如果不加扶助,富户就会以几倍高的利息贷款给农民,进行高利贷盘剥,甚至兼并农民的土地。变法起到了抑制兼并的作用,同时还可以保护农民的生产积极性,避免农民的流徙,使农民得以聚集一定的财力和物力,不违农时从事生产劳动。这既增加了赋税收入,又增加了利息收入,也保证了国家赋税收入的稳定增长。

② 免役法

免役法是由民户出钱赎免某些徭役,由国家出钱招募别人代服徭役的方法。免役法又称募役法,具体规定包括:过去衙前、胡长等最重的徭役改为官府用征得之钱雇三等以上户充任;过去负担各色差役的民户按户等高低出役钱,称为免役钱;过去不当差的官户、坊户、未成丁户、单丁户、女户、寺观等也要出钱,称为助役钱。政府就一州一县之内雇值多少,然后随户等均取雇值,雇值既已足用,再增取三分,以备水旱荒灾役钱征收不足时用,称为免役宽剩钱。凡应缴纳的役钱均随夏秋两税缴纳。免役法的改革,实质上是对封建徭役的否定,相对地减轻了农民的负担。免役法代替差役法后,促进了劳役地租向货币地租的转化,过去徭役对农民的人身束缚进一步解体,农民出钱免役,进一步否定了强制性的徭役劳动,促进了货币的回笼,刺激了商品货币经济的发展。新役法对于打击豪强、保护中下层百姓有着重要的作用,体现了赋役普遍负担的原则。按资产分户等,资产愈富,所纳愈多。原来一些享受免役权的豪强地主也要负担一定的助役钱,这既扩大了税源,又抑制了豪富兼并,从而保护了中下层百姓的利益。从经济效益上讲,免役法的实行使国家的财政收入急剧增加,这种增加不是苛剥百姓的结果,而是原先免役户缴纳助役钱的结果。如此一来,国家既增加了收入,百姓也相对地减轻了负担,一举两得。

(3) 问题提出

问题1:如何理解王安石"摧抑兼并、均平赋役"的税收管理思想?

问题2:如何评价王安石的变法?

2. 案例分析

(1) 问题应对

① 案例相关理论讲授。

两宋的田赋、徭役、工商税收和专卖制度、赋税管理,从财税角度分析宋朝"富而不强"的原因及对当代的启示。

② 具体问题回应

回应问题1:

宋朝实行"不立田制""不抑兼并"的土地政策,加速了土地兼并的进程。对此,王安石提出了"摧抑兼并、均平赋役"的主张,并将此作为改革赋税的中心思想,贯彻于变法中。免役法中对过去享有免役特权的豪强地主征收助役钱,减少了免役户,使役法趋于均平。

王安石"摧抑兼并、均平赋役"的思想的特色,主要体现在两个方面:

第一,强化国家控制经济活动的职能,指出抑兼不仅要摧抑已有的兼并势力,还要防止和预防新的兼并势力。王安石认为,如果封建国家不善于在理财中摧抑兼并,不但已形成的兼并势力会更肆无忌惮,尚未形成兼并势力的人也有可能变成兼并势力。这里有着预防大商人和高利贷者利用自己的财力兼并土地和财富的含义,这正是宋代商业资本和高利贷资本不断发展在他思想中的反映。

第二,没有触及封建社会的土地兼并问题。王安石的新法中几乎没有一项是彻底解决土地制度问题的。反之,他还认为土地兼并者在农民生产最困难的时候进行高利贷放款,是对农民的"补不足"。王安石的这种认识与其所处的社会地位有很大关系,他是地主阶级统治集团的代表人物,必然对大地主的兼并势力有一定的妥协性,这也是他变法思想的局限之处。

回应问题2:

王安石变法是封建地主阶级针对北宋统治危机进行的改革运动,它不可能使北宋从根本上摆脱封建统治危机。变法的目的在于维护封建统治,但客观上有利于社会进步。王安石针对北宋社会积弊大刀阔斧地进行改革,其"天变不足畏,祖宗不足法,人言不足恤"的勇敢精神值得肯定,不愧是我国古代杰出的政治家、改革家。王安石新法立意虽嘉,但制定执行中却是弊端丛生,这种动机与效果的巨大反差,是导致变法屡遭攻击、最终失败的重要原因。对于变法的总体评价,争论较大。一种观点认为,王安石变法客观上增加了农民的负担,没有从根本上解决"三冗"问题,仅从流通领域进行利益再分配,将权力收归中央,阻碍了商品经济的发展。王曾瑜认为,王安石关于经济财政改革的最初意图在于"富国"、在于聚敛,加重了人民负担,打击了商品经济的正常发展。邓广铭和漆侠则坚持肯定王安石及其变法,他们认为变法通过官僚机构的整顿、军事的改进和财政税源的扩大,大大改变了北宋积贫积弱的局面,强化了地主阶级专政,中小地主阶层受益最大,变法抑兼并,以发展生产为本,从而使百姓的生产和生活条件得以改善。邓广铭认为,王安石在现实中贯彻"为天下理财"的主张,发展了生产,扭转了积贫局势,不愧为

"中国十一世纪的政治改革家"。如果我们将王安石变法置于历史发展的长河中加以考察,就会认识到此次变法的进步性还是占了主要部分的。

(2) 案例启示

在财政方面,王安石变法中青苗法、免役法、市易法等的推行,为北宋政府聚集了大量的钱币和谷物,使内外府库出现了"无不充衍"的局面。中央和地方政府蓄积了巨额的钱币和谷物,有力扭转了宋王朝财政长期入不敷出的局面。王安石在财税管理中更重视商品、货币因素的作用。免役法中,农民以免役钱换取一定程度的人身自由,封建官府对农民的强制驱使变成单纯的货币关系。从历史发展的进程来看,纳钱免役、雇用计钱,都促进了雇佣关系和商品货币经济的发展,从而使农民对封建国家的人身依附关系削弱,具有瓦解和破坏封建社会的自然经济的作用。

(3) 进一步引申讨论

虽然王安石变法有其局限性和不足,但变法所体现的经济思想,在整个中国经济思想史上都是一份值得重视的历史遗产。

3. 案例总结

(1) 案例小结

本案例与本章教学中所涉及宋朝时期的财政思想内容相关,在讲授时势必会涉及王安石执政期间税制改革的内容和财政思想分析。通过案例的介绍、讨论和分析,使学生了解两宋田赋和徭役、工商税收、专卖制度和赋税管理等内容,掌握该时期的财政思想概要,讨论王安石财政改革和其成就、意义,并进一步分析其变法失败的原因以及启示。

(2) 知识和能力目标的实现

通过案例背景和内容的介绍提出相关问题,在对问题 1 的分析解读过程中,使学生在真实案例中了解两宋时期田赋、徭役、工商杂税和赋税管理,熟悉该时期的财政思想。通过问题 2 的提出和解答过程,增强学生对两宋时期社会经济政治文化背景的了解,引导学生正确理解和分析该时期的财税改革和财政思想,让学生具备进一步自行获取相关知识的能力。再结合引申讨论,充分实现设定的知识和能力目标。

(3) 价值目标的实现

① 通过对案例的介绍、讨论和分析,使学生了解两宋时期主要的财税改革和其成就、意义,能够辨识王安石变法中的局限性和不足,熟悉该时期财税思想的主要内容。帮助学生充分认识到在中国共产党的正确领导下,我国取得了显著成效,国家兴旺发达,人民安居乐业。

② 通过案例讲述,帮助学生深化对社会主义核心价值观的认识,增强社会责任意识。

③ 中国古代税制的演变蕴含着古人的智慧,打下了时代的烙印。这些经验对于今天我们的税制改革工作依然有很好的借鉴意义。

(七) 教学过程

教学过程	教学内容	教学手段	时间分配
课程回顾	两宋的田赋和徭役、工商税收、专卖制度和赋税管理;该时期的财政思想概要。	讲授与互动	10分钟
案例引入	衔接授课内容,导入前述案例。	PPT展示	5分钟
案例讲解	案例的背景知识、基本内容、具体问题的提出与应对、案例的启示等。	PPT展示 案例分析	20分钟
讨论	基于案例分析及结论,讨论北宋王安石的改革带给我们的启示。	讨论	5分钟
总结	王安石变法有其局限性和不足,但变法所体现的经济思想在整个中国经济思想史上都是一份值得重视的历史遗产。	提问与讲授	2分钟
作业布置	整理案例,深化学生对本案例引入与讲述目的的理解与认识。	PPT展示	2分钟

5.8 《纳税申报》课程思政案例

一、《纳税申报》课程思政总体教学目标

对于《纳税申报》课程,既有国家税收政策和征管建设的强力引导支撑,又有课程特性和专业属性的内部驱动,同时通过对专业课程的思政教学融合,可培养学生的公共精神和社会责任意识,帮助学生建立正确的就业导向和价值观念。《纳税申报》课程思政的教学探索,注重从教学素材、教学模式、教师素养等多位角度入手,通过我国税收的发展历史、教师的言传身教、教学素材的积极引导,构建《纳税申报》课程的教学体系,有利于实现教学育人的持续影响。

（一）知识目标

本课程的教学目的是使学生掌握企业主要税种的纳税申报实际操作,对财务会计核算与按照国家税法要求进行核算之间的差异熟练掌握并进行调整的处理。

（二）能力目标

培养学生实际进行税务会计核算、计算应纳税额、按期填报纳税申报表和相关附属资料的实际操作能力。培养学生在学习过程中体会理论与实践的区别,并对税法实践过程中可能出现的风险点具有一定的识别能力和纠错能力,为以后从事税务会计工作打好基础。

（三）价值目标

由于税收法治是我国依法治国的基础,因此在税收专业课程的教学过程中,将税收法治教育作为课堂教学的基础和前提,不断提升学生对我国税收法律制度的认同、敬畏以及遵从意识,帮助学生实现自我发展、自我完善和自我成长,通过该专业课程的学习让学生自觉树立依法纳税意识和自觉纳税观念。

二、课程思政与专业思政目标的对应关系

思政目标	税收学专业思政目标	《纳税申报》课程思政目标
1. 政治认同	(1) 具有坚定的政治方向，拥护中国共产党的领导。 (2) 认同中国特色社会主义道路。 (3) 理解中国、了解国情、认同国家制度和改革发展成就。	(1) 立足中国特色社会主义制度和我国国情，认同国家税收方针和政策，理解我国的国际税收制度和政策。 (2) 税收政策是与国情相关的、围绕国家经济发展的税收申报制度。
2. 社会主义核心价值观	(1) 经国济世的社会责任感和担当意识。 (2) 较强的公共意识。 (3) 敬业爱岗、团结协作。	(1) 社会主义核心价值观强调平等和公正，税收在分配社会资源时起着重要作用。 (2) 社会主义核心价值观强调爱国，纳税也是一种爱国行为。
3. 宪法法治	(1) 法治观念牢固，法治意识强烈，具备运用法治思维和法治方式参与社会公共事务、维护自身权利和化解矛盾纠纷的意识和能力。 (2) 具有国际视野，熟悉国际、国内规则、制度，能够理解和遵守相关法律和规定。	(1) 理解纳税申报的规则，了解我国税收相关法律法规，培养学生运用税收软件诚信申报。 (2) 了解纳税申报作为税收征管的重要环节，必须在法治原则下进行，确保税收征收的合法性、透明性和公正性。
4. 道德修养	(1) 良好的思想品德、道德修养。 (2) 良好的职业道德，遵纪守法的品质，能自觉自愿地遵守职业道德规范。 (3) 具有较好的自主学习能力。	(1) 恪守独立、客观公正、诚信的原则。 (2) 具备和保持应有的专业胜任能力和职业判断能力。 (3) 履行保密义务。 (4) 保持终身学习的职业理念。
5. 文化素养（中华优秀文化传统教育）	(1) 具有较强的环境适应能力。 (2) 具有较好的跨文化沟通、协调能力和语言文字表达能力，较高的人文素质。	(1) 能够适应纸质发票和电子发票的开票，具有良好的适应环境能力。 (2) 能够有较强的沟通和协调能力，如有开票问题或申报问题，能及时寻求必要帮助。

三、课程思政总体融入体系

教学章节	教学思政内容	教学思政知识点	教学思政方式	思政目标 1	2	3	4	5
项目一 增值税一般纳税人和小规模纳税人网上申报实训	依法纳税的重要性	完善增值税链条，避免重复征税等	讲授、讨论、课后作业	√	√	√	√	√
项目二 消费税网上申报系统实训	强调消费税的意义和目的	消费税税目及其课征方式	讲授、案例讨论、课后作业	√	√	√		√
项目三 个人所得税网上申报系统实训	共同富裕的实现，体现横向公平和纵向公平	个人所得税超额累进税率及个人专项附加扣除	讲授、讨论、课后作业	√		√	√	
项目四 企业所得税网上申报实训	国家全面深化改革，减轻企业负担	企业所得税的优惠政策	讲授、讨论、视频资料播放、课后作业	√	√	√	√	√

四、部分章节教学展示

授课主题一：增值税一般纳税人和小规模纳税人网上申报实训*

（一）课程章节

增值税一般纳税人网上申报实训。

（二）教学内容

熟悉增值税纳税申报流程；熟悉、掌握增值税一般纳税人申报原

---

* 本主题参考了以下资料：
[1] 王利.构建我国诚信纳税体系的思考[J].纳税,2020,14(27)：9-10.
[2] 邢千.纳税申报代理中对虚开增值税专用发票纳税人的识别与防范[J].中国税务,2017(4)：66-67.

理；熟悉增值税小规模纳税人不含税销售额公式计算及小规模纳税人征收率；掌握增值税纳税申报表及附表的填制。

（二）实训内容

根据所给案例资料在线填写增值税一般纳税人以及小规模纳税人申报表，并进行报税和缴税。

（三）建议教材

税友集团税务实训平台相关一般纳税人实训案例材料。

（四）教学目标

1. 知识目标

（1）掌握增值税纳税申报表及附表的填制、掌握增值税纳税申报流程。

（2）掌握增值税纳税申报过程中的易错点及陷阱。

2. 能力目标

（1）能独立完成增值税纳税申报表及附表的填制。

（2）规范增值税发票的填写及带来的影响。

3. 价值目标

（1）政治认同。税务机关推动数字化和信息化手段，使纳税申报过程更加高效和透明。通过建立现代化的纳税申报系统，企业能够更便捷地履行纳税义务，减少烦琐的纸质申报流程。

（2）社会主义核心价值观。企业按照法律规定缴纳增值税，为国家财政提供稳定的收入。这些税款可以用于支持提供基本公共服务，从而实现共同富裕。

（3）法治观念。诚实守信主要是指按照法律规定报税以及合法合规地利用税收优惠政策。使学生明白合理申请适用税收优惠，遵守相关的条件和限制，避免滥用税收政策。

（4）职业道德。持续学习，积极钻研创新，掌握税收软件使用方法，适应现代化数字化征税，履行纳税义务。

（五）教学重点和难点

教学重点：增值税纳税申报表及附表的填制，销售货物涉及增值税的计算及缴纳。

教学难点：增值税纳税申报表及附表的填制。

（六）教学案例

1. 案例正文

（1）案例背景

增值税一般纳税人的计算公式为

当期应纳税额＝当期销项税额－当期可抵扣进项税额

－上期留抵的进项税额

在计算应纳税额时会出现当期销项税额小于当期进项税额不足抵扣的情况。根据税法规定，当期进项税额不足抵扣的部分可以结转下期继续抵扣。

销售额是指纳税人发生应税销售行为向购买方收取的全部价款和价外费用，但不包括收取的销项税额。价外费用，包括价外向购买方收取的手续费、补贴、基金、集资费、返还利润、奖励费、违约金、滞纳金、延期付款利息、赔偿金、代收款项、代垫款项、包装费、包装物租金、储备费、优质费、运输装卸费以及其他各项性质的价外费用。上述价外费用无论其会计制度如何核算，均应并入销售额计算销项税额。

（2）案例内容

自2016年成立以来，某大型商超一直积极参与水果收购业务，涵盖西瓜、柚子、橘子、榴莲、哈密瓜等多个品种。商超主要有两类采购模式。

一是，商超通过与当地农业生产者直接合作，大量采购水果，并自行填开农产品收购发票以记录交易信息。二是，在少数情况下，商超从中间商处购买水果，却未能取得相应的发票，依然自行填开农产品收购发票，用于抵扣增值税进项税额。

此外，商超还涉及租赁店铺给其他商户的情况，其中大多数商户是小规模纳税人。为减少纳税负担，商超要求租赁商户在购进货物时索取增值税专用发票,并将购货单位名称填写为商超的名称。

在 2019 年,商超通过折扣销售的方式促进商品销售,推出了"五一欢乐送""十一国庆周""春节大礼包"等活动。商超规定,购买一定数量的商品可以获得折扣。例如,购买 5 件商品可享受 10% 的折扣,购买 10 件商品则可享受 15% 的折扣。然而,税务人员在 2019 年的增值税专项检查中发现,商超在 2017 年折扣销售后的销售收入,折扣金额仅在发票备注栏中标注,未在发票的金额栏内明确注明。

（3）问题提出

问题 1：如何进行增值税的申报？

问题 2：本案例中的商超企业存在哪些问题？

问题 3：本案例中的问题,有何启示及如何修正？

2. 案例分析

（1）问题应对

回应问题 1：

大型商业超市收购农产品时会有意抬高所购农产品价格,造成农产品进项税额测算中收购单价过高,由此衍生农产品进项税额多计风险。在日常农产品采购过程中,各大商超都有可能向非农业生产者收购农产品而不能取得卖家提供的正当发票,也有可能因为卖家不愿开发票而让商超自己开农产品收购发票,甚至授权别人代开《增值税专用发票》来计算抵扣进项税额。这一做法滋生了一些风险：一是因购进农产品价格提高,在进项税额测算中可能存在依据过高,继而造成进项税额测算偏差,从而影响税务申报准确性；二是商超参与违规行为,如伪造发票,虚假交易等,这些都会严重影响商超税务信誉甚至带来法律风险。

回应问题 2：

在本案例中对于过度抵扣增值税进项税额的风险,企业可能在与个体户或小规模纳税人的协作中,获取并使用虚假的增值税专用发票,从而误将不符合法规要求的支出计入抵扣范畴。这可能在税务核查时导致虚假抵扣的情况,使企业不得不承担应纳税款的差额,影响企业的财务稳健性。虚开增值税专用发票还可能引发虚增成本以减少企业所得税负的风险。企业可能通过夸大成本、虚构支出等方式,降低其利润水平,以此减少应纳企业所得税。然而,一旦税务部门发现虚增成本的实际情况,企业可能面临补缴未纳税款以及可能的罚款和税务处罚。

回应问题3:

在大型商超运营中,当采取折扣销售方式时,应在同一张发票上明确注明折扣销售所减少的金额,若按照折扣后的金额申报可能导致少缴税款的情况。这一风险的本质在于折扣销售方式所带来的税务处理复杂性。商超在实施折扣销售时,往往通过降价或赠送等方式吸引客户。然而,如未妥善处理折扣金额的申报,便可能引发税务纳税额计算的不准确性。若商超未在发票上准确注明折扣金额,仍按照原始金额申报,税务机关可能难以核实销售情况,从而产生少缴税款的情况。此外,这种情况也涉及商超内部会计和财务处理的复杂性。商超应准确记录折扣销售的相关信息,确保发票的准确性,同时在税务申报中合理注明折扣金额。如果商超内部管理不善,发票信息与实际销售情况不一致,就可能引发税务核查的问题,甚至可能遭受罚款和税务处罚。

(2) 案例启示

① 合规性与诚信在交易中的重要性。商超在涉及水果收购业务以及租赁店铺情况下,应始终保持合规性和诚信。合规性包括正确开具农产品收购发票,确保购货方真实准确,严守税法的规定。在购货单位填写环节,不应篡改信息以获得不正当的税收优惠。这种诚信的做法有助于维护税务体系的公平性,同时降低企业可能面临的法律风险。

② 发票的准确性和明确性。商超从中间商处购买水果时,即使未能获得相应的发票,也不应自行填开农产品收购发票。这种行为可能导致税务申报信息不准确,进而引发税务调查。

③ 折扣销售的规范性。商超在折扣销售活动中,应当确保折扣金额明确标注在发票的金额栏内,而不仅仅标注在备注栏中,这有助于税务人员准确了解销售金额以及相应的折扣情况。通过规范记录折扣金额,商超可以避免在税务检查时引发不必要的疑虑或问题。

(3) 进一步引申讨论

本案例更多关注的是纳税申报方面的实践细节。本案例的核心点是依法纳税。税收是国家运转的重要资金来源和保障社会公共服务之根本,学生从业后作为财务人员应遵守税法规定并依照法定程序与标准缴纳税款。依法纳税既有利于稳定国家财政收入,又是支撑社会公共事务的一种重要方式。

此外,财务人员的职业底线是诚实守信。诚实守信作为商业活动的基本原则,尤其在财务方面,更是必须严格遵守。如实报收、出具准确发票、不搞虚假账务是财务人员应坚持的准则。引导学生思考如何依法纳税、如何提高财税人员的诚信意识。

3. 案例总结

(1) 课程思政切入点总结

深入分析实际案例中企业税收的风险点,通过三点切入思政元素。首先,合规性与诚信在交易中的重要性不可忽视。学生应认识到,财务人员作为企业的核心力量,其合规行为直接关系到企业的税务合法性和声誉。其次,强调发票的准确性和明确性,因为这直接影响企业纳税基础的确定,任何错误都可能引发潜在的税收风险。再次,规范折扣销售是关键环节之一,要求学生了解相关规定,确保折扣的正当性和合法性。通过实例,旨在教导学生诚实守信是作为财会人员的第一要义,强调良好职业操守对于企业税务管理的不可或缺性。这一理念将引导学生在实际工作中注重道德伦理,以保障企业的税收合规和经济可持续发展。

(2) 知识和能力目标的实现

通过案例分析过程中的理论讲解部分,让学生充分了解增值税纳税申报的流程及纳税申报表的填写,并通过反面案例强化理解增值税申报的易错点及陷阱,指导学生依法纳税、诚信纳税,规范增值税发票的填写等,达成能力目标。

(3) 价值目标的实现

① 税务机构为促进数字化、信息化所做的工作使得纳税申报更有效、更透明,通过实际操作让学生深刻体会。

② 让学生理解企业遵循法律规定进行增值税缴纳,为国家财政稳定注入资金。这些缴纳的税款有助于政府提供基本公共服务,进而实现共同富裕。

③ 培养学生理解财税人员诚实守信的核心在于依法报税,并合法、合规地运用税收优惠政策。具体包括合理地申请适用税收优惠,同时遵循相关的条件和限制,避免滥用税收政策。

④ 税法内容不是一成不变的,要通过不断学习提高业务能力,学生应紧跟时代需要,具有终身学习的习惯和能力。

(七) 教学过程

教学过程	教学内容	教学手段	时间分配
课程回顾	回顾案例相关税法内容,为案例引入铺垫基础知识。	讲授	5分钟
案例引入	导入案例,并将可能发生的问题提示填写风险。	讲义	2分钟
案例实操与讲解	学生自主填报纳税软件,教师案例分析案例的背景知识、基本内容、具体问题及启示等。	自主实践	30分钟
讨论	通过这个案例,能发现纳税申报中可能存在哪些风险?我们应该如何降低这些风险?	讨论	5分钟
总结	对案例内容进行总结,总结中注意进一步强化思政元素的展现,例如诚信纳税、职业素养等。	讲授	2分钟
作业	自行搜集诚信纳税的案例学习反思。	自习	1分钟

授课主题二：个人所得税网上申报系统实训*

（一）课程章节

熟悉个人所得税系统；掌握个人所得税综合所得网上申报原理及流程；掌握个人所得税分类所得网上申报原理及流程。

（二）实训内容

根据所给案例资料在线填写对各类个人所得税进行网上申报并认证。

（三）建议教材

税友集团税务实训平台相关自然人实训案例材料。

（四）教学目标

1. 知识目标

（1）掌握个人所得税综合所得的相关表格填制，掌握个人所得税纳税申报流程。

（2）掌握增值税纳税申报过程中的专项附加扣除的相关操作。

2. 能力目标

（1）能独立完成个人所得税综合所得纳税申报表的填制。

---

* 本主题参考了以下资料：

[1] 王利.构建我国诚信纳税体系的思考[J].纳税,2020(27)：9-10.

[2] 刘梦雨.筑牢税收信用体系　助推依法诚信纳税——访国家税务总局纳税服务司司长孙玉山[J].中国信用,2018(7)：11-13.

[3] 曾苙.如何实现"互联网＋"背景下的税收管理现代化[J].智库时代,2018(19)：61-62.

[4] 国家税务总局深圳市税务局课题组,张国钧,李伟等.新时代税收管理现代化问题研究[J].税务研究,2020(7)：121-126.

[5] 陈新宇,伍红.现代信息技术背景下构建新型纳税申报的思考[J].税务研究,2021(10)：139-143.

[6] 邢千.纳税申报代理中对虚开增值税专用发票纳税人的识别与防范[J].中国税务,2017(4)：66-67.

[7] 张淑铮.增值税税收流失及其防范对策研究[J].中小企业管理与科技,2010(11)：96.

[8] 林萍.大学生诚信纳税意识教育的重要性和途径探讨[J].经济与社会发展,2009(9)：147-149.

(2) 知道专项附加扣除的填写规则及其政策带来的影响。

3. 价值目标

(1) 政治认同。税务机关推动数字化和信息化手段,使纳税申报过程更加高效和透明。通过建立现代化的纳税申报系统,企业能够更便捷地履行纳税义务,减少烦琐的纸质申报流程。

(2) 社会主义核心价值观。企业按照法律规定代扣代缴个人所得税,而个人所得税可以调节贫富差距,进而实现共同富裕。

(3) 法治观念。财税人员诚实守信主要是指按照法律规定报税以及合法合规地利用税收优惠政策。使学生明白合理申请适用税收优惠,遵守相关的条件和限制,避免滥用税收政策的行为。

(4) 职业道德。持续学习、积极钻研创新,掌握税收软件使用方法、适应现代化数字化征税,更好地履行纳税义务。

(五) 教学重点和难点

教学重点:个人所得税综合所得纳税申报表的填制,专项附加扣除的填写及其政策的影响。

教学难点:个人所得税综合所得纳税申报表的填制。

(六) 教学案例

1. 案例正文

(1) 案例背景

个人所得税专项附加扣除,包括子女教育、继续教育、大病医疗、住房贷款利息或者住房租金、赡养老人、3岁以下婴幼儿照护等支出。

扣缴义务人向居民个人支付工资、薪金所得时,应当按照累计预扣法计算预扣税款,并按月办理全员全额扣缴申报。具体计算公式为

本期应预扣预缴税额=(累计预扣预缴应纳税所得额×预扣率
　　　　　　　　　　－速算扣除数)－累计减免税额
　　　　　　　　　　－累计已预扣预缴税额

累计预扣预缴应纳税所得额＝累计收入－累计免税收入

$\qquad$－累计减除费用－累计专项扣除

$\qquad$－累计专项附加扣除

$\qquad$－累计依法确定的其他扣除

其中,累计减除费用,按照5 000元/月乘纳税人当年截至本月在本单位的任职受雇月份数计算;专项扣除,包括个人按照国家规定的范围和标准缴纳的基本养老保险、基本医疗保险、失业保险和住房公积金(即个人负担的三险一金);一个纳税年度扣除不完的,不能结转以后年度扣除。

单位和个人分别在不超过职工本人上一年度月平均工资12%的幅度内,其实际缴存的住房公积金,允许在个人应纳税所得额中扣除。单位和职工个人缴存住房公积金的月平均工资不得超过职工工作地所在设区城市上一年度职工月平均工资的3倍,具体标准按照各地有关规定执行。

单位和个人超过上述规定比例和标准缴付的住房公积金,应将超过部分并入个人当期的工资、薪金收入,计征个人所得税。

(2) 案例内容

浙江七鸣教育科技有限公司2024年1月有10名境内人员工作。公司财务人员伊晟计算并发放员工的工资薪金、奖金等,以及预扣预缴个人所得税,10名境内人员的个人所得与个人所得税计算数据如资料所示(略)。

请审查2024年1月浙江七鸣教育科技有限公司的个人所得税计算数据是否正确,并进行个人所得税预扣预缴纳税申报。(2024年杭州市公积金扣除上限3 600元。)具体个人资料略。

备注:收到总经理何天仁提交的专项附加扣除信息表,家庭情况如下:妻子苏如(身份证:500110198306192264)是家庭主妇,家中独子何雨浩(身份证:330102201603070637)于2022年9月进入杭州建德小学读一年级,何天仁是家中独子,需赡养父亲何大勇(身份证:

370101195609290019)、母亲林如梅(身份证：340801196307020125)。

通过以上纳税申报数据形成纳税申报表依次保存，报表数据上报成功后，进入评分系统选择相对应的案例进行系统评分，将各报表依此打印。

(3) 问题提出

问题1：如何进行个人所得税综合所得的申报？

问题2：此案例中备注部分需要特别注意的是什么？

2. 案例分析

(1) 问题应对

回应问题1：

收入及减除项目填写。在进行个人所得税综合所得申报时，需要填写收入和相关减除项目的信息。详细填写每月的工资、薪金收入，确保填写准确无误，包括年终奖、加班费等。减除项目包括基本减除费用、专项扣除等。系统会自动预填一些专项附加扣除信息，如子女教育、继续教育、大病医疗、住房贷款利息、住房租金和赡养老人等。须核对并补充相关信息，确保数据完整准确。

税款计算。在收入及减除项目填写完成后，系统将自动进行税款计算。根据填写的收入和扣除信息，系统自动计算出应纳税额。系统会根据不同收入来源和扣除项目，计算最终应缴或应退税额。

附表填写。在主表填写完成并进行税款计算后，还需填写相关附表，以提供更加详细的信息。一些项目如基本养老保险、基本医疗保险等会自动生成，无须手动填写，但需要核对系统自动生成的数据，确保准确。如果购买了商业健康保险，需要填写相关附表，提供保险公司和保单信息，填写保费支出等信息，以便享受相关税收优惠。如果参加了税收递延型商业养老保险，需要填写该附表，提供保险公司、保单号以及缴费金额等信息。此外，还需填写符合条件的公益性捐赠信息，提供捐赠金额、受捐机构名称及相关证明材料。

申报表报送。完成所有信息的填写后，需要将申报表正式报送税务机关(模拟)。确认所有填写信息无误后，提交申报表。系统会生成申报成功的确认信息和申报编号。税务机关(模拟)会对提交的申报表进行审核。收到审核结果后,如果有补充材料或更正信息的要求,按要求进行处理。如果审核通过,会收到应退税款或应补税款的通知。

回应问题2:

根据案例备注部分,总经理何天仁符合子女教育和赡养老人的专项附加扣除标准,因此根据相关规定予以扣除。相关扣除主要有以下两点。

子女教育。纳税人的子女接受全日制学历教育的相关支出,2019年1月1日至2022年12月31日,纳税人可以按照每个子女每月1000元的标准定额扣除。2023年1月1日起,纳税人可以按照每个子女每月2000元的标准定额扣除。扣除比例由夫妻双方协商确定,每一子女可以在本人或配偶处按照100%扣除,也可由双方分别按照50%扣除。因何天仁的妻子是家庭主妇,所以子女教育专项附加扣除在何天仁处100%扣除,享受金额为2000元/月。

赡养老人。纳税人赡养一位及以上被赡养人的赡养支出,2023年1月1日起统一按照以下标准定额扣除:纳税人为独生子女的,按照每月3000元的标准定额扣除;纳税人为非独生子女的,由其与兄弟姐妹分摊每月3000元的扣除额度,每人分摊的额度不能超过每月1500元。可以由赡养人均摊或者约定分摊,也可以由被赡养人指定分摊。约定或者指定分摊的须签订书面分摊协议,指定分摊优先于约定分摊。具体分摊方式和额度在一个纳税年度内不能变更。根据资料何天仁可以享受的赡养老人专项附加扣除为3000元/月。

(2) 案例启示

① 充分利用专项附加扣除政策。在课程中,教授学生如何利用专项附加扣除政策不仅是技能培训,更是对学生政策理解与社会责任感的培养。通过深入讲解案例中的税收优惠政策,让学生认识到这些政策的制定初衷是为了减轻纳税人的负担,促进社会公平。学生通过学习和应用这些政策,能更好地理解国家政策的用意,从而培

养社会责任感和依法纳税的意识。

②准确填写申报表。在纳税申报过程中,准确填写申报表是一项基本要求。这不仅是技术问题,更是诚信与职业道德的体现。课程中强调数据的真实准确性,能够培养学生的诚信意识和严谨的职业态度。通过案例分析,让学生看到虚假申报的严重后果,理解诚信纳税对个人、企业和国家的重要性,从而树立正确的价值观和职业道德观。

(3) 进一步引申讨论

在个人所得税申报课程中,深入理解和应用专项附加扣除政策,不仅是技能培训,更是学生理解国家税收政策和承担社会责任的重要机会。专项附加扣除政策涵盖了多个方面,如子女教育、住房租金、住房贷款利息等,旨在减轻中低收入群体的税收负担,促进社会财富的公平分配。通过教育学生如何充分利用这些扣除项,不仅有助于他们在个人生活中减少税收支出,还能增强他们对政府税收政策的理解与认同。

除了专项附加扣除,课程还应扩展到其他优惠措施的理解与应用,如个人一次性奖金的税收政策。个人一次性奖金通常作为特定工作成就或公司利润达成的奖励,在税收政策中享有一定的优惠待遇。学生通过深入了解优惠政策的适用条件和计算方式,能够更好地掌握如何合理规划自己的财务和税务安排,进而提升个人财务管理能力和对税收法律的遵从性。

这种综合的学习和实践,不仅有助于学生在个人税务管理方面的提升,也培养了他们对税收政策、职业道德及社会责任的全面理解和应对能力。通过思想政治教育的渗透,个人所得税申报课程不仅仅是知识传授,更是塑造学生综合素质和社会角色认同的重要途径,有助于推动社会的经济公平和稳定发展。

3. 案例总结

(1) 课程思政切入点总结

本案例通过个人所得税纳税申报中专项附加扣除作为课程思政

的切入点，引导学生思考如何充分利用税收优惠政策并准确填写纳税申报表，再由此引申出税收优惠政策的目的在于减轻纳税人负担，并从横向公平和纵向公平角度更好地理解国家出台相关政策的实际内涵，以此引发学生对社会责任感、依法纳税以及诚信纳税的深入思考。

（2）知识与能力目标的实现

通过案例分析过程中的理论讲解，让学生充分了解个人所得税纳税申报的流程及纳税申报表的填写，并通过具体案例强化理解专项附加扣除填报，帮助学生理解在实践中专项附加扣除的意义及对税收公平的作用达成能力目标。

（3）价值目标的实现

① 学生通过实际操作，能够体会税务机构为促进数字化、信息化所做的工作，从而使得纳税申报更有效、更透明。

② 让学生理解企业按照法律规定代扣代缴个人所得税，而个人所得税可以调节贫富差距，进而实现共同富裕等目标。

③ 培养学生理解，诚实守信的核心在于依法报税，并合法、合规地运用税收优惠政策。具体包括合理地申请适用税收优惠，同时遵循相关的条件和限制，避免滥用税收政策的行为。

④ 税法内容不是一成不变的，学生要通过不断学习提高业务能力，紧跟时代需要，培养终身学习的习惯和能力。

（七）教学过程

教学过程	教学内容	教学手段	时间分配
课程回顾	回顾案例相关税法内容，为案例引入铺垫基础知识。	讲授	5分钟
案例引入	导入案例。	讲义	2分钟
案例实操与讲解	学生自主填报纳税软件，教师案例分析案例的背景知识、基本内容、具体问题及启示等。	自主实践	30分钟
讨论	通过案例，归纳纳税申报的核心内容以及该如何提高纳税申报的信用。	讨论	5分钟

续 表

教学过程	教 学 内 容	教学手段	时间分配
总　结	对案例内容进行总结,总结中注意依托专业知识进一步强化思政元素的展现。	讲授	2分钟
作业	下课后自行搜集诚信纳税的案例学习反思	自习	1分钟

5.9 《税收筹划》课程思政案例

一、《税收筹划》课程思政总体教学目标

实现专业教育与思想政治教育的融合,将价值塑造、知识传授和能力培养体现于税收筹划课程的教学内容设计、教学方法使用、教学案例选择以及教学效果考核的全过程。

(一) 知识目标

立足中国国情,使学生在熟知我国税收制度和国际税收规则的基础上,熟悉税收筹划的基本原理及一般方法,掌握不同税种、不同经营环节税收筹划的常见方法及组合。

(二) 能力目标

培养学生基于最新税收制度、规则和国家税收政策导向,对企业各项行为进行调整、在税收风险可控的范围内进行有效税收筹划,追求企业价值最大化的能力;培养学生从变化与发展的视角、从企业经营全局看待税收筹划,能理论联系实际,因时、因地制宜地进行综合筹划的能力。

(三) 价值目标

引导学生立足中国特色社会主义制度和我国国情,深刻理解我国的税收制度、反避税措施和税收政策,增强政治认同;从权利与义务相统一的角度,帮助学生理解并认可企业和个人在享有税收筹划权利的同时也应承担相应的社会责任感;帮助学生树立依法纳税、依

法筹划的理念,培养严谨守法的职业道德与操守。

二、课程思政与专业思政目标的对应关系

思政目标	税收学专业思政目标	《税收筹划》课程思政目标
1. 政治认同	(1) 具有坚定的政治方向,拥护中国共产党的领导。 (2) 认同中国特色社会主义道路。 (3) 理解中国、了解国情、认同国家制度和改革发展成就。	(1) 立足中国特色社会主义制度和我国国情,避免脱离国情的制度比较,认同国家税收方针和政策,理解我国的税收制度和税收政策。 (2) 理解我国在对外开放过程中税收制度和反避税制度的不断改革完善进程。
2. 社会主义核心价值观	(1) 经国济世的社会责任感和担当意识。 (2) 较强的公共意识。 (3) 敬业爱岗、团结协作。	(1) 关心公共问题、维护税收公平,培养学生研究公共问题的能力、沟通公共各方的能力、制定公共规则的能力。 (2) 追求个人、企业价值最大化的同时应承担社会责任。
3. 宪法法治	(1) 法治观念牢固,法治意识强烈,具备运用法治思维和法治方式参与社会公共事务、维护自身权利和化解矛盾纠纷的意识和能力。 (2) 具有国际视野,熟悉国际、国内规则、制度,能够理解和遵守相关法律和规定。	(1) 税收筹划必须以法律为准绳,以不违反法律为底线,追求符合国家立法意图的筹划。 (2) 我国税收征收管理法律、法规不断完善,尤其是我国反避税制度的不断完善要求税收筹划除了在流程和形式外,更要在实质上符合法律法规相关要求,实质重于形式。
4. 道德修养	(1) 良好的思想品德、道德修养。 (2) 良好的职业道德、遵纪守法的品质,能自觉自愿地遵守职业道德规范。 (3) 具有较好的自主学习能力。	(1) 恪守独立、客观公正、诚信的原则。 (2) 具备和保持应有的专业胜任能力和职业判断能力和较强的风险意识。 (3) 履行保密义务。 (4) 具备变化发展的眼光,保持终身学习的职业理念。
5. 文化素养(中华优秀文化传统教育)	(1) 具有较强的环境适应能力。 (2) 具有较好的跨文化沟通、协调能力和语言文字表达能力,较高的人文素质。	(1) 中华优秀传统文化的当代价值,如崇正义、尚和合、求大同在解决税收筹划引发的相关争议中的作用。 (2) 较好的方案撰写能力及数据预测能力,提升沟通、协调能力。 (3) 正心笃志、崇德弘毅,知荣辱,敢创新。

三、课程思政总体融入体系

教学章节	教学思政内容	教学思政相关知识点	教学思政方式	思政目标 1	2	3	4	5
第1章 税收筹划概述	实践中税收筹划的边界	税收筹划概念和特征	讲授、讨论、课后作业	√		√		√
第2章 增值税的税收筹划	小规模纳税人与一般纳税人的筹划	纳税人的筹划	讲授、案例讨论、课后作业	√	√	√		√
第3章 消费税的税收筹划	企业合并的筹划	企业设立业务的筹划	讲授、讨论、课后作业	√			√	
第4章 企业所得税的税收筹划	节能环保、研发费用加计扣除、小微企业税收优惠政策筹划	税收优惠的筹划	讲授、讨论、视频资料播放、课后作业		√	√		
第5章 个人所得税的税收筹划	明星偷逃税案	转化为其他形式的所得	讲授、讨论、视频资料播放、课后作业		√	√	√	√
第6章 其他税的税收筹划	南京市某房地产开发商案例	控制增值额进行筹划	讲授、案例讨论、课后作业	√	√		√	√
第7章 国际税收筹划	直接转股和间接转股方式的筹划	投资退回与投资退出的筹划	讲授、讨论、课后作业		√	√		
第8章 税收筹划综合案例与解析	远大集团税收筹划案例	综合税收筹划	讲授、讨论、课后作业	√	√	√	√	√

四、部分章节教学展示

授课主题一：跨国公司的国际税务筹划*

（一）课程章节

第1章 税收筹划概述

（二）教学内容

1. 税收筹划的概念、特点。

2. 税收筹划的原则。

3. 税收筹划的意义及应注意问题。

（三）建议教材

梁俊娇：《税收筹划（第11版）》，中国人民大学出版社，2023年。

（四）教学目标

1. 知识目标

（1）掌握税收筹划的概念、特点。

（2）理解税收筹划的原则、意义。

2. 能力目标

（1）理解实践中税收筹划应注意的问题，尤其是对税收筹划风险的理解。

（2）能在实践中把握好税收筹划的边界。

3. 价值目标

（1）政治认同。通过我国税收的人民性以及税法面前人人平等，增强学生的政治认同。

（2）社会主义核心价值观。纳税人有税收筹划的权利，但同时也有应承担的社会责任，过度避税最终会引发民众的反感，帮助学生增强社会责任意识。

---

* 本主题参考了以下资料：

[1] 梁俊娇.税收筹划（第11版）[M].北京：中国人民大学出版社，2023.

(3) 法治观念。税收筹划必须在依法前提下进行,帮助学生强化法制意识和观念。

(4) 职业道德。引导学生持续学习提升政策水平和业务水平,处理好国家利益与客户利益之间的关系,诚实守信,有底线意识。

(五) 教学重点和难点

教学重点:税收筹划的特点、原则。

教学难点:深入理解实践中税收筹划应注意的问题。

(六) 教学案例

1. 案例简介

(1) 案例背景

2001年2月8日,时任美国总统布什向国会提交了涵盖十年减税并最终取消遗产税的提案,在众议院和参议院获得通过,在2002年1月1日开始实施。根据该项法律,2010年停止征收遗产税,2011年开始则将遗产税恢复为2001年的规定。这意味着,在美国无论人们在2010年活着还是去世,所有的财产馈赠和遗产继承都不征税。

(2) 案例内容

L先生是一位拥有90亿美元财产的富翁,但是他在2009年获悉自己生病无法活到2010年,而他唯一的继承人——孙子雷德也急等肺移植来救命。为了延续孙子的生命,也为了使自己的巨额财富逃脱20亿美元的遗产税负,L先生和律师一起策划了两起让人匪夷所思的官司。第一场官司围绕悬赏植物人器官移植展开,争议焦点为"如果脑死亡不算生命的结束,那么应该用什么标准来判断真正的死亡?"经过论证和民意调查,得克萨斯州立法院判决"人只要有一个细胞还活着,便可认为其生命依旧存在"。根据判决,L先生不能移植植物人器官给孙子,他最终决定将自己的肺移植给孙子雷德。移植手术后几个月,L先生去世。在他去世的第二天,美国税务机关要求对90亿美元遗产按2009年的税法规定征收约20亿美元税金,L先生的律师拒付这笔遗产税,于是开始了第二场官司。L先生的律师指出L先生并没有死,所以不能征收遗产税,这使得争论焦点变为L先生是否死亡。根据第一场官司的判决,L先生的肺还在孙子雷德身上"活着",所以L先生还有细胞活着,应该认为其生命依旧存在,最终法院不得不判决L先生还活着。既然还活着,自然不需付遗产税。时间来到2010年,律师根据L先生的遗嘱将90亿美元的遗产赠送给孙子雷德,赠送时间为2010年,而根据税法规定2010年遗产税免征,最终L先生成功将90亿美元遗产转移给孙子而无须缴纳遗产税。

(3) 问题提出

问题1:本案例中税收筹划得以实现的逻辑是什么?

问题2:从本案例中可以得到哪些启示?

2. 案例分析

(1) 问题应对

回应问题1:

本案例得以实现规避遗产税的前提条件是2010年美国遗产税免征。L先生要想规避遗产税,只能是在2010年将财产赠送给孙子雷德,而按照L先生的身体条件,他是活不到2010年的。L先生一死必定触发遗产税,所以要规避遗产税就只能实现L先生死亡但法律仍认可他依然活着。这个匪夷所思的命题,就是本案例的筹划关键。

为了实现L先生身死却被认定活着,L先生和专业人士精心设计了两个官司。第一个官司是L先生故意高价悬赏选择一个植物人来给自己的孙子捐肺,通过官司争论何种状态才能称得上真正的死亡,最后得出判决"人只要有一个细胞还活着便可认为其生命依旧存在",L先生如愿以偿地输掉了官司。于是,他在2009年6月赶紧安排了将自己的肺移植给孙子,孙子成功获救的同时L先生的肺细胞也存活在孙子的体内。2009年9月,L先生去世,此前他在律师的协助下立下了专业的遗嘱。在税务机关上门要求征收遗产税时,L先生的律师指出L先生并没有死,因而不能征收遗产税,并将给L先生出具死亡证明的医学专家告上法庭,依据第一个官司中的判决,L先生移植到孙子身上的肺运行正常说明L先生的细胞并没有死亡,因而L先生并没有死亡。最终,L先生的律师赢得官司,证明L先生并没有死亡,税务机关不能在2009年因为L先生的死亡而征收遗产税。

2010年1月1日,L先生的律师向大家出示了L先生的遗嘱,宣布所有的遗产均由其孙子继承,继承日期为2010年1月1日。由于2010年免征遗产税,因而这笔遗产继承无须缴纳遗产税。

回应问题2:

首先,实践中筹划的方法和方案不是固定不变的,要根据具体的条件包括法律制度、社会状况、纳税人的具体情况等,采取灵活多变的方式设定一个最匹配方案。正如本案例中刚好碰到由于政策变动出现了一个2010年遗产税税率为零的绝佳时间窗口,而富翁本身又无法活到2010年,同时他的继承人——孙子刚好需要器官移植来维持生命,这些特别的条件最终形成案例中这一特别的方案。其次,税收筹划的实现是有条件的,有时也是有风险的,因而结果并不确定。由于2011年遗产税税率发生变化,若再采取本案例的方案就行不通了。最后,专业的事由专业的人来做,本案例中富翁L正是充分地借助了美国税法、律师和会计界知名人士的力量才用智慧和生命完成了这一筹划方案。

(2) 案例启示

税收筹划以预先性为基础,必须在纳税义务发生和确定之前进行谋划。税收筹划难以避免风险性,预先性也决定了筹划结果的不确定性,正如本案例中设计的两次官司其结果并非百分百可控。但是,有风险并不意味着一定要放弃筹划,可以在风险可控的范围内进行筹划方案的抉择,亦可以提前做好风险应对方案。

(3) 进一步引申讨论

本案例从税收筹划的角度看,并未违反法律相关规定,可以说是一个成功案例。但是,一个拥有90亿美元财富的富人却想尽办法逃避 20 亿美元的遗产税义务,从个人的角度看,他的行为是否值得提倡呢?通过此问题将对案例的评判从税收筹划角度拓展到更深的层次,引发学生对个人社会责任和人生价值的思考。

3. 案例总结

(1) 案例小结

税收筹划以不违法为底线,以遵循税法精神和政策意图为导向。一个有效的筹划方案需要全面综合考虑,既要熟知相关政策和法律,也要全面了解筹划对象本身,可能用到各种各样的方法和与众不同的切入点,最终来改变纳税义务。纳税义务的改变既可能是金额的变化,也可能是时间的推移或地点的转移,不要受已有经验的限制,它需要我们发挥创造性,因势利导。

(2) 知识和能力目标的实现

本案例中虽死犹生节省遗产税 20 亿美元,很有冲击力地帮助学生理解了税收筹划的意义,通过对制度背景的介绍和本案例中的特殊条件进行分析,理解税收筹划逻辑的过程,帮助学生深刻理解税收筹划的原则和应注意事项,强化学生对税收筹划必须在不违法的前提下进行的认识。

(3) 价值目标的实现

通过对比美国不同时期截然不同的遗产税制和我国税收的人民性以及税收制度的稳定性,增强学生的制度认同和政治认同。

通过案例引申讨论引导学生思考,纳税人有税收筹划的权利,也有应承担的社会责任,帮助学生增强社会责任意识。

通过本案例筹划逻辑的分析,使学生体会到无论在哪个国家,税收筹划都必须在不违法的前提下进行,有底线意识,强化学生法治意识。

通过筹划方案的独特和对各种政策、客观条件的巧妙应用,使学生在真实案例中感受专业知识的重要性,鼓励他们持续学习提升政策水平和业务水平。同时,通过 L 先生的律师在其死后依然努力完成其委托,增强学生职业道德意识。

（七）教学过程

教学过程	教学内容	教学手段	时间分配
课程回顾	回顾案例相关课程内容，为案例引入铺垫基础知识。	讲授	2分钟
案例引入	衔接授课内容，导入案例。	二维码扫描阅读	3分钟
案例讲解	在基础知识讲解的基础上针对本案例进行制度背景介绍、通过两个问题引发学生思考并展开分析。	PPT展示案例分析	30分钟
讨论	在案例讲解的基础上，进一步启发学生思考纳税人的权利、义务与社会责任。	讨论	7分钟
总结	对案例内容进行总结，总结中注意依托专业知识进一步强化思政元素的展现。	讲授	3分钟
作业布置	通过课后作业引发学生进一步思考，促进学生实干精神的培养和提升学生独立自主解决问题的能力。	PPT展示	2分钟

5.10 《税收学专业英语》课程思政案例

一、《税收学专业英语》课程思政总体教学目标

本课程是在大学英语学习的基础上，要求学生通过对相关财税理论及研究方法的学习，能够熟悉与财税理论相关的英语知识，熟练掌握与财税相关的专业英语词汇和专业英语表达方式，从而提高学生专业英文文献阅读能力和专业英语写作能力，提升学生进行专业英语交流的水平。

（一）思政育人目标

树立服务意识，掌握过硬的专业能力，能胜任和完成高质量的税收相关工作。要有全局意识和长期规划思维，在完成某个具体项目的时候，既要着眼于当下，又要有前瞻性的考量，特别是对国家大政

方针的理解和国内外财税政策的学习要及时准确。

（二）知识目标

掌握课程要求的专业英语词汇及专业英语表达方式；理解并掌握财税基本理论及其英文表述，为学生及时掌握最新的国际财税前沿和从事相关的专业学习和研究，奠定语言基础。

（三）能力目标

引导学生专注努力、学习积累，具备阅读和翻译财税类英文原版文献的能力，具备基本的财税类英语论文的写作能力。

（四）价值目标

在本课程的学习过程中，通过将社会主义核心价值观和作为税务师从业人员应具备的诚信、守法等素质要求结合起来，为学生将来从事涉税工作奠定良好的职业道德和思想基础。

二、课程思政与专业思政目标的对应关系

思政目标	税收学专业思政目标	《税收学专业英语》课程思政目标
1. 政治认同	（1）具有坚定的政治方向，拥护中国共产党的领导。 （2）认同中国特色社会主义道路。 （3）理解中国、了解国情、认同国家制度和改革发展成就。	（1）关心国家时事，在专业领域讲好中国故事。 （2）通过课内外延申阅读国内外专业领域的经典著作，让学生认识到专业的发展历史，树立制度自信。 （3）履行保密义务。 （4）善于从现象到本质看待问题，具有坚定的政治立场。
2. 社会主义核心价值观	（1）经国济世的社会责任感和担当意识。 （2）较强的公共意识。 （3）敬业爱岗、团结协作。	（1）引导学生树立公共意识，有为国家建设奉献更大力量的信心决心和能力。 （2）注重社会效益的衡量和讨论，将自身价值与国家的发展从目标上进行有机的统一，个人价值与公共需求相一致。 （3）平衡我国经济社会发展中取得的成就，让学生养成系统思维和整体考量的习惯。

续　表

思政目标	税收学专业思政目标	《税收学专业英语》课程思政目标
3. 宪法法治	(1) 法治观念牢固,法治意识强烈,具备运用法治思维和法治方式参与社会公共事务、维护自身权利和化解矛盾纠纷的意识和能力。 (2) 具有国际视野,熟悉国际、国内规则、制度,能够理解和遵守相关法律和规定。	(1) 能够查阅外文相关专业资料和法律法规,能够胜任涉外税收事务。 (2) 关心国内外财税政策变动,并能够分析其变化趋势,具有很强的法治思维和法治意识。
4. 道德修养	(1) 良好的思想品德、道德修养。 (2) 良好的职业道德,遵纪守法的品质,能自觉自愿地遵守职业道德规范。 (3) 具有较好的自主学习能力。	(1) 引导学生做一个正外部性和正能量积极向上的人。 (2) 学无止境,及时了解并自主学习国内外专业前沿的理论和实务知识。 (3) 增强英语沟通和表达能力。
5. 文化素养（中华优秀文化传统教育）	(1) 具有较强的环境适应能力。 (2) 具有较好的跨文化沟通、协调能力和语言文字表达能力,较高的人文素质。	(1) 能够针对一些现象,提出自己的见解并给予周密论证的思维能力。 (2) 专业知识与英语能力有机融合,学以致用,增强沟通能力。 (3) 打破语言障碍,架起专业领域的中外交流桥梁。

三、课程思政总体融入体系

教学章节	思政教学内容	思政教学相关知识点	思政教学方式	思政目标 1	2	3	4	5
Part 1 Introduction	我国改革开放和走市场经济道路所取得的成就	公共财政和政府	讲授、案例讨论、课后作业		√	√	√	√
Part 2 Government Expenditure	通过政策看政策背后的本质和深层次的认识	政府支出分析	讲授、讨论、视频资料播放、课后作业	√	√	√	√	

续　表

教学章节	思政教学内容	思政教学相关知识点	思政教学方式	思政目标 1	2	3	4	5
Part 3 Tax Analysis	涵养税源的理解	税收的基本概念	讲授、讨论、课后作业	√	√	√	√	√
Part 4 Government Revenue	企业所得税优惠政策	公司所得税	讲授、讨论、课后作业		√	√	√	√
Part 5 Intergovernmental Fiscal Policy	"一带一路"倡议：十年之变	财政政策	讲授、案例讨论、课后作业	√	√	√	√	√

四、部分章节教学展示

授课主题一：Fiscal Policy*

（一）课程章节

Part 5　Intergovernmental Fiscal Policy，Chapter 19　Fiscal Policy，The Effect of Fiscal Policy.

（二）教学内容

Multiplier effect；Tax multiplier and balanced budget multiplier；The numerical example；The effects of fiscal policy.

（三）建议教材

蒋洪、申燕：《财税专业英语》（第6版），首都经济贸易大学出版

---

* 本主题参考了以下资料：

[1] https://baijiahao.baidu.com/s?id=17792644794793593476&wfr=spider&for=pc.

[2] https://baijiahao.baidu.com/s?id=17886955880880883231536&wfr=spider&for=pc.

[3] https://www.ximalaya.com/sound/674392759.

[4] 郝春虹,刘彦成,张浩."一带一路"倡议是否显著扩展了财政支出的随机前沿面——基于全国272个地市级城市的准自然实验[J].中央财经大学学报,2024(3)：26-35.

社,2023年。

(四)教学目标

1. 知识目标

(1) Master the multiplier effect.

(2) Be familiar with the effects of fiscal policy.

(3) Understand the numerical example.

2. 能力目标

(1) 能够运用英语介绍财政政策的乘数效应。

(2) 能够运用英语阐述财政政策的效应,并给予一定的分析。

3. 价值目标

(1) 政治认同。财政政策的效应与国家战略和政策方针有紧密的联系,通过改革开放、"一带一路"倡议等的实施,实现中华民族的伟大复兴,能够极大地提升学生对中国特色社会主义道路的政治认同。

(2) 社会主义核心价值观。财政政策在科教文卫等各个领域的效应,可以增强学生投身社会经济建设的主人翁意识,树立正确的世界观、价值观和人生观。

(3) 法治观念。财政效应的产生以及效率的保障,需要建立在预算法、税法等法律法规之下,阐述依法治国在财政领域的体现,引导学生树立遵纪守法的观念。

(4) 职业道德。大国财政蕴含着大国智慧,引导学生保持对宏观、中观和微观事件的关注,以及从现象到本质的专业洞察力。

(五)教学重点和难点

教学重点: The effects of fiscal policy.

教学难点: Multiplier effect.

(六)教学案例

1. 案例正文

(1) 案例背景

2023年10月18日,第三届"一带一路"国际合作高峰论坛开幕式在北京举行。为庆祝"一带一路"倡议(BRI)提出十周年,世界各国领导人齐聚北京,参加本次备受瞩目的论坛。中共中央总书记、国家主席、中央军委主席习近平出席开幕式并发表主旨演讲。习近平在现场宣布中国支持高质量共建"一带一路"的八项行动,包括促进绿色发展、推动科技创新等。自启动以来,"一带一路"倡议已成为世界上规模最大、覆盖面最广的国际合作平台。截至 2023 年 6 月,中国已与五大洲 150 多个国家和 30 多个国际组织签署了 200 多项"一带一路"倡议合作协议。过去十年间,已启动 3 000 多个"一带一路"倡议合作项目,涉及投资近 1 万亿美元。习近平总书记表示,共建"一带一路"源自中国,成果和机遇属于世界。中国正努力把"一带一路"合作推向更高质量、更高水平的发展新阶段,推动各国实现现代化。世界银行预测,到 2030 年,"一带一路"相关投资有望帮助 760 万人摆脱极端贫困,3 200 万人摆脱中度贫困。

(2) 案例内容

The Belt and Road Initiative: A Decade of Change

For centuries globalization was largely shaped by sea. While Western maritime nations rapidly developed through colonial expansion, landlocked nations were trapped in a cycle of exploitation and poverty.

Over the past decade, a transformative initiative has begun to break this cycle and is revitalizing the economies of inland countries. That is the Belt and Road Initiative, established in 2013.

The intercontinental railways have greatly reduced trade costs by providing a swift and cost-effective alternative to sea or air freight, thereby driving the growth of global trade.

According to the World Bank, the Belt and Road Initiative could reduce global trade costs by as much as 1.8 percent.

There are now 86 freight train lines in China that are linked to more than 200 cities in 25 European countries and regions and more than 100 cities in Asia, so the network covers almost the entire landmass of Eurasia.

This network has brought together the economies of East Asia and developed Europe with the vast hinterland countries, resulting in increased economic and trade exchanges, the growth of thriving cities, and the emergence of a new center of global economic growth.

By tackling infrastructure disparities in developing countries, the initiative is helping dismantle obstacles that had long hampered their development.

The China-Laos Railway brings to fruition a long-held dream of the Lao people to transform their country from a landlocked one to a land-linked hub.

The Mombasa-Nairobi Railway has created 46,000 jobs and added more than two percentage points to local economic growth. It has also revitalized more than 30 towns along the route, leading to a new wave of urbanization in the area.

Nigeria now has its first modern deep seaport Lekki, which is forecast to create nearly 170,000 jobs and generate revenue of $361 billion over the next 45 years.

The initiative has facilitated the adoption of clean energy in Africa, helping it avoid the pollution associated with Western industrialization.

The Belt and Road Initiative has attracted the participation of more than three-quarters of countries globally, substantially improving the lives of 30 percent of the world's population.

The initiative has generated nearly a trillion dollars in investment in the past decade, created 420,000 local jobs and lifted nearly 40 million people out of poverty.

It should not be forgotten that China's role in developing infrastructure in less well-off countries is something their Western colonial masters never did. And contrary to what Western cynics say, that help comes with no strings attached. For China, everything these countries gain from its help is a gain for the world.

(3) 问题提出

问题1:"一带一路"倡议是如何影响财政支出效率的?

问题2:如何理解"一带一路"倡议是构建人类命运共同体的生动实践?

2. 案例分析

(1) 问题应对

① 案例相关理论讲授。

讲解财政乘数效应的理论。

② 具体问题回应

回应问题1:

党的二十大报告指出,要"坚持社会主义市场经济改革方向,坚持高水平对外开放"。"一带一路"行动规划的提出为中国进一步吸引外资提供了有利条件,2023年发布的《高质量共建"一带一路"发展报告(2013—2023)》指出,从2013年"一带一路"倡议提出至今,"一带一路"贸易在中国对外贸易中的占比已从不足26%提升到34.3%。"一带一路"倡议的实施为沿线城市吸引了大量外资,提升了沿线城市的对外开放水平,已有研究表明,外商直接投资的增长可以提高地方财政支出效率。不仅如此,大量外资的进入能够帮助改善资源配置,提升国内企业的创新水平,提高国内市场化程度,最终进一步帮助政府提升财政支出效率。

回应问题2:

从实践来看,构建人类命运共同体理念解决的是当今世界面临的突出问题。作为一种开创性理念,人类命运共同体必须在行动上得到落实,特别是当今世界正处于百年未有之大变局,政治、经济、文化、科技和安全等各方面的格局都在发生深刻变化,既呈现一系列前所未有的新特征,也产生了若干全球性问题,国际社会正面临多边和单边、开放和封闭、合作和对抗的重大考验。正是在这一关键历史时期,共建"一带一路"倡议为构建人类命运共同体提供了最具标识度的重要平台和最为直接、最为现实的实践路径。在共建"一带一路"倡议的国际合作框架中,相关各方始终秉持正确义利观,携手应对世界格局面临的挑战,开创发展新机遇,谋求发展新动力,拓展发展新空间,体现的是优势互补、互利共赢、责任共担、相融共生,让不同文明之间平等交流、互学互鉴,让共同发展成为时代潮流。

(2)案例启示

财政政策是建设中国式现代化,提升高质量经济发展的重要保障。"一带一路"倡议的实施所增加的基础设施投资和贸易合作,均需要沿线城市通过大量的财政支出给予支持,案例呈现的"一带一路"成就,显示"一带一路"倡议与财政效率之间有着显著的影响关系。在"一带一路"倡议下,财政政策的社会效应不仅是国内,更是世界责任担当的一种体现。2023年是构建人类命运共同体理念提出10周年,也是共建"一带一路"倡议提出10周年。构建人类命运共同体理念从人类整体利益和福祉出发谋划人类未来,深刻回答了"世界怎么了、我们怎么办"的时代之问。共建"一带一路"倡议顺应全球和平、发展、合作大势,推动共建繁荣之路、和平之路,促进民心相通与文明互鉴,是推动构建人类命运共同体的重要实践平台,也为构建人类命运共同体注入了源源不竭的强劲动力。

(3)进一步引申讨论

"一带一路"倡议背景下,财政政策如何更好地发挥效应?

第一,优化"一带一路"沿线城市更大的财政分权体制,并放大政策乘数效果。"一带一路"沿线城市具有更高的财政支出效率,建议给予相关该地区公共财政更大的自主权,充分发挥"马太效应",对沿线城市的正向激励作用将有助于各地方政府实现更高效的公共支出。

第二,基于各地区不同比较优势及资源禀赋,对沿线地区给予差异化发展定位。鉴于"一带一路"倡议对"一带"和"一路"沿线城市财政支出效率的影响效果存在差异,建议各地区进一步协调和明晰各自的功能定位。不同区位的城市拥有不同的要素禀赋,具体而言,西北地区与中西亚国家毗邻,可以利用其地理位置的优势;西南和南部地区则在向南亚、东南亚辐射方面具有地理上的优越性;东北和内蒙古等地区可以成为连接东亚和北亚国家的桥梁。这些都将有利于实现各区域之间的优势互补。

第三,继续推进落实"减税降费"政策,并增加公共物品供给。"一带一路"沿线城市财政支出效率的提升来源于财政压力的增大和市场化程度的提高,"减税降费"政策的实施和公共物品的供给,激励地方政府财政支出效率提升的同时,又能够提供良好的营商环境,吸引更多的外资进入国内市场,构建更高水平开放型经济新体制,促进要素在更大范围内流动,加快市场化进程,充分发挥市场在资源配置中的决定性作用。

3. 案例总结

(1) 案例小结

"一带一路"从倡议走向实践、从愿景变为行动,不仅为沿线国家和地区的合作共赢奠定了坚实基础,更为构建人类命运共同体注入了不竭的强劲动力,不断推动构建人类命运共同体走深、走实。发展是解决一切问题的总钥匙,也是共建"一带一路"、构建人类命运共同体的重要路径,这需要强有力的政策支持,特别是政府层面的努力。财政政策在"一带一路"倡议推进过程中发挥着重要的作用,符合全球发展倡议和各国的发展利益。通过发挥沿线各国资源禀赋,实现优势互补,释放参与国发展潜力和活力,推动沿线各国经济繁荣与区域经济合作,让人民享受发展红利,促进全球共同发展。基础设施互联互通是"一带一路"倡议的优先合作领域,"一带一路"着眼于构建国际物流大通道与跨境多式联运走廊,共同推进沿线国家间运输便利化和大通关协作,积极推进跨国铁路、国际货运班列、港口码头等交通运输项目建设,有效提升了沿线国家和地区的基础设施水平,为全球经济的深度融合创造了有利条件,开辟出一条崭新的共同发展、共赢发展、共享发展之路。

(2) 知识和能力目标的实现

通过案例的讲解,将"一带一路"倡议取得的成就与财政政策效应有机结合,通过具体案例,让学生充分理解财政乘数的概念,财政政策效应产生的作用机理。

(3) 价值目标的实现

① 通过案例中所提出的基础建设等成就,可以使得学生增加民族自豪感和自信心,中国在解决世界问题中贡献着自己的智慧,增强政治认同和社会责任感。

② 通过案例的讲解和学习,让学生开阔了视野,财政政策在国际和国内都可以发挥其重要价值,从推动构建人类命运共同体的高度来审视自己,从"一带一路"倡议对国际规则的重构来审视自身,培养学生国际化语言能力和专业能力,胸怀大志,脚踏实地,为中华民族伟大复兴和人类命运共同体的构建贡献力量。

(七) 教学过程

教学过程	教学内容	教学手段	时间分配
课程回顾	回顾案例相关课程内容,为案例引入铺垫基础知识。	讲授	2分钟
案例引入	通过2023年是"一带一路"倡议十周年引入本次课程内容。	PPT展示	3分钟
案例讲解	对"一带一路"倡议的背景进行介绍,引出案例并对两个问题进行集中讲解。	PPT展示 案例分析	30分钟
讨论	在案例讲解的基础上,进一步启发学生思考财政政策在国家战略中的重要地位。	讨论	7分钟
总结	对案例内容进行总结,注意依托专业知识进一步强化思政元素。	讲授	3分钟
作业布置	阐述财政政策如何更好地与"一带一路"倡议进行结合,引发学生对财政政策的深入思考。	PPT展示	2分钟

5.11 《财税前沿知识趣谈》课程思政案例

一、《财税前沿知识趣谈》课程思政总体教学目标

本课程旨在向本科生介绍并讲解财政税收领域中的前沿理论与政策问题,教学内容涵盖财政收入、财政支出、地方政府债务、土地财政、增值税、企业所得税、个人所得税等 12 个专题。本课程旨在培养具备扎实的经济学理论基础,系统掌握财政税收基本理论与方法,熟悉我国财税政策法规,具备一定财税业务处理能力以及税务管理能力等,能在各级政府部门、企事业单位、社会中介机构等从事财税专业工作的,具备良好的职业道德和一定创新意识的高素质应用型人才。

(一) 知识目标

熟悉财税相关的基本原理,具备扎实的财政税收理论基础,掌握国家财税的基本理论,熟悉中国现行财税政策,具有财税数据分析能力。

(二) 能力目标

课程旨在让学生能够了解当前财税领域的前沿基本问题,掌握前沿的问题分析方法,逐步形成对前沿财税问题独立的分析研究能力。

(三) 价值目标

通过本课程相关内容的学习旨在培养学生具有良好的思想道德品质,深厚的爱国主义情怀以及正确的人生观、价值观、世界观,努力为国家培养能够堪当大任的合格当代大学生。

二、课程思政与专业思政目标的对应关系

思政目标	税收学专业思政目标	《财税前沿知识趣谈》课程思政目标
1. 政治认同	(1) 具有坚定的政治方向，拥护中国共产党的领导。 (2) 认同中国特色社会主义道路。 (3) 理解中国、了解国情、认同国家制度和改革发展成就。	(1) 财政是国家治理的基础和重要支柱，梳理中国财税历史沿革，把握中国财税制度发展规律，深刻理解习近平新时代中国特色社会主义思想中关于财税问题的理论阐述，培养学生理论自信。 (2) 通过深入分析当前我国财税政策，了解政策背后的原因，理解财税政策在增进民生福祉方面的重要作用，增进制度自信。
2. 社会主义核心价值观	(1) 经国济世的社会责任感和担当意识。 (2) 较强的公共意识。 (3) 敬业爱岗、团结协作。	(1) 税收遵循公平原则，征税需要满足横向公平和纵向公平的目标。 (2) 财政支出和财政收入遵循效率原则，税收具有"取之于民、用之于民"的特点，每一分钱都要花在刀刃上，引导学生了解税收政策的思想和价值观，培养学生的社会责任感和公民意识。
3. 宪法法治	(1) 法治观念牢固，法治意识强烈，具备运用法治思维和法治方式参与社会公共事务、维护自身权利和化解矛盾纠纷的意识和能力。 (2) 具有国际视野，熟悉国际、国内规则、制度，能够理解和遵守相关法律和规定。	(1) 培养正确的税收理念、税收文化与税收知识，不仅关系到学生家国情怀的培育，而且关乎中华优秀传统文化的传承。 (2) "人民性"是贯穿于国家制度和国家治理体系的一根红线，教育学生以"人民性"作为理解和把握国家税收法律制度的价值指引是增强"四个自信"的具体表现。
4. 道德修养	(1) 良好的思想品德、道德修养。 (2) 良好的职业道德，遵纪守法的品质能自觉自愿地遵守职业道德规范。 (3) 具有较好的自主学习能力。	(1) 传授和宣传税收法定原则的精神要义，重视强化行使公权力的教育。 (2) 将税收立法的宗旨原则与政策导向讲深讲透，实现法治教育的内化于心，培养税法遵循的自觉性。

续 表

思政目标	税收学专业思政目标	《财税前沿知识趣谈》课程思政目标
5. 文化素养	(1) 具有较强的环境适应能力。 (2) 具有较好的跨文化沟通、协调能力和语言文字表达能力,较高的人文素质。	(1) 税务部门作为征税主体,税务人员在征税过程中需要具有良好的职业道德,确保税收足额上缴并及时入库,切实提高征税效率。 (2) 将税收制度与"以人民为中心"的思想结合起来,培养良好的职业道德。

三、课程思政总体融入体系

教学章节	教学思政内容	教学思政相关知识点	教学思政方式	思政目标 1	2	3	4	5
第1章 大规模减税降费改革	增值税减税政策的影响	增值税税率下调、增值税税率并档、增值税留抵退税政策的背景、效应分析	讲授、讨论、课后作业	√	√	√		√
第2章 全球公共产品	全球公共品供给效率分析	全球公共品类型、最优条件	讲授、案例讨论、课后作业	√		√	√	
第3章 地方债务	地方债务风险化解	地方债务历史演变、风险控制	讲授、讨论、课后作业		√	√	√	
第4章 转移支付	转移支付公平目标的实现	转移支付类型、影响效应	讲授、讨论、视频资料播放、课后作业	√	√		√	√
第5章 税制转型	最优税制结构	税制结构的特点、趋势	讲授、讨论、视频资料播放、课后作业			√	√	√
第6章 基本公共服务均等化	如何实现基本公共服务均等化	基本公共服务均等化概念、问题以及对策	讲授、案例讨论、课后作业	√	√	√	√	

续 表

教学章节	教学思政内容	教学思政相关知识点	教学思政方式	思政目标 1	2	3	4	5
第7章 土地财政	地方政府对土地财政过度依赖带来的危害	土地财政的概念、作用以及负面影响	讲授、案例讨论、课后作业	√	√	√	√	
第8章 政府预算	如何细化政府预算，真正让预算能够接受人民监督	政府预算的类型、政府预算的执行、政府预算的优化	讲授、讨论、视频播放、课后作业	√	√		√	√

四、部分章节教学展示

授课主题：地方债风险管理*

（一）课程章节

第三章　地方债务

（二）教学内容

地方债务风险的表现及特点；地方债务风险管理，防范和化解地方债风险；防范和化解地方债风险的长效机制。

---

* 本主题参考了以下资料：

[1] 杨志勇.地方政府债务风险：形势、成因与应对[J].人民论坛,2023(9)：68-73.

[2] 李蕊,张彩彩.有限扶助：地方债违约风险处置的制度选择[J].北京行政学院学报,2023(2)：84-95.

[3] 牛霖琳,夏红玉,许秀.中国地方债务的省级风险度量和网络外溢风险[J].经济学(季刊),2021(3)：863-888.

[4] 于洋,焦永利.化解地方债风险的公共政策创新：固安模式及其经验启示[J].中国行政管理,2019(4)：124-131.

[5] 吴涛,张亮.中国地方政府债信用违约风险评估研究[J].北京工商大学学报(社会科学版),2018,33(5)：81-91.

[6] 宋琳.财政风险金融化视阈下的地方债置换法律规制问题研究[J].西南大学学报(社会科学版),2018,44(1)：62-69.

[7] 仲凡.政银合谋、债务置换与地方债风险化解[J].求索,2016(12)：94-98.

[8] 国世平,张智川.我国地方债潜在风险化解[J].开放导报,2016(4)：36-40.

[9] 贾康.多视角考量地方债风险[J].中国金融,2014(7)：20-21.

（三）建议教材

陈共：《财政学（第10版）》，中国人民大学出版社，2022年。

（四）教学目标

1. 知识目标

(1) 了解地方债务风险的表现和特点。

(2) 掌握防范化解地方债务风险的常见机制。

2. 能力目标

(1) 能够有效识别潜在的各种地方债务风险。

(2) 能够有效建立地方债务风险预警机制。

3. 价值目标

(1) 政治认同。随着2014年《新预算法》实施，地方政府可以自行发债，这在一定程度上拓宽了地方融资渠道，但发债额度受中央严格管控。由于地方政府在经济发展过程中存在巨大的融资需求，地方仍需依靠城投债进行融资。地方大量发行城投债导致债务风险累积，甚至出现债务违约现象。这是地方政府责任意识淡薄的体现，地方发债行为理应接受社会和法律的监督，自觉遵守相关法律规定。

(2) 社会主义核心价值观。地方债违约是社会责任感丧失的表现，违背了社会主义核心价值观中"诚信"的要求。地方政府作为我国治理体系的主体，依法偿还地方债是应有的义务。通过案例讲述，帮助学生培育和践行社会主义核心价值观，培养担当民族复兴重任的时代新人。

(3) 法治观念。明确地方政府各职能部门法定职责。在法律中明确财政部门负责本地区债务规模控制、债券发行、预算管理及信息公开等工作。通过讲解地方债案例，帮助学生了解地方债相关法律知识，强化法治意识。

(4) 职业规范与职业道德。地方债偿是地方政府信用的体现，也是地方债能够持续健康运行的重要前提。因此，按时偿还地方债是地方政府应尽的义务，通过案例分析帮助学生认识到诚信在今后职业发展中的重要性。

(5) 中华优秀传统文化。中华传统文化讲究诚信的优良美德，按时偿还地方债务是地方政府应尽的责任和义务。

（五）教学重点和难点

教学重点：地方债务风险的主要表现和特点。

教学难点：地方债务风险的管理和防范，以及地方债务风险长效机制的建立。

（六）教学案例

1. 案例简介

（1）案例背景

地方债作为地方政府重要的融资工具，对推动地方经济发展起到了至关重要的作用。适度发行地方债对地方政府经济发展有正面影响，但过度负债容易累积债务风险。近年来地方债违约事件频发反映了地方政府债务风险已经开始初步显现。特别是城投债作为地方隐性债，是地方政府通过土地等资产注资成立融资平台公司发行债券的品种，主要用于地方政府城市基础设施建设，类似于市政债，属于地方政府主要收入来源之一。长期以来，在GDP绩效考核机制的作用下，地方存在强烈的经济发展动机和融资需求，而发行城投债是其重要融资工具。由此导致的结果是大量发行城投债对地方财政产生了巨大财政压力、提升了地方债务率、加剧了地方债务风险，进而对地方财政可持续运行产生不利影响。本案例试图通过讲解兰州城投债技术性违约事件，加深学生对地方债务风险的认识和理解，试图为学生树立牢固的责任意识、良好的风险意识以及良好的诚信道德素质。

（2）案例内容

2022年8月29日，银行间市场清算所股份有限公司（以下简称"清算所"）发布的公告显示，兰州市城市发展投资有限公司（以下简称"兰州城投"）2019年度第8期定向债务融资工具（代码：031900662，简称：19兰州城投PPN008）的付息兑付日为2022年8月29日，但当日清算所未足额收到兰州城投支付的付息兑付资金，导致无法代理发行人进行本期债券的付息兑付工作。该公告一经发布,便引发社会广泛关注,城投债的刚性兑付信仰受到质疑。虽然当晚 8 时 30 分兰州城投完成了利息支付,但超过了规定的时间节点,未能按时还款,构成了技术性违约。

(3) 问题提出

问题 1:近年来我国城投债频繁出现违约风险的原因是什么?

问题 2:如何减少城投债违约现象的发生,有效防范化解地方债务风险?

问题 3:通过此案例有何启示?

2. 案例分析

(1) 原因分析

第一,兰州城投流动性紧张。该公司主要收入来源为公交、燃气以及供水等城市收费业务。其中,燃气为主要收入来源,在其营业收入中占比超过 50%。受公交业务和房地产业务盈利能力不佳的影响,兰州城投处于亏损状态,开始依赖政府补贴。在收入来源减少的情况下,作为城市基础设施建设的主体,兰州城投承担了大量的基础设施建设任务。大量的基础设施建设需要大量的财政资金,在地方财力吃紧的背景下,地方通过发债进行筹资,导致地方背负了巨大的债务偿还压力,出现流动性紧张的问题。

第二,土地市场持续低迷,加剧了资金偿还压力。长期以来,地方依靠土地财政推动经济发展,地方通过土地抵押为城市基础设施建设进行融资是地方政府主要的融资手段。在土地市场低迷的情况下,房价下跌,土地出让成本作为房价的重要组成部分,房价下跌直接影响地方再融资能力,导致地方依靠土地进行抵押的资产贬值,弱化了兰州城投的偿债能力,其再融资能力大幅下降,使得地方债务风险累积。

第三,兰州城投的债务结构以非流动负债为主。债务结构是影响兰州城投出现技术性违约的另一重要因素。数据显示,截至 2022 年一季度,兰州城投资产负债率为 73%,其中总资产为 1 484 亿元,总负债为1 088亿元。从负债结构来看,非流动负债有618亿元,占比高达57%,流动负债470亿元,占比43%。此外,流动负债中短期债务有262亿元。非流动性债务占比过高使得兰州城投累积的刚性债务规模较大,带来了较大的短期偿债压力。

第四,多家评级机构多次下调信用评级。由于兰州城投长期面临较大的偿债压力,2021年底上海新世纪评级机构将兰州城投的信用展望调整为负面;2022年,穆迪连续两次下调兰州城投所担保债券的高级无抵押债券评级,并将债券信用展望调整为负面。连续的下调信用评级导致兰州城投的信用资质持续恶化,使得其融资渠道持续收窄,这加大了兰州城投的偿债压力,累积了债务风险。

(2) 解决方案

一是,建立规范的融资机制。首先,编制科学合理的融资计划。地方融资平台根据地方城市基础设施建设规划合理安排融资需求,做好风险防控,防止本年度融资计划与实际资金需求脱钩,同时认真做好上年度资金结余统计工作,计算地方可用资金规模。在此基础上制定偿债计划,各融资平台在制定融资计划的基础上合理制定偿债计划,包括偿债资金来源、偿债时限、贷款利率等,加强资金管理,确保及时偿还债务。

二是,建立债务风险动态预警机制。首先,加强债务资金使用管理。严格管控债务资金的使用范围,不得随意挪用债务资金。及时掌握债务资金的使用情况,降低债务资金被挪用的风险。同时,不断盘活闲置的债务资金,切实发挥债务资金的作用,提高债务资金的使用效率。其次,建立债务资金统计报告制度。为精确掌握融资平台的债务资金情况,制定债务资金使用、偿还情况表,根据债务资金使用情况表掌握债务资金的规模、结构以及风险情况。

三是,建立债务考核问责机制。当前兰州城投债违约风险与缺乏债务考核问责机制有关。由于我国地方官员任期通常为3—5年,意味着期限较长的债务将转移至下一任官员,这使得地方官员有较强的动机发行长期债券。因此,需要将债务考核机制纳入官员绩效考核机制之中,强化举债责任意识,严格管控债务的发行规模,并对存在违规举债和过度举债行为的地方官员展开问责,切实降低地方债务风险。

四是,鼓励地方进行多种方式融资。当前地方政府通过融资平台发行城投债是其主要的融资手段,这在一定程度上加剧了地方债务风险。基于此,地方可以考虑多种融资工具,包括利用资本市场进行融资,以及开展PPP融资。多种融资工具进行融资在一定程度上能够化解债务风险,降低融资成本,改变当前主要依靠银行贷款的单一融资模式,向多元化融资模式转型。

(3) 启示

一是,兰州市财政自给率较低,面临较大的偿债压力。兰州地处西北地区,经济发展较为落后,财政自给率较低,财政收入主要依靠中央转移支付。在经济不景气的背景下,全国财政收入增速下降,转移支付规模难免不受影响,如果地方融资平台的债务规模不能相应下降,势必给地方造成不同程度的偿债压力。加上西北地区房价较低,卖地收入给地方财政带来的效果有限,无法对兰州市的财政收入形成有效支撑。

二是,兰州城投只是部分区域债务危机的缩影。在疫情冲击和外部环境错综复杂的背景下,经济增长速度逐步下行,给地方财政收入造成巨大冲击。特别是经济较落后的地区,财政自给率长期低于全国平均水平,金融体系较弱,获得的金融资源有限,只能通过发行城投债获取高成本融资。比较典型的地区包括云贵地区,以及黑龙江、辽宁、河南、山西、甘肃、宁夏、青海等中西部地区。

三是,在经济不景气背景下,城投债存在一定程度的违约风险。长期以来,城投债存在刚性兑付信仰,近年随着经济增速下降,城投债的逾期违约不断增加,特别是对于一些弱资质城投公司而言,偿债压力陡然增加。在这种情况下,城投债的刚性兑付信仰需要全体城投公司共同维护,任何类似的事件发生都会打破人们对城投债的刚性兑付信仰,需要制定有效的策略来化解潜在的债务风险。

(4) 引申讨论

近年来,随着经济逐步下行,各地财政收入下降,为弥补财政收入下降给地方财力带来的负面影响,各地开始发行隐性债务,出现了不少违规发行隐性债务的案例。在此背景下,为防范化解地方债务风险,财政部持续加强地方债务监管力度,严肃查处新增隐性债务和债务化解不实行为。财政部依法对相关负责人进行问责,坚持"发现一起,查处一起,问责一起"的原则,切实降低地方债务风险。

通过上述案例,思考我国地方政府发行地方债的动机以及我国现行地方债的制度法规存在的漏洞。

在引导学生讨论的基础上,教师通过深入分析案例,总结当前地方债发行的动机,比较分析各地区之间地方债的差异。结合当前我国地方债相关法律法规内容,进一步对当前我国地方债法律法规存在的不足进行总结。

3. 案例总结

(1) 思政教学切入点小结

① 地方债作为地方财政收入的重要构成部分,是地方政府融资的主要手段。合理限度的地方债规模有利于推动经济发展,而过度的举债规模则容易引发地方财政风险。作为发债主体,地方政府身上肩负着偿还债务的责任,这也是社会主义核心价值观的重要体现。

② 违规举债行为是地方政府违法行为的体现,而逾期偿债则是缺乏诚信的体现。因此,地方政府违规举债和逾期偿债行为违背了法治原则和诚信原则。

③ 逾期偿债行为是缺乏风险意识的表现,风险意识也是具有爱国主义行为和弘扬中华民族优秀传统文化的重要体现。

④ 通过讲解地方债违约案例,帮助学生树立良好的道德品质与职业素养,减少今后工作过程中的债务风险。同时,税收学专业学生今后从事相关实务工作的可能性较高,良好的道德品质与职业素养是作为一名专业人员应必备的修养。

(2) 知识和能力目标的实现

通过本案例让学生了解地方债违约的来龙去脉,对地方债违约有更加全面地认识。在了解地方债违约原因的基础上,让学生了解化解地方债务风险的路径,对地方债风险化解有更加深入的理解。

(3) 价值目标的实现

通过对本案例的学习,弘扬优秀传统文化,培养家国情怀。把价值引领、知识传授、能力培养有机统一起来,推进全员、全过程、全方位育人,当好学生健康成长路上的指导者和引路人,使学生能够成长为有坚定的理想信念、高尚的道德情操的专业人员。

(4) 案例小结

通过兰州城投技术性违约案例试图对当前城投债违约风险的原因进行梳理,并在此基础上总结优化化解城投债风险的机制。具体而言,有五点启示:一是以商业化市政保险和偿债准备金制度提升抗风险能力;二是根据行政层级设置差异化的债务限额;三是扩大债务监管对象和空间,全面监控债务风险;四是多元救助方式化解债务危机;五是注重平台债等债务违约经验,有效修正债务警戒边界。

除了上述启示外,防范化解地方债务风险的方案还有很多,启发学生在学习过程中不断讨论与总结,也是本案例教学的重要目标。

(七) 教学过程

教学过程	教学内容	教学手段	时间分配
课程回顾	回顾案例相关课程内容,为案例引入铺垫基础知识。	讲授	2 分钟
案例引入	衔接授课内容,导入案例。	小视频播放	3 分钟
案例讲解	案例的背景、基本内容、具体问题的提出与应对、案例的启示等。	PPT 展示 案例分析	30 分钟
讨 论	通过上述案例,归纳近年来地方债违约案件频发的原因以及相关部门的应对措施。	讨论	7 分钟

续 表

教学过程	教学内容	教学手段	时间分配
总　结	对案例内容进行总结，注意依托专业知识进一步强化思政元素的展现。	讲授	3分钟
作业布置	通过课后作业引发学生进一步思考，促进学生实干精神的培养和提升学生独立自主解决问题的能力。	PPT展示	2分钟

图书在版编目(CIP)数据

税收学专业课程思政设计与实践/尹淑平,刘倩主编.--上海：复旦大学出版社,2025.2.-- ISBN 978-7-309-17698-8

Ⅰ.G641

中国国家版本馆 CIP 数据核字第 202485HP96 号

税收学专业课程思政设计与实践
SHUISHOUXUE ZHUANYE KECHENG SIZHENG SHEJI YU SHIJIAN
尹淑平　刘　倩　主编
责任编辑/鲍雯妍

复旦大学出版社有限公司出版发行
上海市国权路 579 号　邮编：200433
网址：fupnet@fudanpress.com　http://www.fudanpress.com
门市零售：86-21-65102580　团体订购：86-21-65104505
出版部电话：86-21-65642845
江苏凤凰数码印务有限公司

开本 890 毫米×1240 毫米　1/32　印张 9.375　字数 252 千字
2025 年 2 月第 1 版
2025 年 2 月第 1 版第 1 次印刷

ISBN 978-7-309-17698-8/F·3080
定价：76.00 元

如有印装质量问题，请向复旦大学出版社有限公司出版部调换。
版权所有　　侵权必究